老舍和他的世纪

孙洁 著

上海文艺出版社

目录

001　　序

抬头见喜：山东时期论

004　　第一章　幽默背后
024　　第二章　以悲郁为内核
042　　第三章　绝望中的礼貌
060　　第四章　形成及定位

国家至上：抗战时期论

080　　第五章　抗战改变了一切
117　　第六章　"制作通俗文艺的苦痛"
147　　第七章　作为纽结点的1941年
161　　第八章　论争和思考
183　　第九章　抗战时期平议

西望长安：新中国时期论

- 212　第十章　狂喜中的改造
- 229　第十一章　迷途中的坚执
- 249　第十二章　西望长安不见"佳"
- 281　第十三章　"百花年代"和《茶馆》的写作
- 303　第十四章　"小阳春"和《正红旗下》的写作
- 325　第十五章　在运动的夹缝中
- 336　第十六章　走向宿命：再论老舍之死

附录

- 343　老舍沉思
- 346　人民的老舍
- 350　那所破房与两株枣树
- 361　《四世同堂》的前世今生
- 381　陈鸣树：《世纪彷徨：老舍论》序

序

首先要说明的是这本新书是我2003年出版的专著《世纪彷徨：老舍论》（百花洲文艺出版社）的修订版。因为当时这本书只印了很少的册数，一直有人跟我说买不到。这个书当年也是耗费了很多年的心血，但是基本上没有进入市场，我也觉得有点不太甘心。我就一直有个心愿，把它增补之后重新出版一次，现在有一个机会再版，就趁机对原书进行了一些更正和修补，补进的部分加上附录，大约有五万字的篇幅。

写这本书的初衷是尝试通过三个创作时段，对老舍文学生涯进行一次比较完整的考察。因为自己的博士论文做的是这个题目，所以后来又在这个方向上进行了一些深化，才有了《世纪彷徨：老舍论》。这三个时段分别是老舍创作的高潮期山东时期（1930—1937）、全面转折期抗战时期（1937—1946）和滑坡期新中国时期（1949—1966）。

山东时期作为老舍创作的高潮期，似乎不必作太多的解释。老舍当时的大多数时间身兼教授和写家两种身份：学期内教书，因而有了《文学概论讲义》等理论成果，并且利用零星时间作了不少短文，而更重要的是短篇小说的创作；假期内则创作长篇小说，顺利的情况下一个暑假就可以创作一部长篇小说。在山东相对安定的写作环境中，老舍的作品无论从数量上还是质量上都很有保证。我们今天公认的老舍代表作中，除了《四世同堂》《茶馆》《正红旗下》，其余都是山东时期创作的。这就使得山东时期实至名归地成为老舍创作的高潮期。

山东时期作为老舍创作的高潮期，还有一个重要理由。那就是山东时期的创作从总体上呈现了一致的成熟的写作风格。老舍的文学创作从起步开始就有一种对幽默风格的自觉追求，早期有时不免失之于单薄。在山东时期，随着创作经验的积累和对生活观察、体验的深入，这种幽默的追求日渐成熟了起来，并且有了一些恒定的理论作为保障。老舍的幽默第一得自于心性，第二得自于北京底层旗人的出身，第三得自于英国幽默传统的激发，第四得自于对世界的细致体察和敏锐反应，第五得自于自由主义的文学立场，可以说是多种机缘集于一身一体才得以成就。因此我在论文里用了"弱水三千一瓢饮"的比喻，想借以说明这样的文学风格的得之不易和老舍认定了这种文学风格之后的无怨无悔。

许多事实表明，和老舍的创作关系最为密切的关键词正是"北京（/北平）"和"幽默"。前者确认了老舍的源初身份对他一生的影响。正如伦敦之于狄更斯，巴黎之于雨果，湘西之于沈从文，北京之于老舍有一种系乎血肉的关联，这种关联造就的是老舍在二十世纪中国文学史上不世的建树。后者，正如我刚才提到的，从一定角度分析还是前者造就的，因此更加值得分析。幽默作为北京满人传统风习中不可或缺的一层性格特征，与老舍"北京人"的身份更是一体的。只有认明了这一点，我们才有可能明确认识为什么当"幽默"在三十年代文坛被当作异端横遭非议的时候，老舍还是那么理直气壮地为幽默辩护；同时必须考虑的背景事实是，老舍当时虽然在文坛已经具有崇高的声望，但是于文坛的各种争论一直是取旁观态度的——这种旁观态度同时也是幽默写作必须具备的心理态度。正是基于以上理由，我把对山东时期的解读重点放在对老舍幽默写作的解读上。在最初的写作过程中，《老舍山东时期论》同时被命名为《老舍幽默论》。

抗战时期是老舍创作的全面转折期。之所以说"全面"转折，是因为老舍的创作已经出现过与抗战这一转相比略显纤小的局部转折（如《小坡的生日》对政治的关注、《猫城记》"故意的禁止幽默"、《离婚》的"返归幽默"和"求救于北平"），而之后还要出现一些转折。但就老舍一生而言，抗战这一转才是最重要的一次转折。它的承前启后的特性，它的突如其来、天翻地覆的征兆，无不蕴含着可供镜鉴的资源。

作为全面转折，抗战时期尤其是抗战初期体现出如下特点：一、以实用为目的，对通俗文艺形式倾注满腔热情，一度曲艺和时事剧成为首选文体；二、同样以实用为目的，开始尝试话剧创作；三、创作题材和写作风格也出现了相应的转变，为了实用的目的很长一段时期基本上放弃了北平题材和幽默风格；四、从此开始与政治密切结合，也开始了大多数二十世纪中国作家先后经历的"向左转"。这一系列互相助成的转折是老舍个人意志的选择，也与时势紧密关联。

又是出于一个职业写家的自觉，在1941年前后老舍通过一系列自我检讨和自我修正实现了向文学自由主义的回归，从而以《四世同堂》等文学实绩再次证明了自己作为一个作家的存在。《四世同堂》不是一部完美的作品，然而《四世同堂》的创作证实了老舍严苛的自我要求，并且以它对北平市民心态和市井民情的精彩描绘成为二十世纪中国文学史上不可多得的优秀长篇小说。并且，《四世同堂》漫长的写作过程正应和了二十世纪中国文学史又一个长篇小说创作和出版的高潮。《淘金记》（沙汀）、《霜叶红似二月花》（茅盾）、《长河（第一卷）》（沈从文）、《风萧萧》（徐訏）、《寒夜》（巴金）、《围城》（钱锺书）、《结婚》（师陀）、《财主底儿女们》（路翎）等长篇小说，和老舍的《四世同堂》一起标识了这一个高潮，显示了中国作家从功利主义迷津回归到新文学创作传统来的共同的自觉。从这个意义上理解，老舍1937年步入的功利主义迷津是二十世纪中国文学进程的一部分，老舍1941年前后的回归同样是与二十世纪中国文学的进程同步的。

把新中国时期定义为滑坡期，并不是要否认老舍在新中国的"十七年"的优秀作品。恰恰相反，哪怕仅以一部《茶馆》而论，老舍就为"十七年"的文学史创造了一个奇迹。这是老舍新中国时期经过艰难反思、自觉修正，并且适时地应和了文艺政策的松弛期而导致的结果。因此，本书对老舍新中国时期的滑坡有一个"滑中有持，降里有升"的限制语。

老舍新中国时期的文艺思想从根本上说是完全罩摄于权威理论之下的。老舍经历的新旧社会两重天是真实的，他的思想改造也因而是发自内心的。然而，由于新时期以前中国的知识分子政策、文艺政策总体上的偏差，老舍的文艺思想和创作思路在很大程度上不能不说有着极大的偏差。老舍新中国时期最值得分析的事件是发生于1956年、1957年间的"百花时代"，发生于1958年11月郑州会议之后1959年7月庐山会议之前的政策调整期，以及发生于1960年冬"八字方针"提出之后1962年9月八届十中全会之前的"小阳春"的三次回归。直接对应了这三次文艺思想上向着文学本身规律性的寻找和探讨的，是老舍的《茶馆》（1957年）、开始于1959年的归向古典题材、神话题材的转折和因为"写十三年"的新气候颓然搁笔的压卷之作《正红旗下》（1961年至1962年）。老舍视文学为生命意义的落脚点，为了还能"写"又一次求助于通俗文艺，又在古典、神话题材中寻找避风港。老舍之死发生于老舍的一切规避与退让皆告失败之时，同时，如同许多论者都曾经指出过的，有着捍卫人格尊严的意义。

老舍山东时期就有一种极其强烈的悲观情绪，这种情绪被抗战时期的热烈激昂化解了，又随着中华人民共和国的建立被更为热烈激昂的新的时代情绪遮蔽。但老舍根本上是一个"写家",他无法忍受自己的作品越来越成为外来要求、无端的"理论批评"呼来喝去的对象,无法忍受所能选择的题材领域在某些"政策指导"下越来越狭仄;老舍同时是一个国家至上主义者,他为了国家至上主义的理想甚至可以牺牲对自己有生命之喻的文学,因此更无法忍受自己的国家至上主义受到无端的嘲弄。"八·二三"殴斗就是这样一个将老舍推入无边的绝望深渊的情境。

老舍一生还经历了一些相当重要的生命阶段,它们分别是:长成时期(1899—1924)、英国时期(1924—1929)、新加坡时期(1929—1930)、美国时期(1946—1949)。对这些阶段的理解,我尽可能地在本书中的相关阶段中进行一些说明。事实上,"阶段""时期"的分解都是为他整个人生的理解服务的,即使各个时期确实各有其鲜明的特征在,那也是这个"人"生命历程的一部分而已。因此,我希望在分出阶段的同时能顾及到阶段与阶段的连贯。在《山东时期论》中,必然地述及老舍幽默的发生以及未来的去向,这样就顺带评议了老舍英国时期的创作;在《抗战时期论》中,有关功利主义的来龙去脉、对通俗文艺之兴趣的根源等等,也都离不开对老舍原初的市民身份和长成时期所受教育的影响;《新中国时期论》同样有类似的问题,而在抗战时期对新中国时期的影响的问题上,我在《抗战时期论》讲得比较充分,在《新中国时期论》中相应就有所减弱,并且加入了对于美国时期情况的评议。

五篇附录分别是我写作的四篇老舍主题的文章和我的导师陈鸣树先生为我前一版的《世纪彷徨：老舍论》写的序言。现在他老人家已经驾鹤西去，知道这本书能够修订再版，他的在天之灵也会为我感到高兴的吧。

我研读老舍二十余年的时间里，除了导师的教诲，亦深深地获益于史水钧老师的教导，借此机会，向我的两位恩师表示无尽的谢意！

本书征引的老舍作品版本说明：

《老舍文集》（1—16），北京：人民文学出版社1980年11月至1991年5月版；

《老舍全集》（1—19），北京：人民文学出版社2013年1月版；

胡絜青、王行之编：《老舍剧作全集》（1—4），北京：中国戏剧出版社1982年9月至1985年8月版；

舒济、舒乙编：《老舍小说全集》（1—11），湖北武汉：长江文艺出版社1993年11月版；

《老舍选集》（1—5），四川成都：四川人民出版社1982年7月至1986年6月版；

《老舍短篇小说选》，北京：人民文学出版社1956年10月版；

《老舍剧作选》，北京：人民文学出版社1959年9月版；

胡絜青编：《老舍写作生涯》，天津：百花文艺出版社1981年5月版；

王行之编：《老舍论剧》，北京：中国戏剧出版社1981年12月版；

胡絜青编：《老舍生活与创作自述》，北京：人民文学出版社1982年4月版；

吴怀斌、曾广灿编：《老舍文艺评论集》，安徽合肥：安徽人民出版社1982年6月版；

《老舍曲艺文选》，北京：中国曲艺出版社1982年12月版；

曾广灿、吴怀斌编：《老舍新诗选》，河北石家庄：花山文艺出版社1983年8月版；

吴怀斌、曾广灿选编：《写与读》，湖南长沙：湖南人民出版社1984年3月版；

《老舍序跋集》，广东广州：花城出版社1984年10月版；

舒济编：《老舍和朋友们》，北京：生活·读书·新知三联书店1991年10月版；

舒济编：《老舍书信集》，天津：百花文艺出版社1992年6月版；

舒济编：《老舍幽默诗文集》，海南海口：海南出版社1992年10月版；

舒济编：《老舍散文选集》，天津：百花文艺出版社1992年

11月版；

舒济编：《老舍》，北京：人民文学出版社1993年8月版；

张桂兴编著：《老舍旧体诗辑注》，江苏徐州：中国矿业大学出版社1994年6月版；

舒济编：《老舍讲演集》，北京：生活·读书·新知三联书店1999年1月版；

曾广灿、吴怀斌编：《老舍研究资料》（上下册），北京：北京十月文艺出版社1985年7月版。

为节约篇幅，本书注释引文凡引自上述书籍者，均不再列出具体版本情况；其余书刊引文在第一次征引的时候说明版本情况。

最后要说的是，虽然本书中大部分内容是十几年前写的，难免有各种各样的幼稚之处，但本人的每一个字、每一句话都是自己写的，每一条书证都是自己查来的。在此，必须在自己的一亩三分地对这些年来剽窃过本人劳动成果的所有作者提出严正的谴责和抗议。谁抄过谁自己心里清楚，我也会保留我自己关于本书的一切原创保护权，勿谓言而不预。

2018.11

抬头见喜：山东时期论

"抬头见喜"是岁末年初洋溢着祥和欢悦气氛的一句吉祥话儿。在旧京的民俗中，更有以残烛结穗在墙上形成的形似喜蛛悬垂的图案投影取譬，谓之"抬头见喜"，以示来年喜庆旺炽的。老舍的散文《抬头见喜》（1934年1月）①结尾所写："烛光在壁上幻出一个'抬头见喜'"，指的就是这种景象。

然而，与"抬头见喜"这种民俗景观寓示的喜悦之感恰恰相反，《抬头见喜》一文却是索寞之情溢满纸面。文章从中秋的愁醉写到少时新春的惨淡凄凉，当结尾的"抬头见喜"幻境出现时，达到了伤感悲郁的高潮。同时，与作者当时的绝大多数创作一致，《抬头见喜》一文显示出一种温和幽默的文风。这不仅表现在"非杨贵妃式"与"王羲之是在我家里"这样的细节穿插，主要还是体现于全文的运思与布局上："抬头见喜"意象的固有含义对"我"的实际心境直接构成反讽和自嘲，使这篇散文的悲郁与戏谑达到了浑成。如果我们将视线从这篇文章移向一个更广的时空范围，则会发现这种混合着悲郁（有时毋宁说是绝望）与戏谑的幽默是老舍很长一段时期中的主体

---

① 1934年1月《良友》（画报）第4卷第8期，《老舍文集》第14卷。

心态。

　　这个时期就是本文将重点论述的"山东时期"（1930年7月至1937年11月）。这是老舍创作生涯中的黄金时代，生活安定，创作生命力旺盛，佳作不断（用友人的话说，是几年来"接二连三的养着克家之子"[①]）。但与此同时，正在煎熬与折磨着中国作家的内忧外患也使得老舍内心充满焦灼。我们通常从老舍当时的创作中读到的轻松与自如，事实上正是那种普遍性的焦灼经过作家个性的筛滤后形成的。轻轻拨开那层貌似轻松的面纱，我们看到的是老舍面对江山的倾危、人民的苦难、人生的无奈露出的一个苦笑，这就是老舍的幽默之所自与所出。

　　"山东时期"在老舍的创作生命阶段中之所以可以独立出来，并以幽默作为总特色概括之，是以这一时期的稳定性为保障的。在此前，是老舍创作的起步期。虽然从某些方面讲老舍是个一出手即显露成熟的作家，但一般作家处女作时期的浮露于老舍亦未能免，摸索的痕迹极重时是谈不上真正的特色或者说风格的。而此后，则是抗战时期与随后的"十七年"。抗战时期，由于内忧外患的煎熬超出了幽默二字所能承受的限度，老舍的整个创作面貌呈现出了全新的变异；到"十七年"，更是走上了一条充满痛苦的一波三折的超越、迷失与回归之路。

[①] 赵少侯：《天书代存·少侯序》（1937），《老舍小说全集》第4卷第183页。

本文选择山东时期的幽默特色解析老舍其人其文，希望在讲清楚"山东时期"的同时兼顾到老舍生命中的其他阶段，给老舍整个心路历程的起伏再提供一个可用的视点。

○ 第一章　幽默背后

《抬头见喜》发表于1934年1月。同时发表在各种刊物上的还有《新年醉话》《新年的二重性格》《特大的新年》《个人计划》《自传难写》诸篇。从文章标题即可见出其中大多数的应时意味。把几篇关于新年的文字比照阅读，《新年醉话》诸文显得清浅诙谐，《个人计划》微微透出作者心境的苦涩，《抬头见喜》更是浸透了怀旧伤情之感。而即便是《新年醉话》这样显然是为刊物催稿赶写的闲文，亦有"酒喝到八成，心中还记得'莫谈国事'"这样的尖锐刺时之语，《新年的二重性格》《特大的新年》也是包裹了对新年索债人与花天酒地者的愤懑的。

同样发表于1934年1月的还有短篇小说《黑白李》《铁牛和病鸭》《也是三角》和《眼镜》。这四个短篇风格各异而皆充满了对错谬人生的讽笑，从中更可见出以上提到的几篇老舍的应时闲文只是某种由作者制造的伪饰而已。

第一节　比较：幽默理论

一、"矛盾与对照为招笑之源"

这样的讽笑，首先来自一种对世界的悲观看法。这不单为老舍本人的幽默论反复强调并付诸创作实践,更为古今众多的幽默理论所印证。

老舍留下的幽默论,与其幽默创作的相对集中涌现相对应,也主要出自三十年代前半期,即山东时期,主要包括三大主要论点。

首先,"矛盾与对照为招笑之源"[1],幽默是对不谐和的发现,要求作家看出社会的缺欠来。老舍反复强调发现不谐和点对幽默文学的重要性,表述为"由事事中看出可笑之点"[2],"在事物中看出不一贯"[3]等等,直到晚年还坚持幽默作家必须具备"极强的观察力与想象力",以"把生活中一切可笑的事,互相矛盾的事,都看出来,具体地加以描画和批评"[4]。老舍这一看法击中了幽默文学的要害,事实上也正是世界各种幽默理论得以建立的共同的立论基点。在纷纭杂沓的幽默理论史上,从一开始,幽默就与对滑稽可笑(不和谐、错误、丑陋)的发现有关。柏拉图所谓"滑稽可笑在大体上是一种缺

---

[1] 老舍:《滑稽小说》,1930—1934年山东齐鲁大学执教时讲义手稿,《老舍文集》第15卷。
[2] 老舍:《滑稽小说》,1930—1934年山东齐鲁大学执教时讲义手稿,《老舍文集》第15卷。
[3] 引 Chesterton(切斯特顿)语,《谈幽默》,1936年8月16日《宇宙风》第23期,《老舍文集》第15卷第233页。
[4] 老舍:《什么是幽默?》,1956年3月20日《北京文艺》3月号,《老舍文集》第16卷第383页。

陷"(《斐利布斯篇——论美感》)①,亚里士多德所谓"滑稽只是丑陋的一种表现。滑稽的事物,或包含谬误,或其貌不扬,但不会给人造成痛苦或带来伤害"(《诗学》)②,这两条经典定义后来成为几乎所有幽默理论的源头。伽瑞特(Carrit)总结道,"历来诸家解释可笑的特性,都以为它和美是相关联的,也是相冲突的,都以为它是一种丑陋或缺陷。"③而纵览幽默理论史,确实,仅以几位大家而言,无论是霍布斯、菲尔丁、康德、黑格尔、车尔尼雪夫斯基还是现代的里柯克、加缪、弗洛伊德,其理论都可以给伽氏的理论提供支持,也都明白地表示出"矛盾与对照为招笑之源"。

二、"幽默的人只会悲观"

由于幽默首要是对事物内部或事物与事物之间的矛盾、不和谐的发现,因而,老舍进一步认为,"幽默的人只会悲观,因为他最后的领悟是人生的矛盾"④。这是老舍幽默论的又一

---

① 朱光潜译:《文艺对话集》,《朱光潜全集》第12卷第252页,安徽合肥:安徽教育出版社1991年6月版。
② 陈中梅译注:《诗学》第58页,北京:商务印书馆1996年7月版。
③ 转引朱光潜:《文艺心理学》第16章,《朱光潜全集》第1卷第476页,安徽合肥:安徽教育出版社1987年8月版。
④ 老舍:《"幽默"的危险》,1937年5月16日《宇宙风》第41期,《老舍文集》第15卷第313页。

主要观点。将悲观作为幽默之因,也为他将悲观运用于幽默创作提供了理论依据。"想用七尺之躯,战胜一切,结果却只躺在不很体面的木匣里,像颗大谷粒似的埋在地下"①,"人寿百年,而企图无限,根本矛盾可笑"②,这就是老舍对人生矛盾的"最后的领悟"。这领悟与冯梦龙的"只这些末了精精儿到底来也只是一淘冤苦的鬼"(《广笑府·序》)何其相似乃尔。它是上述对事物之错讹、乖谬、不谐和的发现的进一步思考的结果,亦如《谈幽默》所言:"Walpole(沃波尔)说:'幽默者"看"事,悲剧家"觉"之。'……我们细心'看'事物,总可以发现些缺欠可笑之处;及至钉着坑儿去咂摸,便要悲观了。"③当代法国学者伊沃纳·杜布莱西斯认为,"指出可笑的事物,嘲弄一切习俗,就不可避免地要导致反抗已经确立了的社会秩序",这种反抗表明"幽默是掩盖着失望的假面具"。④同样,鹤见祐辅曾经称幽默是"寂寞的内心的安全瓣"⑤。他们所表述的是同一个意思,即幽默是作家对人生之矛盾有了比

---

① 老舍:《"幽默"的危险》,1937年5月16日《宇宙风》第41期,《老舍文集》第15卷第313页。
② 老舍:《谈幽默》,1936年8月16日《宇宙风》第23期,《老舍文集》第15卷第230页。
③ 老舍:《谈幽默》,1936年8月16日《宇宙风》第23期,《老舍文集》第15卷第230页。
④ 老高放译:《超现实主义幽默》,王树昌编:《喜剧理论与当代世界》第114页,新疆乌鲁木齐:新疆人民出版社1989年6月版。
⑤ 鲁迅译:《说幽默》,《鲁迅译文集》第3卷,北京:人民文学出版社1959年版。

较深刻的领悟之后采取的一种写作态度,幽默很大程度上由悲观助成。这种由悲观助成的幽默,在老舍看来,是直接通达伟大文艺之境的。他认为幽默是"文艺的重要分子"①,对阿里斯托芬、拉伯雷等人的幽默表示了强烈的赞赏,尤其指出"法国人阿毕累(Rabelais)教给世人只有幽默与笑能使世界清洁与安全"②。显而易见,这"使世界清洁与安全"就是对世界上所有的荒谬、不公、错讹的反动,是在一个文字制造的幻觉世界里表达对这些荒谬、不公与错讹的拒绝。在《被背叛的遗嘱》中,米兰·昆德拉以拉伯雷的玩笑人物巴努什为引子高度评价了这个幻觉世界的奇伟:

幽默,帕兹接着说,是现代精神的伟大发明。具有根本意义的思想:幽默不是人远古以来的实践;它是一个发明,与小说的诞生相关联。因而幽默,它不是笑、嘲讽、讥讽,而是一个特殊种类的可笑,帕兹说它(这是理解幽默本质的钥匙)"使所有被它接触到的变为模棱两可"。③

老舍也曾在文章中引述英国诗人沃尔特·雷利爵士的

---

① 老舍:《文学概论讲义》第4讲,《老舍文集》第15卷。
② 老舍:《文学概论讲义》第10讲,《老舍文集》第15卷第101页,按阿毕累即拉伯雷。
③ 孟湄译:《被背叛的遗嘱》第4页,牛津大学出版社、上海:上海人民出版社1995年12月版。

话:"一个大小说家根本须是个幽默家",并认为"这里所谓的幽默家""是说他必须洞悉世情,能捉住现实,成为文章。"① 这里老舍对幽默的解释似与帕兹所言"模棱两可"有矛盾。但事实上我们应当知道,帕兹的"模棱两可"包含的对现实世界进行变形描述的意义正是建立在由对现实世界的深入理解而导致的失望之上的,这也就是昆德拉所说的"肯定世间无肯定"②。

三、"幽默中是有同情的"

再次,老舍认为,幽默的另一重要特征是其富有同情意味:"幽默中是有同情的"③。这同情,是对人世的错讹的悲悯,是对"无害的弱点"④ 的原宥。因此,老舍说,"所谓幽默的心态就是一视同仁的好笑的心态"⑤。这种心态的产生有着比较复杂的机制,试析之。

---

① 老舍:《人物的描写》,1936年11月1日《宇宙风》第28期,《老舍文集》第15卷第147页。
② 孟湄译:《被背叛的遗嘱》第31页,牛津大学出版社、上海:上海人民出版社1995年12月版。
③ 老舍:《我怎样写〈老张的哲学〉》,1935年9月16日《宇宙风》第1期,《老舍文集》第15卷第166页。
④ 老舍:《滑稽小说》,1930—1934年山东齐鲁大学执教时讲义手稿,《老舍文集》第15卷,北京:人民文学出版社1990年11月版。
⑤ 老舍:《谈幽默》,1936年8月16日《宇宙风》第23期,《老舍文集》第15卷第230页。

第一,正如老舍在《滑稽小说》与《谈幽默》二文中反复申言的,幽默"指出世人的蠢笨可怜",亦"指出那使人可爱的古怪之点,小典故,与无害的弱点","无害的弱点"正是理解幽默与同情关系的一大关键。美国学者诺曼·N.霍兰德指出,"亚里士多德把文学分为喜剧性和史诗——悲剧性时,在本质上也就是将之分成为缺陷在其中不形成危害的戏谑性文学和缺陷在其中形成危害的严肃文学。"① 亚里士多德《诗学》的经典定义有必要在这里重复:"滑稽的事物,或包含谬误,或其貌不扬,但不会给人造成痛苦或带来伤害。现成的例子是喜剧演员的面具,它虽然既丑又怪,却不会让人看了感到痛苦。"② 李泽厚这样演绎亚里士多德的定义:"如果说,崇高(包括悲剧)是现实肯定实践的严重形式的话,那末,滑稽(Comic)则是这种肯定的比较轻松的形式。如果说,前者因丑恶的为害巨大而激起人们奋发抗争之情,那末后者却因丑恶的渺小而引起人们欺蔑嘲笑之感。"③ 由此可见老舍的"无害的弱点"说不是凭空之论。"无害的弱点"是同时保证观察并指点错讹与保持同情态度的前提,老舍在解释自己对《牛天赐传》的写作构思时说,"因为我要写得幽默,就不能拿个顶穷

---

① 潘国庆译:《笑——幽默心理学》第14页,上海:上海文艺出版社1991年9月版。
② 陈中梅译注:《诗学》第58页,北京:商务印书馆1996年7月版。
③ 李泽厚:《关于崇高和滑稽》,《美学论集》,上海:上海文艺出版社1980年版。

苦的孩子作书胆——那样便成了悲剧"①，也正是出于这个原因。

第二，"同情"二字包含了某种优越性质，而优越论恰是多家幽默理论所认同的。对于错讹而出语幽默温和，不但因为那错讹的"无害"，也因为观察者的优越感，用老舍的话说，"就好像我们看小孩子的天真可笑"②。霍布斯指出，"骤发的自荣是造成笑这种面相的激情，这种现象不是由于使自己感到高兴的某种本身骤发的动作造成的，便是由于知道别人有缺陷，相比之下自己骤然给自己喝彩而造成的。"③后来的美学家柏格森等人发挥了霍布斯的突然荣耀说。例如柏格森说，"我们总会发现我们有用笑去羞辱，并从而也是去纠正别人——至少是从外部吧——的秘密企图"；车尔尼雪夫斯基认为，"我们既然嘲笑了丑，就比它高明"④，等等。联想起老舍对自己性格之由孤高而沉思而悲观而幽默特征形成过程的自述⑤，我们可以分明地看到霍布斯理论的投影：

---

① 老舍：《我怎样写〈牛天赐传〉》，1936年8月1日《宇宙风》第22期，《老舍文集》第15卷第203页。
② 老舍：《滑稽小说》，1930—1934年山东齐鲁大学执教时讲义手稿，《老舍文集》第15卷，北京：人民文学出版社1990年11月版。
③ ［英］霍布斯：《利维坦》第41页至第42页，黎思复、黎廷弼译，杨昌裕校，北京：商务印书馆1985年9月版。
④ 均转引萧飒、王文钦、徐智策：《幽默心理学》第98页，上海：上海人民出版社1989年10月版。
⑤ 老舍：《我的创作经验》，1934年12月15日《刁斗》第1卷第4期，《老舍文集》第15卷第291页。

孤高的沉思正是一种优越感的体现。幽默美学所说的优越感，并不是庸常的幸福感，而主要是对人世的悲悯感，正是在这个意义上，幽默的优越感与同情相通。在回忆《二马》的写作时，老舍说正是幽默地宽恕了那些英国人和马家父子，"把偏狭与浮浅消解在笑声中"①，这正是幽默的优越与悲悯特征显示的结果。

最后，"幽默中是有同情的"显示了老舍在幽默问题上对于理智与情感的实际取舍。说"实际取舍"，是因为老舍的幽默论事实上并未将这种取舍表述清楚。讲义《滑稽小说》集中体现了这一点。在这篇文章里，老舍一方面称幽默是"最能表现人情的东西"，并对狄更斯这样具有悲剧倾向的幽默作家赞不绝口，一方面又多次征引柏格森的幽默论，同意"笑是与情绪隔开的"，"笑自有它的逻辑，情绪活动时笑即停止，因为哭与笑不过是一物的两端"。同一篇文章中出现这样的思维混乱，可能是因为老舍当时对于历史上幽默有情说与无情说的争论还没有进行过深入的了解和钻研的缘故。上文提到老舍曾在文中引述沃波尔名言"幽默者'看'事，悲剧家'觉'之"，以证幽默与悲观相通（《谈幽默》），但这其实只说明了问题的一半。老舍所引沃波尔爵士的这句名言的今译是这样的："对于思维

---

① 老舍：《我怎样写〈二马〉》，1935年10月16日《宇宙风》第3期，《老舍文集》第15卷第177页。

的人来说,世界是一部喜剧;对于感情的人来说,世界是一部悲剧。"① 这被后人断为有史以来第一次将喜剧创造中的情感心态与理智心态分而论之。英国学者帕尔玛曾就这种简单化的区分以及继起的柏格森的绝对化阐述提出批评,理由是:"在英国喜剧中,除了绝无仅有的几个例外,都存在着非常明显的对喜剧人物的同情。"② 这批评应当引起我们的充分注意,因为老舍的幽默秉承的首先正是这种带着强烈同情的英国幽默的风格。老舍始终认为"幽默中是有同情的",并将这种有同情的幽默付诸创作实践,也证明了他事实上对沃波尔与柏格森的扬弃。幽默有情与无情孰是孰非,作为一个学理争执尚无定论,然而,至少在现代中国文学引进了幽默概念之后,中国的幽默从来也没有完全疏离过情感,即使在钱锺书那部更多以机智取胜的《围城》中。而老舍的幽默之所以特出,更是主要得益于其同情的态度。日本学者牟田夏雄说:"曾经有人把'幽默'译成'有情滑稽',这虽不成熟,但却有一定道理。幽默中的笑并不是那种(笑别人的愚蠢,笑自己所看不起的人)无情的嘲笑,它凝聚着对人类,包括自身的那可悲性格的爱怜之情"。③ 这个定义不用说对于老舍的幽默是适用的,老舍幽默

---

① 潘国庆译:《笑——幽默心理学》第14页。
② 转引阎广林:《喜剧创造论》第305页,上海:上海社会科学院出版社1992年7月版。
③ 《万有百科大事典》"幽默"词条,转引萧飒、王文钦、徐智策:《幽默心理学》第120页至第121页。

论的主体与他的幽默创作的全部都对他引述的柏格森构成了否定。

　　以上简单介绍了山东时期老舍的幽默论。由此可知老舍从幽默的不和谐性质、悲观性质与同情性质三方面对幽默文学进行了规定和探讨，并且这些探讨不是闭门造车，自说自话，而是与世界幽默理论史上的许多重要理论直接相通。其中，幽默的同情性质中包括的三点实际上触到了悲剧心理学的一个重要课题，即痛感与快感的相融与相抵的问题。朱光潜先生的《悲剧心理学》曾就文学创作中痛感与快感、忧郁与快乐并陈的事实进行论述，将怜悯、秀美感、痛感、优越感的关系作了层次井然的分析①。这些分析虽主要并不是针对幽默而论，但在对老舍幽默论进行一番了解之后，我们可以很容易从中分辨出幽默心理学与悲剧心理学的相通之处——例如《悲剧心理学》第5章关于怜悯成分混合了痛感、安全感和优越感的论述——从而可以更深刻地理解老舍的幽默与其悲观心理的关系。而朱光潜在论述幽默（the sense of humour，朱氏译为"谐趣"，见《诗论》第2章）问题时确也采用了与《悲剧心理学》相近的思路。

---

① 参见《悲剧心理学》第5章、第9章，《朱光潜全集》第2卷，安徽合肥：安徽教育出版社1987年8月版。

第二节　个性：自由主义文学观

一、身世自白

在了解了老舍幽默论与各家幽默论的共性之后，我们再来考察一下老舍幽默论与老舍之独特个性的内在联系。

以上幽默论出诸老舍，是与他的个性和他所处的时代环境、文学环境息息相关的，只有经由这个视角，我们方能真正把握老舍在山东时期的文艺理论与文学观点。

在老舍不多的自述性格之成形过程的文字中，这样几节话是历来为人引述的，它们也是切入老舍个性的重要线索：

> 我的脾气是与家境有关系的。因为穷，我很孤高，特别是在十七、八岁的时候。一个孤高的人或者爱独自沉思，而每每引起悲观。自十七八到二十五岁，我是个悲观者。我不喜欢跟着大家走，大家所走的路似乎不永远高明，可是不许人说这个路不高明，我只好冷笑。赶到岁数大了一些，我觉得这冷笑也未必对，于是连自己也看不起了。这个，可以说是我的幽默态度的形成——我要笑，可并不把自己除外。①

---

① 老舍：《我的创作经验》，1934 年 12 月 15 日《刁斗》第 1 卷第 4 期，《老舍文集》第 15 卷第 291 页。

穷,使我好骂世;刚强,使我容易以个人的感情与主张去判断别人;义气,使我对别人有点同情心。有了这点分析,就很明白为什么我要笑骂,而不赶尽杀绝。我失了讽刺,而得到幽默。①

这就是身世对老舍个性的造就过程,也是其幽默态度的形成过程。童年的所经所见,在成人后的老舍自己看来,都为造就自己的幽默打好了基础。确实,由孤高导致的冷眼旁观的态度成为他很长一段时期中重要的生活方式,从某种意义上说,正是冷眼旁观造就了山东时期的老舍。由于确立了一个冷静的生活与写作的态度,老舍得以坚持自己所认为对的,鄙夷自己所以为错的,疏离于主流文坛,保持了自由主义的创作立场与创作个性——正如王行之先生指出的,"坚持独立人格,坚持批判精神"②——这是保证老舍的山东时期成为他创作的全盛时期的主要原因。

二、自由主义发言及其与幽默写作的关系

山东时期独立不倚的个性品格显示于文字,成就了老舍的

---

① 老舍:《我怎样写〈老张的哲学〉》,1935年9月16日《宇宙风》第1期,《老舍文集》第15卷第166页。
② 王行之:《我论老舍》,《文艺报》1989年1月21日。

独特性。以幽默者的带着同情的冷静态度看纷扰的世象，国事的晦暗、世道的不公、人生的荒谬易作幽默文字，标识了老舍在三十年代文坛的存在——这也是老舍作为一个作家对于世界的另一形式的参与。而对于文坛同样是纷纷扰扰杂沓不居的现实，老舍也并不全然是个旁观者。从他的理论文章里我们可以觉察到这一点。

抗战前的三十年代文坛呈现出一种多元的态势，整体表现为以强劲的左翼文学为主流，以自由主义文学的几大社团作为呼应者与对抗者，文艺论争此起彼伏，文学创作全面进入成熟期。老舍没有直接参与过什么论争，也没有正式加入过当时的任何社团。然而，他与京派、论语派的文人们关系极为投契并持有相近的文学主张。从这个意义上来讲，老舍并非通常意义上人们认为的内涵外延皆极其模糊的"民主主义作家"，而首先应当是自由主义文学的一大风景。

老舍的自由主义文学观集中体现于《文学概论讲义》。《文学概论讲义》立论强调文学的创造精神和美的表现，奉独立自足境界为文学的唯一出路，并从这个角度对幽默文学进行了高度评价。

老舍自英伦归国后发表的第一篇文论《论创作》[①] 对文学的创造精神有着极具气魄的标举，显示了年轻作家不拘俗礼不

[①] 1930年10月10日《齐大月刊》创刊号，《老舍文集》第15卷。

畏权威的勇气和活力。"要创造当先解除一切旧势力的束缚。文章义法及一切旧说,在创作之光里没有存在的可能";"不因延才有活气,志在创作才有生命";"文学的真实,是真实受了文学炼洗的;文学家怎样利用真实比是不是真实还要紧"——这些宣言就是老舍在山东时期的文学主张的一个预告,在《文学概论讲义》和其他文论中,我们能找到更为深入的阐释;在老舍的文学创作中,我们能发现作家对这些主张的实践。

《文学概论讲义》对创造精神的推崇就是对《论创作》的阐发和补充。如在第三讲中称袁枚为"中国最大的文学批评家",认为由于"他只认定性灵,认定创造",因而完成了"文艺的独立",又如在第八讲中反复强调"诗是创造的","诗的一切是创造的",等等。与强调文学与创造的血肉联系相对应,老舍反对将文学与传道拉扯在一处,强调文学创作是美的表现。"这一种尺子或者就是中国的'道'么?诚如是,丢开这尺子,让我们跑入文学的乐园,自由的呼吸那带花香的空气去吧!"①——在厨川白村的引领下,老舍欣喜地用诗人的语言表示他对情感,对美,对表现的膜拜:"感情,美,想象,(结构,处置,表现)是文学的三个特质。"②而在自定的三个特质中,老舍最为重视的是"表现"。

---

① 老舍:《文学概论讲义》第一讲,《老舍文集》第15卷第10页。
② 老舍:《文学概论讲义》第四讲,《老舍文集》第15卷。

再现说与表现说的争论在老舍来说是不足一议的，正如讲了两千多年的"《诗》三百，一言以蔽之，曰：思无邪！"于老舍只是假冒为善的中国文人的读书法而已。① 在把表现奉为文学创作的最高标准之后，不但传道是无意义的，而且，"完全写实是做不到的事"，优秀的写实家必能终于"飞入浪漫的境界中"，"由客观的变为主观的。"② 于是，在老舍看来，"文学的成功以怎样写出为主，说什么是次要的"③，写家"怎样写出是首要的事，怎样的写出是个人的事，是风格的所由来"④。这样的议论在《文学概论讲义》的各讲中都有或强或弱的阐明，在同时期的一篇论文中，老舍把标识作家终极特征的写作风格称为"文调"，进一步认为，由于"文学既是自我的表现"，"'怎样告诉'便是文调的特点"，进而，"我们颇可以从文调上，判定什么是文学，什么不是文学"。⑤ 尤其值得我们注意的是，老舍正是在表现论的意义上对幽默进行定位的："怎样的表现是艺术的问题，陈说什么是思想的问题"，"这便附带着说明了为什么有些无理取闹的游戏文字可以算作杰作，

---

① 老舍：《文学概论讲义》第一讲，《老舍文集》第 15 卷第 9 页。
② 老舍：《文学概论讲义》第十一讲，《老舍文集》第 15 卷第 110 页。
③ 老舍：《文学概论讲义》第二讲，《老舍文集》第 15 卷第 18 页。
④ 老舍：《文学概论讲义》第七讲，《老舍文集》第 15 卷第 68 页。
⑤ 老舍：《论文学的形式》，1931 年 2 月 10 日《齐大月刊》第 1 卷第 4 期，《老舍全集》第 17 卷。

'幽默'之所以成为文艺的重要分子也因此解决。"①

对表现说的坚持成为老舍山东时期文艺思想的突出特征。在国事的难堪尚在"无害"的范围之内时,在老舍尚能坚持幽默的"文调"的时候,老舍一直坚定地认为"怎样表现"于文学是第一位的。这坚持后来在抗战时期和新中国时期经历了多次反复,伴随着这些反复,老舍的幽默文调也经受了数次考验。对表现论的坚持,对传道文学的反对和以美的标准评判文学创作的立场,这一切自然地引起了老舍对当时泛滥于文坛的许多粗糙生硬的"革命文学"与"普罗文艺"的抵触情绪。1950年,在总结自己的创作得失时,老舍真诚地回顾了自己当年对革命文学的看法:"我看见当时的革命文学作品里,往往内容并不充实,人物并不生动,而有不少激烈的口号,像:几个捡煤核的孩子,捡着捡着煤核儿,便忽然喊起:我们必须革命。我不愿也这么写。"② 老舍提到的这类革命文学作品还真不少,比如金丁的《孩子们》(1932年6月10日《文学月报》创刊号。按《文学月报》为"文总"机关刊物,仅出一期即被查禁)与黑婴的《小伙伴》(1934年7月1日《现代》第5卷第3期)等篇,穆时英早期小说亦有此弊。左翼文坛这类空洞的作品在崇奉美与性灵的老舍看来自然是不及格的。除了

---

① 老舍:《文学概论讲义》第四讲,《老舍文集》第15卷。
② 老舍:《〈老舍选集〉自序》,1950年8月20日《人民日报》,《老舍文集》第16卷223页。

这种写苦孩子闹革命的小说，老舍还对某些革命文学作品里过于完美的人物描写提出批评："把一位革命青年写成一举一动全为革命，没有丝毫弱点，为革命而来，为革命而去，像一座雕像那么完美；好是好了，怎奈天下并没有这么完全的人！"①在讽刺诗《救国难歌》（1932年12月1日《论语》第6期）、《勉"舍"弟"舍"妹》（1933年2月17日《益世报》）、小说《抓药》（1934年5月1日《现代》第5卷第1期）、《新爱弥耳》（1936年7月1日《文学》第7卷第1期）等作品中，老舍亦对不成熟的普罗文艺创作进行着不间断的调侃与批评。必须指出的是，老舍这种态度并不是针对整个左翼文坛的，他只是站在一个自由作家的立场上，站在美的立场上对革命文学创作的不理想现状提出批评。"文学革命也好，革命文学也好，没有这颗心总不会有文艺。"②——这才是他的终极立场。正因为此，老舍本身亦有《大明湖》等向左翼文学靠拢的自觉的创作尝试。

在老舍在山东时期对于文学创作的终极立场再来看老舍的幽默论，许多问题就更为显豁了：

幽默的人，据说，会郑重的去思索，而不会郑重的写出

---

① 老舍：《人物的描写》，1936年11月1日《宇宙风》第28期，《老舍文集》第15卷第250页。
② 老舍：《文学概论讲义》第五讲，《老舍文集》第15卷第59页。

来;他老要嘻嘻哈哈。假若这是真的,幽默写家便只能写实,而不能浪漫。不能浪漫,在这高谈意识正确,与希望革命一下子就能成功的时期,便颇糟心。那意识正确的战士,因为希望革命一下子成功,会把英雄真写成个英雄,从里到外都白热化,一点也不含糊,像块精金。一个幽默的人,反之,从整部人类史中,从全世界上,找不出这么块精金来……①

由此可见,老舍对幽默的坚持是对反文学的绝对化的创作思想的直接对抗。老舍当时的许多坚持,由于不少是出诸嘻嘻哈哈的幽默文字,故而容易为我们所忽略,但仔细阅读,还是不难领会其真正的用意。比如在《〈老舍幽默诗文集〉序》(1934年4月1日《论语》第38期)中的大段调侃是当时幽默文学受到围攻的实际情况的歪写,所谓"幽默是将来世界大战的总因;往小处说,至少是文艺的致命伤",正是《我怎样写〈老张的哲学〉》(1935年9月16日《宇宙风》第1期)中所言那些"急于救世救国救文学"的人们的观点的扩大;而同文中称幽默者"永远欠着点严重,不懂得什么叫作激起革命情绪"则是另一种正话反说,实在是对自己幽默态度的自赞自夸罢了。小说《新爱弥耳》中那个可怕的婴儿"简直的不大会笑",因

---

① 老舍:《"幽默"的危险》,1937年5月16日《宇宙风》第41期,《老舍文集》第15卷第313页。

为他的父亲认为"笑的文艺,笑的故事,只是无聊,只是把郑重的事与该哭的事变成轻微稀松,好去敷衍"。这种"把人性连根儿拔去"之后的"革命意识"是老舍所不齿的。在《〈牛天赐传〉广告》[①]一文里,老舍这样调侃千人一面的文坛现状:"……整好步骤,齐喊一二三——四,这恐怕只能练习摔脚吧?"坚持把幽默看作"伟大文艺的一特征"[②],正是老舍独立不倚的个性特征和自由主义的文学主张在当时的文学环境中的又一次鲜明体现。

综上所述,老舍创作全盛期——山东时期的文艺思想集中地体现于他的幽默理论,而悲观者的幽默心态是理解这一时期老舍其人其作的总抓手。本节从文艺理论角度对这种心态有所分析,下文将进入老舍的文学创作,以求更深入地理解老舍的山东时期。

---

① 1934年7月16日《论语》第45期,《老舍文集》第14卷第485页。
② 老舍:《〈老舍幽默诗文集〉序》,1934年4月1日《论语》第38期,《老舍文集》第15卷第279页。

第二章　以悲郁为内核

如果说我们可以用"幽默"一词概括老舍山东时期创作总风貌的话，应当也能同时注意到这幽默正是以忧郁和悲观为内核的。本节将努力析离出深裹于老舍的幽默之中的浓得化不开的悲郁乃至绝望，并探寻这种悲观心理在老舍的幽默形成过程中所起的作用。

"幽默者'看'事，悲剧家'觉'之"：沃波尔的名言正是老舍一再引述的。① 这句话为我们分析老舍幽默创作背后的心理机制提供了一个恰当的入口。老舍最初的创作即是以"'讽刺的情调'和'轻松的文笔'"② 引起广泛关注的。所谓"讽刺的情调"，无疑就是对人间万端错讹缺欠的揭示与暴露，而"轻松的文笔"，则是出诸同情与宽谅的幽默的表现形态。在表现之前，发现，即"看"，成为不可或缺的重要步骤。

"所以《赵子曰》之所以为《赵子曰》，一半是因为我立意

---

① 除了1936年8月的《谈幽默》外，更早地，在1931年2月发表的散文《一些印象（续二）》（《齐大月刊》第1卷第4期，即《到了济南（三）》，《老舍文集》第14卷）中，老舍就曾说："有幽默的人爱'看'"，"喜悲剧的人""好'觉'"。

② 《老张的哲学》《赵子曰》广告，1928年10月《时事新报》，转引朱自清：《〈老张的哲学〉与〈赵子曰〉》，1929年2月11日《大公报》，《老舍研究资料》下册第727页。

要幽默,一半是因为我是个看戏的","于是我在解放与自由的声浪中,在严重而混乱的场面中,找到了笑料,看出了缝子。"① 老舍以《老张的哲学》《赵子曰》为起点的幽默创作一直没有离开过这种"找到笑料"与"看出缝子"的运思方式。老舍以"看"寻找表现之径,"看出缝子"即"看"之标的,通俗地说,即"看什么";"找到笑料"即"看"之方式,也就是"怎样看"。作家持一种平和容谅的人生态度,从事事处处人人我我中看出可笑来,付诸文字,遂成就其幽默特色。在许多文学形象上,可以发现这种心理机制的叠现来。无论是早期的王德(《老张的哲学》)、周少濂(《赵子曰》)、李子荣(《二马》),还是山东时期的牛天赐(《牛天赐传》)、马大成(《天书代存》)、"我"(《我这一辈子》),等等,都对人生发出过这样的笑声。像《阳光》的女主人公听着道貌岸然的丈夫的演讲,"觉得这非常的有趣"(第42节),《我这一辈子》的巡警为兵变之后去弹压地面的命令,为弹压地面时见到的种种奇景笑而又笑,直到被撤差,"我还是笑着"(第15节)。这些笑都是人物面对着世事的不公不正发出的绝望的笑,也可以说是冷眼看世界的作者戴着人物的面具在笑。在散文《又是一年芳草绿》② 中,老舍自剖道:"悲观有一样好处,它能叫人把事情

---

① 老舍:《我怎样写〈赵子曰〉》,1935年10月1日《宇宙风》第2期,《老舍文集》第15卷。
② 1935年3月6日《益世报》,《老舍文集》第14卷。

都看轻了一些。这个可也就是我的坏处,它不起劲,不积极。您看我挺爱笑是不是?因为我悲观。"在《何容何许人也》^①一文中,他这样剖解友人的心理:"无求于人,他可以冷眼静观宇宙了,所以他幽默。他知道自己矛盾,他的风凉话是含着这双重的苦味。"我们不难觉察出这正是隐藏在老舍笑容背后的悲观心理的真实写照。

持这种悲观心理"看"到的"缝子"与"笑料",有极其碎屑细微的,主要体现于各种微妙奇警的幽默修辞上,无论是譬喻夸张还是飞白析字,一般地说,都是得心应手;也有——更主要的是——对国事之无望的忧虑,对时代之进退的焦灼,对人生之虚妄的感慨。没有前者,老舍的幽默就失去了几分灵动;如果没有后者,老舍的以悲郁为内核的幽默将无从谈起。正如布雷特·哈特所说,"从最大的范围和最深刻的含义讲,幽默并不取决于语言的不和谐或者视听的错觉,它是以生活本身的不和谐为基础的。今日恼人的忧虑和微不足道的痛苦,和明日不可思议的事物形成了对比,于是笑和眼泪合二而一。幽默就是这样看待和阐释我们的生活的。"^② 鉴于前人的老舍幽默研究中对其修辞手法已谈得比较多,故而本文将芟夷一些枝节,把重点置于老舍幽默创作的

---

① 1935年12月5日《人间世》第41期,《老舍文集》第14卷。
② 转引[美]埃德蒙德·伯格勒:《短命的理论——笑》,梁根顺译,王树昌校,王树昌编:《喜剧理论与当代世界》第34页。

主题上，即山东时期这些幽默作品究竟是针对什么样的"笑料"与"缝子"创作出来的。

第一节 国事难堪

一、亡国梦魇

对国事的忧思是山东时期老舍文学创作的第一大主题。"顶文明顶平安的""伟大的光明的自由的中国"①永只能在梦中浮现，而现实是，政府如此无能，国民素质如此低劣，民生又如此艰难。这些"缝子"太显眼地摆在作家面前，无从避让，难以躲闪。老舍大量的幽默诗文直指这个中国现代史最大的主题。比如，1933年为《东方杂志》元旦征答所写《新年的梦想》②所说："天长地久，胡涂的是永生的，这是咱们。得了满洲，再灭了中国，春满乾坤，这是日本。揖让进退是古训，无抵抗主义是新名词，中华民国万岁！"这样的正话反说俯拾即是。而同文中的"我对中国将来的希望不大"却是肺腑之言。所谓"从一方面想，中国似乎没有希望；再从另一方面

---

① 分别见《我的理想家庭》，1936年11月16日《论语》第100期，《老舍文集》第14卷第555页；《猫城记》，《老舍文集》第7卷第468页。
② 舒济编：《老舍幽默诗文集》第120页。

想,中国似乎还是没希望"①,表面看是带有调侃色彩的文字游戏或者利用读者阅读时的期待心理玩的一种修辞术,实际上则是对国事下的"透心儿凉"的断语。作者曾自述写《猫城记》的原因头一个就是对国事的失望——"军事与外交种种的失败,使一个有些感情而没有多大见解的人,像我,容易由愤恨而失望。"②《猫城记》的失望已达到了绝望之境,以至于作者要"故意的禁止幽默"③。而写《猫城记》时的失望心理反映在同时期的大多数并不故意禁止幽默的作品中,则呈现出别样的景象。如幽默诗文《日本撤兵了》(1931年12月)、《国庆与重阳的追记》(1932年11月)、《救国难歌》(1932年12月)、《估衣》(1933年1月)、《长期抵抗》(1933年2月)、《空城计》(1933年3月)等所述,官吏军队在兵临城下时抱头鼠窜,国民在"九・一八"国耻日麻木不仁,东北地区国土沦丧,日本估衣大行其道等等反常现象,既是作家对现实的生动描绘,又是作家对国事满怀忧虑之思的真实写照。这种对国家危亡的时刻挂怀,后来导致了老舍的山东时期在"七七"之

---

① 老舍:《国庆与重阳的追记(济南通信)》,1932年11月12日《华年》第31期,《老舍幽默诗文集》第11页。
② 老舍:《我怎样写〈猫城记〉》,1935年12月1日《宇宙风》第6期,《老舍文集》第15卷第188页、第189页。
③ 老舍:《我怎样写〈猫城记〉》,1935年12月1日《宇宙风》第6期,《老舍文集》第15卷第188页、第189页。

后的戛然而止。在为《论语》创刊周年纪念刊所写的"贺诗"①里,老舍描绘了一个天灾不断、内战频仍、"国术"复活、热河旁落等种种畸形世态并在的中国,似笑实怒地指出"论语已周岁,国犹未全亡"的黑暗现实。这个不争不进的中国是老舍山东时期悲观心理的主要导因。

二、国民性焦虑

国事的不堪不仅仅是因了国力不强,外侮难抗,更是由于国民素质的低下,"国民不像国民"②,"人民不是真正的人民"③。同样可以与《猫城记》对应,将猫人的多疑、阴暗、残忍、软弱、迷信、贱视人道与自由的劣根性弱化并分解,就形成了老舍创作的形形色色的带有幽默气息的人物形象。从毫无公德意识的马裤先生(《马裤先生》,1933年5月)到不懂得遵守公共秩序的二姥姥三舅妈们(《有声电影》,1933年11月),从"永不会走到极端上去"的张大哥(《离婚》,1933年8月)到欺软怕硬的明先生(《邻居们》,1935年4月。按《狗

---

① 老舍:《贺〈论语〉周岁》,1933年9月16日《论语》第25期,张桂兴编注:《老舍旧体诗辑注》。
② 老舍:《国庆与重阳的追记(济南通信)》,1932年11月12日《华年》第31期,《老舍幽默诗文集》第11页。
③ 老舍:《我这一辈子》,1937年7月1日《文学》第9卷第1号,《老舍文集》第9卷122页。

之晨》（1933年1月）里那条"见汽车快躲，见穷人紧追"的瘦狗大黑无疑更具典型意义），从坑蒙拐骗赚昧心钱的大夫（《开市大吉》，1933年10月）到无视顾客利益的银行职员（《取钱》，1934年10月）……而老舍对"猫人"亡国灭种的情景的描绘（《猫城记》）则将其对中国国民性的思考与忧虑表达得最为淋漓尽致。这并非杞人之忧，鲁迅就曾经指出："想在现今的世界上，协同生长，挣一地位即须有相当的进步的智识，道德，品格，思想，才能够站得住脚"，否则"中国人要从'世界人'中挤出"①；某些现象，"实在可以使中国人败亡，无论有没有外敌。"②

紧紧与国民素质问题相关联，教育机构的无能是老舍着重指出的一大"缝子"。老舍早年从师范学校毕业后即在教育部门供职，直到山东时期结束，从未真正脱离开教育界，故而对教育部门尤其是学校里的种种弊端可谓了如指掌。山东时期，老舍先后在齐鲁大学与山东大学任教，目见耳闻，便是学林中的人与事，这就难怪他在作品中把教育问题置于如此显眼的地位了。用了当时写幽默文一贯的正话反说的习惯——如上文所引称中国为"顶文明顶平安的国家"——老舍在杂文《谈教

---

① 鲁迅：《热风·随感录·三十六》，1918年11月15日《新青年》第5卷第5号，《鲁迅全集》第1卷第307页，北京：人民文学出版社1981年版。
② 鲁迅：《华盖集·通讯》，1925年4月3日《猛进》第5期，《鲁迅全集》第3卷第26页。

育》①中说,"我觉得现在中国的教育够甲等。"而同文中对敷衍塞责的教员、混文凭的学生、机构重叠的学校的描绘,虽是三言两语点到即止,已足以为这个"甲等"作篇长注了。同样地,发表于1933年3月的《真正的学校日刊》②写尽了学校内上自校长下到学生的各色人等的无能与无聊,笑声中微微透出鄙夷。《牛天赐传》(1934—1935)的师范附小和《天书代存》(1937)的健美大学可谓这类学校的样板,而《猫城记》(又是《猫城记》!)的入校即大学毕业的情形(第17节)则是将当时的教育界高度夸张变形后得到的最不堪的结果。《猫城记》里,小蝎替作者说:"为什么要教育?救国。怎样救国?知识与人格。"(第18节)先不必去辨别教育救国论的是非,老舍对教育的重视程度于此可见一斑,从这个角度,我们也顺便可以理解了从《赵子曰》(1927)直贯山东时期的老舍在小说里对此起彼伏的学校风潮的深恶痛绝。

老舍认为,中国之无望显示于各个方面,某些青年知识者的没有知识没有人格,既是教育无力的直接后果又是荏弱的国民根性在畸形的现代社会里的一种特殊的表现。《东西》(1937年2月)、《选民》(1936年至1937年)里那些留日学士、留英硕士、留美博士,一个个为了金钱不惜出卖国格人格的卑劣

---

① 1935年4月1日《论语》第62期,《老舍文集》第14卷。
② 1933年3月25日《申报·自由谈》,《老舍幽默诗文集》。

行径足征当时老舍心目中中华的前景之暗淡。回国之甫的文博士（《选民》）口口声声"中国没希望"，却不知中国的所以没希望，一个极重要的原因就是他这种得到博士学位荣归祖国的人照样不思报国只知钻营。"到阅报室去看了会儿报，国事，社会新闻，都似乎与他没什么关系。……想了一会儿，再去看一段报，他觉得那最悲惨的新闻，与最暗淡的消息，都怪有趣，仿佛是读着本小说那样可以漠不关心"（第6节）；"在中国，博士得牺牲了爱情，那有什么法儿呢，反正毛病是在中国，博士没错儿。"（第12节）——受过高等教育的知识者的此等行径与其身份、其受教育程度的悖反引发了笑料，然而拈取笑料的作者的笔决不轻松。

三、民生关怀

在国事的种种不堪中，出身于底层市民之家的老舍最为关心的还是民生问题。民生的艰难在二十世纪二三十年代的中国是广大知识者关注的焦点。所谓"血与泪的文学"就是许多既同情社会底层人民，又对底层真正的生活颇多隔膜的作家创作的一种文学类型。老舍可贵的自我定位——既保持知识者的独立的评判意识，又时刻不忘自己之所自——使得他以一种别样的姿态介入三十年代。虽然同情劳动者与描写黑暗现实这样的批语近乎老生常谈，但在透视老舍整个山东时期的时候,这个话题是跳不过的。那些"拉车的,当巡警的,卖苦力气的"①,他们的辛苦辗转的生活与那些殷富之家的辛苦恣睢的生活形成强烈的反差,贫家之子的良善与狡诈并在(《礼物》:"穷人的狡猾也是正义。"②)与富人们的虚矫与欺伪共生又组成微妙的互补世界,"哀民生之多艰"的苦涩心情和在混乱中看出"缝子"的超越态度就在这反差与互补中发生了黏合,作品的幽默意味油然而生。《鬼与狐》③ 是一篇使人压抑的幽默散文,文中描绘的那个夜鬼蒙冤受屈,白日鬼招摇过市的世界大致上就是当时老舍眼中的中国社会现状的变形。"不知死的鬼"们"在顶小的利益上看出天大的甜头,在极黑暗的地方看出美,找到享乐","这种玩艺们把世界弄成了鬼的世界,有地狱的黑暗,而无其严肃。"老舍笔下的一系列为富不仁的形象——诸如《裕兴池里》(1935年1月)的流氓们,《善人》(1935年4月)的慈善家,《阳光》(1935年5月)、《牛老爷的痰盂》(1937年3月)、《且说屋里》(1937年7月)的官僚……就是他们"把世界弄成了鬼的世界"。这不单是指这些人本身的行径之丑恶,也指给他们提供舞台的社会在任由他们"大展鸿图"的

---

① 老舍:《夏之一周间》,1932年9月1日《现代》第1卷第5期,《老舍文集》第14卷第417页。
② 1935年5月8日《益世报》,《老舍文集》第13卷第376页。
③ 1936年7月1日《论语》第91期,《老舍文集》第14卷。

同时将老实真诚勤谨刻苦的祥子(《骆驼祥子》)们也变成了不知死的"末路鬼"——"人把自己从野兽中提拔出,可是现在人还把自己的同类驱逐到野兽里去"(《骆驼祥子》第23节)。每每作家行文到这种人间苦事,可用作幽默原料的"缝子"也就大到使作者无法幽默了。

第二节　文化思索

山东时期老舍文学创作的第二大主题是对文化的焦虑。从某种意义上说,这是比对国计民生的关怀更根本更深刻的一层焦虑。大动荡大转型的时代改变了固有的文化行为和价值观念,从而在具备强烈入世倾向的文化人心中造就了这种焦虑。上文提到的某些青年知识者的变异即这种焦虑的指向之一。

在《何容何许人也》[①]这篇近乎夫子自道的散文中,老舍这样描述何容这类与自己心性相投的好友:"他们的生年月日就不对,都生在前清末年,现在都在三十五和四十岁之间。礼义廉耻与孝悌忠信,在他们心中还有很大的分量。同时,他们对于新的事情与道理都明白个几成。以前的作人之道弃之可惜,于是对于父母子女根本不敢作什么试验。对以后的文化建

---

① 1935年12月5日《人间世》第41期,《老舍文集》第14卷。

设不愿落在人后,可是别人革命可以发财,而他们革命只落个'忆昔当年……'。他们对于一切负着责任:前五百年,后五百年,全属他们管。可是一切都不管他们,他们是旧时代的弃儿,新时代的伴郎。"老舍本人正是一位生于前清末年的"新时代的伴郎"。这个"新时代",就是动荡不居的二十世纪。

"新时代"埋葬了许多东西,如老字号的气度与规矩(《老字号》,1935年4月)、镖师的尊严与武艺(《断魂枪》,1935年9月)、还有乡村货栈的努力与兴隆(《新韩穆烈德》,1936年3月)。"东方的大梦没法子不醒了"①,这是一方面;那些礼义廉耻与中等人家的规矩恍然间"似乎已不存在了"②,这是另一方面。新旧的冲突在产生一定程度幽默意味的同时,更多地产生的是低徊叹惋与深沉的反思。固有文化,或者说思维习惯与生活方式(老舍《大地龙蛇·序》,1941:"一人群单位,有它的古往今来的精神的与物质的生活方式","我们把这方式叫做文化"③)在新的生产方式、价值体系等等冲击之下全面崩溃的倾向令老舍忧心忡忡。在理智的指引下,他强打起精神,像田烈德那样似乎是清醒明智地说出——"这种现象不过是消极的一个例证,证明不应当存在的便得死亡,不用别人

---

① 老舍:《断魂枪》,1935年9月22日《大公报·文艺》第13期,《老舍全集》第7卷。
② 老舍:《牛天赐传》,《老舍文集》第2卷第478页。
③ 老舍:《大地龙蛇·序》,《老舍文集》第10卷第287页。

动手，自己就会败坏，像搁陈了的橘子"，"非走到无路可走，他们不能明白，历史时时在那儿牺牲人命，历史的新光明来自地狱"。① 与此同时，田烈德的犹疑善感也恰是老舍本人的犹疑善感。毕竟文化的重组还是在过程之中，而既有的已经在逝去，可能将永难追索，这方是可触可感的现实。对于老舍这样"生年月日就不对"的人来说，面对着这一过程而毫不动情是太困难了。小说《断魂枪》里那黯然与凝重叠加而成的精彩即得自于作者内心深处面对文化危机生发的真正的痛楚。《断魂枪》的结尾，寒夜星光下沙子龙的叹息和"不传"的低语，既是倾注了老舍对以往生活方式满腔深情的一个白日梦，又是当老舍可以站在更超越的态度反观内心时对这种恋旧情愫的一次自我讥嘲。神枪沙子龙是传统意义上的正面人物形象，其幽默意味直接得自于作者内心的悲郁与矛盾。

"新时代"在埋葬历史的同时也创造着新的历史，作为"新时代的伴郎"的老舍面对许多来得极为陌生鲁莽的新现象显然有些不知所措。直接的体现就是他笔下的新人形象往往比较苍白。《黑白李》（1934 年 1 月）是个突出的例子。老舍明知黑李是时代的落伍者，却不能不引他为知己；明知白李的行事方式是新时代的必然，也知道其所作所为有足够充盈的理

---

① 老舍：《新韩穆烈德》，1936 年 3 月 16 日《国闻周报》第 13 卷第 10 期，《老舍文集》第 8 卷第 435 页。

由，然而总无法与之坦然对坐。而作品的效果恰恰也印证了这一心理：黑李写得细腻而丰满，白李则粗率而单薄。这是新与旧的悖论带来的又一老舍创作现象。

第三节　虚妄感：人生质询

对人生虚妄感的开掘是山东时期老舍创作的第三大主题。这一主题较之前两者无疑有些务虚，然而因之也更直接地通往老舍的内心。

文学作品显露的普遍的虚妄感是中外现代文学的标志性特征，对一切有序、必然、乐观的消解是人类接受了各种经验教训之后摆脱幼稚天真的表现。中国社会步入二十世纪后被迅速打上了现代的种种印记，中国文学也同时以惊人的速度融入世界现代文学。老舍最初的小说创作（我指的是《老张的哲学》）即是在二十年代英国现代文学的繁盛时期诞生的。现代主义文学对老舍的影响在英国时期并未得到明显的体现，而到了老舍回国之后，尤其是在山东时期他深深地绝望于这个充满混乱倒错的世界时，其创作中的现代主义因素便自然而然地得到了催生，并且这种催生不是皮相的单纯手法的借鉴，而主要是精神上的息息相通。同时，不言而喻，虚妄荒诞等等作为一种对理性世界的悖反从一开始就具备了通往幽默的可能性，正是在这个意义上，老舍从荒诞人间看到的虚妄与无奈紧紧地与当时老舍创作的本质特征——以悲郁为内核的幽默——相通。

在这一主题之下，老舍自幼由民间文学中袭染的善恶两重世界的划分法发生了动摇，人在无常催迫之下的不由自主，成为比道德判断更为重要的生命经验。小说《也是三角》（1934年1月）、《眼镜》（1934年1月）、《牺牲》（1934年4月）、《抓药》（1934年5月）等鲜明地体现了这一点。无论是《也是三角》那可恨可笑复可怜可悲的兄弟俩，《牺牲》里那只也会真诚地忧郁的"自私自利的猴子"毛博士，还是《眼镜》《抓药》中仅仅由于一个或几个偶然的环链改变了原来生活轨道的学生、车夫、少掌柜、农民和革命作家，这些形象的设计都体现了作家对绝对与有序的不信任。

对平凡人生的平凡悲剧的展示也是老舍在创作中开掘人生虚妄感的一个方面。《爱的小鬼》（1933年1月）、《热包子》（1933年1月）、《记懒人》（1933年3月）、《生灭》（1934年8月）等小说的展开都极为简单，几乎是决无性格冲突，然而，平常人家每时每刻都会遭遇的失意、误解、离散乃至倾覆一点也不比国家大事来得逊色。由于不能更多地动用讽刺夸张这样的艺术手法，对生活小事中蕴藏的虚妄感的描摹更易走入伤感的氛围。《微神》[①] 就是在这一点上比较

[①] 1933年10月1日《文学》第1卷第4号，《老舍文集》第8卷。

极端的例子，也是老舍的创作中公认的比较接近现代主义的作品。小说前半段"我"的白日梦中出现的"不甚规则的三角"里，灰紫的一角残留着母亲年轻时的气味，浅粉的一角隐匿着初恋的情人的身影，而"我"永是头一眼就看见的那一角——"一片金黄与大红的花，密密层层；没有阳光，一片红黄的后面便全是黑暗，可是黑的背景使红黄更加深厚，就好像大黑瓶上画着红牡丹，深厚得至于使美中有一点点恐怖"——则应当是"我"的心境的确切象征。黑暗完全包住彩色，没有阳光，没有希望，正暗示了后文中"她"先因绝爱而自杀，又因失梦而永远遁离梦境的凄惨结局。与此同时，作者在讲述这个故事时，也由于被层层黑暗包裹得近于窒息，以至于连一声惨笑也发不出了。相比之下，情节近似的《记懒人》[①]就空疏了许多，讽世与怪诞影射意味也浓厚得多。相应地，由于对懒人的同情与批判直接与作者同一时期对国民性的批判相通，故而在对人生之错谬的揭露这一层意义上就有所减弱。

在开掘人生虚妄感的主题下又一值得引起我们充分注意的是老舍笔下的一种步步下滑的命运模式，就像《我这一辈子》的主人公所说的，"在我这一辈子里，我仿佛是走着下坡路，收不住脚。心里越盼着天下太平，身子越往下出溜。"新加坡的王润华先生对此颇多发明，认为老舍的这种人物命运模式直

[①] 1933年3月15—17日《益世报》，《老舍文集》第9卷。

接得自于康拉德的"人始终逃不出景物的毒手,正如蝇的不能逃出蛛网"的悲观主义①。这一比较的思路无疑是可借鉴的。老舍对康拉德的迷恋与借鉴是其思维方式与内容和现代主义文学相通的重要证据——

Nothing,常常成为康拉得的故事的结局。不管人有多么大的志愿与生力,不管行为的好坏,一旦走入这个魔咒的势力圈中,便很难逃出。……对这些失败的人物,他好像是看到或听到他们的历史,而点首微笑的叹息:"你们胜过不了所在的地方。"他并没有什么伟大的思想,也没想去教训人;他写的是一种情调,这情调的主音是虚幻。②

正是康拉德为老舍打开了一个世界,从这段引文中我们也可确知老舍对康拉德的理解之确凿与深入,这为老舍在自己的作品中化用康拉德的思想铺平了道路。妓女"我"(《月牙儿》,1935年4月)、车夫祥子(《骆驼祥子》,1936年)、巡警"我"(《我这一辈子》,1937年7月)同样的要强与同样的沦落——

---

① [新加坡]王润华:《老舍小说新论》,上海:学林出版社1995年12月版,引文见老舍:《景物的描写》,1936年9月1日《宇宙风》第29期,《老舍文集》第15卷第237页。
② 老舍:《一个近代最伟大的境界和人格的创造者——我最爱的作家——康拉得》,1935年11月10日《文学时代》创刊号,《老舍文集》第15卷第306页。按"康拉得"即康拉德。

同样的"由志愿而转入梦幻"①——除了社会应负的那份主要责任外,似也应部分归因于那个过于强大的"无常"。在此,老舍写的是宿命,是穷苦人的宿命,也是人人无从挣脱的Nothing(无)。与康拉德不同的是,由于特定的生活环境与写作内容,老舍内心深处的无望感更多地加上了对国事民情的忧虑和对文化的关注,故而总无法完全与现代主义贴合。在这种时候,他往往不得不略去了康拉德叹息时的"点首微笑"——小说家的超乎人物之上的幽默感。

至此,我们从对国事、文化、人生的三重忧虑解读了老舍山东时期的创作主题。这三大主题相联相扣,共同构成老舍创作中的"笑料"(同时也是悲剧因子)。这些"笑料",由于具备悲郁的内核,故而很难驾驭。当作品的表现尚在某些"度"内的时候,作品就显现出鲜明的幽默特色;而一旦离开了这些"度",幽默将瞬即向别的方向转化。下一章将重点分析作家掌握幽默之"度"的情况。

---

① 老舍:《一个近代最伟大的境界和人格的创造者——我最爱的作家——康拉得》,1935年11月10日《文学时代》创刊号,《老舍文集》第15卷第306页。按"康拉得"即康拉德。

○第三章　绝望中的礼貌

鲍里·维昂的名言"笑是绝望中的礼貌"[1]扼要地涵盖了幽默之成立必须具备的三条原则：悲郁的内核，同情的态度和适度的表现。山东时期，处理幽默与适度的关系的进退出处的过程是老舍心路历程的直接映现。

幽默创作中，必须在三个关节上掌握适度的原则。

第一节　适度机智，防止油滑

老舍曾说，专靠"摆弄文字"取胜的幽默，诸如"'岂有此埋'代替了'岂有此理'，'莫名其妙'会变成了'莫名其土地堂'；还有什么故意把字用在错地方，或有趣的写个白字，或将成语颠倒过来用，或把诗句改换上一两个字，或巧弄双关语"，这些手段"显然的是专在字面上用工夫所以往往有些油腔滑调"[2]。这说的便是幽默手法运用上的适度问题，也是他对幽默创作问题的经验之谈。老舍早期小说的油滑倾向确实存

---

[1] 上海青年俱乐部编：《中外名家论喜剧、幽默与笑》第273页，上海：上海社会科学院出版社1992年8月版。
[2] 老舍：《"幽默"的危险》，1937年5月16日《宇宙风》第41期，《老舍文集》第15卷第312页。

在，这完全是由于初用幽默时对机智（wit）的度的把握有欠火候而造成的。弗洛伊德的机智论赞同费舍尔关于机智的如下定义——"他把机智定义为能够将许多在内容和内在联系上互不相干的观念迅捷联结在一起的技巧"①，同时认为"幽默是一种最高的心理功能，它能使人们欣赏思想家的特别趣味"②。这样，弗洛伊德就恰切地把机智框范到幽默可用手段的范畴之内——即所谓"幽默可以和机智或其它的喜剧形式熔和出现"③。因此，不加节制地使用机智手段必然导致幽默的降格。曾有人将这种降格称作"伪机智"：

伪机智的特质尤其在于，常由简单文字的相似性和一致性而构成，诸如颠倒字序、纪年铭、避讳文和藏头诗等，它有时如同谐韵文字或是蹩脚诗句中的几个音节，有时如同使用同音异义词进行的文字游戏或嘲讽中的只言片语，有时甚至是完整的诗句或诗行。④

---

① 张增武、阎广林译：《机智及其与无意识的关系》（1938）第3页，上海：上海社会科学院出版社1989年6月版。
② 张增武、阎广林译：《机智及其与无意识的关系》（1938）第207页、第212页，上海：上海社会科学院出版社1989年6月版。
③ 张增武、阎广林译：《机智及其与无意识的关系》（1938）第207页、第212页，上海：上海社会科学院出版社1989年6月版。
④ 艾迪生语，转引［法］罗贝尔·埃斯卡皮：《论幽默》（1960）第45页，金玲译，上海：上海社会科学院出版社1991年10月版。着重号为原文所有。

不难分辨此处的"伪机智"正是老舍认为真正的幽默创作应当避免的以"摆弄文字"制作出来的幽默。老舍后来曾说自己年轻时"时常因为贪功,力求俏皮,而忘了控制,以至必不可免的落入贫嘴恶舌,油腔滑调"①,此话中诚然有过度自谦的成分,然而也说明老舍对自己幽默创作中某些失度之处是有清醒认识的。

老舍运用机智的失度主要体现于创作早期,《老张的哲学》与《赵子曰》尤为明显。诸如《老张的哲学》中对老张的尊容(第1节)、百花深处富家少年的言行(第11节),《赵子曰》对赵子曰的外貌(第1节)、周少濂的笑容和嗓音(第9节)的描述,等等,无不有重复过频和夸张失度之处;余如对蓝小山(《老张的哲学》)、武端(《赵子曰》)的口头禅的强调和另外一些以生硬的谐音抓哏的处理,更是犯了简单化的失误。老舍后来讲过的,狄更斯小说中的"次要人物全有一种固定的习惯与口头语",如"*Bleak House*(《阴暗的房子》)里的Bagnet(巴格内特)永远用军队中的言语说话,而且脊背永远挺得笔直",这种表现方法"容易流于浮浅,有时候还显着讨厌"②。前述老舍对重复与夸张手法的过度使用即是直接受狄

---

① 老舍:《〈老舍选集〉自序》,1950年8月20日《人民日报》,《老舍文集》第16卷第220页。
② 老舍:《人物的描写》,1936年11月1日《宇宙风》第28期,《老舍文集》第15卷第248页。

更斯早期小说影响的结果。山东时期之所以成为老舍幽默创作的繁盛期和代表期,很大程度上是由于作家在幽默创作中有意识地避免再蹈覆辙的努力的奏效。自然,偶尔的失当也还是难免,如《牛天赐传》第2节中拿奶妈的介绍人开的玩笑(称之为"驴"并反复借代),但已是极少发生了。这保证了山东时期老舍的幽默成为一种相当纯粹圆熟的幽默。

第二节 适度同情,疏离讽刺

老舍说过,"讽刺与幽默在分析时有显然的不同,但在应用上永远不能严格的分隔开"①,这决不是在讽刺与幽默的争论中为双方打圆场,老舍许多幽默作品中确实含有强烈的讽刺倾向。然而,老舍之所以终于成就了一个"幽默作家"而非"讽刺作家",对讽刺的有意识疏离是个中原委所在,正如老舍自述,"我失了讽刺,而得到幽默。据说,幽默中是有同情的。"②

老舍以同情与否区分幽默与讽刺,在当时可以说是与林语堂站在同一条战线上。林语堂作为幽默文学在现代中国的

---

① 老舍:《我怎样写〈猫城记〉》,1935年12月1日《宇宙风》第6期,《老舍文集》第15卷第187页。
② 老舍:《我怎样写〈老张的哲学〉》,1935年9月16日《宇宙风》第1期,《老舍文集》第15卷第166页。

提倡者与最重要的推波助澜者，在三十年代的中国可谓众矢之的，他对幽默与讽刺的区分更是被扣上各种帽子一批再批。现在，我们不妨摘下有色眼镜，心平气和地读一读林语堂的幽默论。在写老舍幽默论的过程中插一小节林语堂，并不是信马由缰，只因老舍作为林语堂幽默集团的重要成员，在文学主张（如对性灵的提倡）、幽默观（如对幽默与讽刺的区分）以及行为方式上，与林语堂有相当的默契。

林语堂对幽默的推崇是建立在他对讽刺、滑稽与机智（他称之为"郁剔"）的贬抑之上的。为扬此而不顾一切地抑彼，再加上三十年代独特的文学环境，自然得罪了不少人。他对幽默的高扬，由于内中不乏意气用事的成分，也多有不足以立之论。但同时，对喜剧范畴内幽默与其他概念的辨析又是任何人建立幽默观所必不可少的（本节所述幽默的适度问题，也就是出于这一考虑）。林语堂认为，"讪笑嘲谑，是自私，而幽默却是同情的，所以幽默与谩骂不同。因为幽默的情境是深远超脱，所以不会怒，只会笑"；"其实幽默与讽刺极近，却不定以讽刺为目的。讽刺每趋于酸腐，去其酸辣，而达到冲淡心境，便成幽默"①。剔除其中偏激的成分，这里对幽默与讽刺的分析包含了这

---

① 林语堂：《论幽默》，《我的话·上册——行素集》(1934)，河北石家庄：河北教育出版社 1994 年 5 月版。

样的有用见解:幽默偏于同情,讽刺偏于忿怒。《苏联大百科全书》在比较幽默与讽刺两大范畴时也采用了相近的思路:

> 幽默与讽刺的关系在于:……讽刺家坚定、严格的立场,使它显然处于与对象格格不入的敌对的地位;而幽默家(他"设身处地"地对待笑的对象)更为亲切和内心更为亲近的态度则倾向于宽宏大度,甚至对事物的本质和必然性采取听天由命的态度。①

从第一章对幽默特质的厘定也可得出结论:幽默与讽刺确可以同情与否来划界。再联系黑格尔对讽刺特质的不刊之论——讽刺"是以不满的心情保持着作者自己的主体性的抽象原则与经验的现实世界之间的失调"②,林语堂与老舍所说"幽默是同情的"就不再难以捉摸了。从这儿回过头看老舍所言"失了讽刺,而得到幽默",也显豁了许多。

老舍的幽默包含了同情,也不能完全疏离讽刺,这里就又有一个同情的度的问题了。过于同情,则发现错讹本身将无从谈起;过于冷隽,则出语偏于尖酸,会变作"失

---

① 《论讽刺与幽默》,苏联教育出版社1973年俄文版第23页,转引陈孝英:《幽默的奥秘》第94页,北京:中国戏剧出版社1989年7月版。
② 朱光潜译:《美学》第2卷第267页,北京:商务印书馆1979年1月版。

了幽默,而得到讽刺"。老舍山东时期以《离婚》(1933)为代表的幽默创作体现的正是经得起分析的富于同情的纯正的幽默;个别的抛却同情态度的例子,则是因为作家对所绘世相的毫无价值已经看破,讽刺诗《教授》(1933年1月)和讽刺小说《抱孙》(1933年12月)、《新爱弥耳》(1936年7月)就是极端的例子。可能是由于秉性里的同情实在难以稀释,老舍少量的以讽刺为主的创作并不能每每做到入木三分,像《抱孙》这样的连挖苦带损,连根拔出人物乖谬行为背后的思想和文化渣滓的作品,几乎是凤毛麟角。讽刺创作的不成功激励着老舍更加刻苦地探寻真正属于自己个人的幽默风格,并且终于获得了成功。

第三节 适度优越,以免解体幽默

优越感与幽默的关系本文已有论述。在幽默创作中,把握优越之度至关重要。服务于幽默的优越是带有同情与悲悯的优越,要求在看到事物的不和谐的同时,对这些不和谐作有分析有容谅的揭露。如果作家的优越感过于强烈,同情就易为得意掩蔽,幽默迅即解体为闲适;而一旦优越感在黑暗现实的覆盖之下无从显示,悲悯就易作愤疾,幽默也在同时被解体,而这时的解体对于幽默来说更是致命的——这时,轻言之,幽默将解体为讽刺,这在上文已经谈过,以幽默风格著称的作家一般来说并不都能同时在讽刺领域得心应手；重言之，幽默则将解体为完全的义愤填膺，原本可以喜剧样式表现的事物于是就不得不出诸正剧甚或悲剧了，这对于幽默作家来说当然是最严峻的考验。

众所周知，《离婚》的"返归幽默"① 是老舍山东时期文学创作的重要里程碑。有"返归"，必先有离弃。老舍在山东时期并不是一幽默到底的"欢喜虫儿"，相反，这段时期内老舍的幽默一直经受着时势与作家本人激情把握的考验。"返归"之前的离弃是因为这个，"返归"之后的反复和终于抛舍也是因为这个。三十年代绝不是可以让人舒舒服服地幽默的时代，幽默所要求的优越时时刻刻经受着冲击。老舍的幽默就是在这种情形下折射着时代风云，也映现着作家内心的所思所感。

一、闲适：优裕对幽默的解体

鲁迅曾在1934年6月的一封书信里对当时的文坛作如是评价：

文坛，则刊物杂出，大都属于"小品"。此为林公语堂所

---

① 老舍：《我怎样写〈离婚〉》，1935年12月16日《宇宙风》第7期，《老舍文集》第15卷第191页。

提倡，盖骤见宋人语录，明人小品，所未前闻，遂以为宝，而其作品，则已远不如前矣。如此下去，恐将与老舍半农，归于一丘，其实，则真所谓"是亦不可以已乎"者也。①

此处鲁迅对老舍的幽默评价之低是可以让今人大跌眼镜的。鲁迅对幽默文学决非一概排斥，其本身即是一位出色的幽默作家，何以对老舍有此大不敬之言，一方面是其"'幽默'既非国产，中国人也不是长于'幽默'的人民，而现在又实在是难以幽默的时候"②的具体体现，一方面也可能是老舍幽默创作中的某些弱点恰好被鲁迅捕捉到了。这其实是老舍极少有的出离优越以达闲适的时候。

大致上从1932年底到1934年下半年，是老舍一生中生活最为优裕的时候。并不是说这段时期内老舍的悲郁心态与以悲郁为内核的幽默就不存在了。恰恰相反，包括《狗之晨》（1933年1月）、《记懒人》（1933年3月）、《离婚》（1933年8月）、《歪毛儿》（1933年10月）等在内的一大批杰出的幽默作品正是诞生于此间。但同时，由于心境的相对优裕，老舍的悲郁确也在相当程度上得到了弱化，这体现于这一时期老舍的一批闲适情调极浓郁的文章。《济南专电（慢电代邮）》（1932

---

① 鲁迅：书信340618，致台静农，《鲁迅全集》第12卷第459页。
② 鲁迅：《伪自由书·从讽刺到幽默》，1933年3月7日《申报·自由谈》。《鲁迅全集》第5卷第42页。

年 12 月)、《当幽默变成油抹》(1933 年 2 月)、《打倒近视》(1933 年 11 月)、《科学救命》(1933 年 12 月)、《新年醉话》(1934 年 1 月)、《避暑》(1934 年 8 月)等等，用的正是"幽默年"惯常的写作路数——同时以幽默为手段和目的，尽量荡去一肚皮不合时宜。这些作品，由于作者的视点过高（优越过度），多是悠闲有余而底蕴不足。老舍在后来的创作自述中把某些小说列为纯粹是写着玩凑字数的一类①，也可说明一部分问题，虽然本文并不同意老舍列于"写着玩"名下的《抱孙》等篇只是玩笑之作。顺带必须说明的是，即使在老舍的闲文中，完全对时弊持事不关己态度的还是极少；相反，总是在恰当的节骨眼上对各种不良现象作些调侃甚至讽刺，是老舍的闲适文的特点之一。如《济南专电（慢电代邮）》②所拟 6 则"电文"中，既有"历城有张三（译音）博士者，读《论语》泪下如雨；《论语》济南通讯员几自杀！"这样的近乎无聊的闲句，也有"西门大街汽车撞倒乡妇，公安局长以幽默法解决之，未处罚驶车者。闻局长系《论语》派，并主张《论语》公卖。"这样的直刺腐败官场的痛快淋漓之语。而后者，又是老舍那独特的以悲郁为内核的幽默的一次出色体现。

---

① 老舍：《我怎样写短篇小说》，1936 年 1 月 1 日《宇宙风》第 8 期，《老舍文集》第 15 卷第 195 页。
② 老舍：《济南专电（慢电代邮）》，1932 年 12 月 16 日《论语》第 7 期。

二、愤疾：忧从中来，不可断绝

由于老舍在大多数情况下的难以闲适，对他的幽默构成威胁的主要力量来自其幽默的内核——悲郁。"看出缝子"是限于"缝子"的"无害"的，一旦"缝子"大过了限度，幽默就面临崩溃的危险。"闲适小品"决不是山东时期老舍创作的主体。这里我们看到了一个有趣的现象：尽管鲁迅认为老舍的某些幽默创作实属等而下之，老舍的多得多的作品却恰恰印证了鲁迅所谓"现在又实在是难以幽默的时候"[①]；"何况在风沙扑面，狼虎成群的时候，谁还有这许多闲工夫，来赏玩琥珀扇坠，翡翠戒指呢"[②]。

愤疾情绪对老舍幽默的解体集中地体现于长篇小说《猫城记》（1932—1933），这正是老舍创作早期结束之后和短暂的闲适时期开始之前的一段生活。国事的惨淡和民心的不可用令老舍绝望并窒息，猫国文化的溃烂基因终于在外敌入侵之时得到催化，导致了猫人的灭绝。旁观者"我"对猫人复兴的希望五次三番遭到现实破灭的过程深刻地体现了作者老舍对国事的绝

---

① 鲁迅：《伪自由书·从讽刺到幽默》，1933年3月7日《申报·自由谈》。《鲁迅全集》第5卷第42页。
② 鲁迅：《南腔北调集·小品文的危机》，1933年10月1日《现代》第3卷第6期，《鲁迅全集》第4卷第575页。

望之深:看到猫兵收迷叶之麻利,"我"想,"原来猫人并不是不能干事"(第9节);见到猫城里猫人的老实,"我"又想,"猫人并不是不可造就的"(第12节);知道猫人群中还有学者群体,"我把希望放在那群新学者身上"(第20节);在"学者们"之愚蠢和"政哄"之祸国的事实的双重打击之下,"我"依然"不信猫人们如果把猫力集合在一处,而会产不出成绩的",执拗地妄想着"见到几位头脑清楚的"政治家(第22节);……直到一出出灭亡的悲剧紧锣密鼓地演过之后,直到率先投降的猫首领被矮人们打死,"我还替猫人抱着希望:投降的也是被杀,难道还激不起他们的反抗吗?他们假如一致抵抗,我不信他们会灭亡"——而正在这样想过之后,"我"终于眼睁睁地看到了最后的猫人用他们的自相残杀"自己完成了他们的灭绝"(第27节)。说《猫城记》是二十世纪中国文学史上最绝望的一部长篇小说并不过分。在这绝望的背后是作者老舍颤抖的笔和阴郁的心。这绝望彻底地解体了从《老张的哲学》直贯《小坡的生日》的作家已然成形的幽默风格。

老舍认为,《猫城记》的"故意的禁止幽默"[①] 极大地损

---

① 老舍:《我怎样写〈猫城记〉》,1935年12月1日《宇宙风》第6期,《老舍文集》第15卷第189页。

害了小说的艺术性（按此前还有"没有一句幽默的话"①的《大明湖》，写作《大明湖》所采取的严肃态度可与《猫城记》相参照），反思的结果才是《离婚》的"返归幽默"。《离婚》的纯净的含泪微笑既是摆脱了《猫城记》欲哭无泪的悲愤向比较超越的立场的回归，也是离弃了此前相对较多的"一时游戏"②之作，在看破了"中国今日文艺界，以浮浅为一大病"③之后向深入的体察与思考的掘进。《猫城记》的失败和《离婚》的成功使作者得以看清自己的独特秉赋之所在，从而有可能在向着艺术上更为成熟，思想上更为深刻的幽默追索的路上更进一步。这追索在山东时期后来的四年里结出了硕果，并在《骆驼祥子》（1936）问世的时候达到了又一高峰。这一个过程是老舍终于把握了适度优越的幽默原则的过程，也是老舍成熟期创作个性确立的过程。但值得深思的是，即便对于《离婚》这样圆熟的幽默之作，老舍依然自谴："哭就大哭，笑就狂笑，……唯其不敢真哭真笑，所以才含泪微笑"④，这自谴明白地显示出幽默文学的存在之难。

---

① 老舍：《我怎样写〈大明湖〉》，1935 年 11 月 16 日《宇宙风》第 5 期，《老舍文集》第 15 卷第 184 页。
② 1933 年 8 月 28 日致赵家璧信，舒济编：《老舍书信集》第 31 页。
③ 1933 年 8 月 28 日致赵家璧信，舒济编：《老舍书信集》第 31 页。
④ 老舍：《我怎样写〈离婚〉》，1935 年 12 月 16 日《宇宙风》第 7 期，《老舍文集》第 15 卷第 193 页。

二三十年代老舍长篇小说的"前谐后庄"现象也是老舍当时悲郁心境的直接反映，这一现象从另一角度证实了过度愤疾的情绪对老舍幽默的解体作用。短篇小说的创作过程一般来说比较短，控制情绪相应地也容易些。一旦开始了一部长篇小说的创作，自始至终保持一致的创作情绪，文气一贯到底相当不易。老舍的幽默，既离不开悲郁心理的支撑，又须时刻以优越感对悲郁进行适当的节制和弱化，偶一不慎便造成了长篇小说的"前谐后庄"。易言之，当悲郁与绝望占领了优势地位时，就会反过来左右幽默所必须的优越感，即使是以幽默开端喜剧气氛极浓郁的作品，也不能不以悲剧收场。这倾向在《老张的哲学》等三部早期的长篇中已表露得相当明显，以至于最早期的老舍评论对此就有所揭示。如商务印书馆广告所云，《赵子曰》使人"始而发笑，继而感动，终而悲愤"[1]，朱自清所评，《老张的哲学》与《赵子曰》"都有一个严肃的悲惨的结尾"[2]。后来，赵少侯特别指出，老舍"是能找到一些沉痛的故事作书的骨干的"[3]，此语更是一针见血地指出了老舍幽默的内核之

---

[1]《老张的哲学》《赵子曰》广告，1928年10月《时事新报》，转引朱自清：《〈老张的哲学〉与〈赵子曰〉》，1929年2月11日《大公报》，《老舍研究资料》下册第727页。

[2] 朱自清：《〈老张的哲学〉与〈赵子曰〉》，1929年2月11日《大公报》，《老舍研究资料》下册第730页。

[3] 赵少侯：《论老舍的幽默与写实艺术（评〈离婚〉）》，1935年9月30日《大公报·文艺》第18期，《老舍研究资料》下册第755页。

所在与他的故事普遍具有的悲剧倾向。沉痛的骨干使得老舍的长篇创作总不能善始善终地幽默下去。考察老舍山东时期的四部长篇小说①,《猫城记》的幽默整个儿为悲观所覆盖;《离婚》从第 14 节开始转入了沉郁;《牛天赐传》第 17 节展现了乡民生活的艰难之后作者也再难维持"抱着幽默死啃"②的写作进程;《骆驼祥子》的幽默蕴藏得最深,作者的克制与收敛已臻极致,对祥子在无常与社会的共同倾轧下一步步走向毁灭的血泪人生的展示,其阴郁并不让《猫城记》,幽默自然无从横溢纸面。把这四部长篇和早期的三部长篇(按《小坡的生日》后半部转入童话,当作别论)联系起来考察,可以得出结论:老舍在二三十年代的长篇小说创作,无一能完全战胜悲郁愤疾,保持幽默者的超越态度。同时,山东时期老舍的短篇小说呈现出风格各异的姿态,有的轻松谐趣,有的沉郁悲凉,有的在严肃中露出冷嘲,有的在荒诞中蕴蓄深刻。这多样化的形成也是因为作者难以始终保持一种恒定的超越态度的缘故。

由此可见,悲郁在助成幽默的同时对幽默还有着巨大的化解作用。幽默与悲观的矛盾与生俱来,以悲观为动因进行幽默

---

① 我同意史承钧先生关于《选民》未写完的论证(《〈文博士·序〉非老舍作品》,《中国现代文学研究丛刊》1985 年第 1 期),另,《天书代存》《小人物自述》只是残篇,不成规模,也弃之不论。
② 老舍:《我怎样写〈牛天赐传〉》,1936 年 8 月 1 日《宇宙风》第 22 期,《老舍文集》第 15 卷第 203 页。

创作的作家必然为此承受代价。老舍有一次在解释自己的幽默动因时说，"我的悲观还没到想自杀的程度，不能不找点事作"①，这当然是句玩笑话。但联系亚里士多德的幽默论，这又不能完全当作玩笑看。老舍把自己的悲观只是限定在"还没到想自杀的程度"，足可说明其悲观之甚。老舍这样的幽默作家对现实有足够的悲观，却又必须借助幽默创作寻找一条解脱之路。鲁迅曾尖锐地管这叫作"将屠户的凶残，使大家化为一笑，收场大吉"②，这里对于悲观与幽默的悖论的理解才是一针见血的。在中国的二十世纪三十年代那个无法开圆桌会议的时候（鲁迅："我不爱'幽默'，并且以为这是只有爱开圆桌会议的国民才闹得出来的玩意儿。"③），致力幽默创作的作家只有两条路：不是抛弃悲观真的变成悠游自在的闲适者，就是更深地无可救药地陷入悲观。就是因为这个，老舍的幽默，终于因无法承受（化解）他的对社会、对文化、对人生的重重悲观而反为悲观所化解。

难以幽默的时代最终还是使老舍再度离开了他的幽默并同

---

① 老舍：《又是一年芳草绿》，1935年3月6日《益世报》，《老舍文集》第14卷第36页。
② 鲁迅：《南腔北调集·"论语一年"——借此又谈萧伯纳》，1933年9月16日《论语》第25期，《鲁迅全集》第4卷第567页。
③ 鲁迅：《南腔北调集·"论语一年"——借此又谈萧伯纳》，1933年9月16日《论语》第25期，《鲁迅全集》第4卷第567页。

时结束了山东时期的安定生活。同时发表于1937年7月1日的《杀狗》《兔》《我这一辈子》和发表于同年8月1日的《小人物自述》残篇是老舍离开山东之前最后的小说创作。无论是小陈的沦落(《兔》)、巡警"我"的倒霉(《我这一辈子》)还是小人物王一成从一出生就罹逢的悲酸(《小人物自述》),无不是《骆驼祥子》那种含蕴极深的幽默的赓续。《杀狗》①更是老舍这一次将长时期摆脱幽默的预示之作和转折之作。小说对敌军进城后肆无忌惮的探照灯光的描述把山东时期老舍笔下所能涂染的暗色推向了极限:这样的窒息无论如何无法报以惨笑,而只可报以动作。《杀狗》在艺术上不能算是完美之作,对杜亦甫回家前后两个场景的设置使全篇难以浑成,杜老拳师的自述也有说教的气味,这些都预示了老舍的创作将离开幽默走上一段陌生的冒险历程,老舍将从此努力学习并适应一种全新的文学样式,这就是抗战文学。多年之后,在《四世同堂》里老舍再一次满怀悲愤描绘了在北平城横行无忌的侵略者的怪眼——探照灯,对这怪眼的目睹坚定了瑞全出走的决心(第5节),可以推测,这正是老舍自己当年出走时记忆的重现。老舍在国家危亡的关头抛弃了幽默,抛弃了性灵,在很长一段时期内几乎可以说是抛弃了艺术。然而,由于此前已有近十个年头的幽默实践,幽默已经

---

① 1937年7月1日《文学杂志》第1卷第3期,《老舍文集》第9卷。

成为成熟作家老舍的艺术个性，它只能被掩蔽一时，而不会真的泯邈。无论在抗战时期，还是在新中国时期，老舍都有过相当成功的幽默作品，这首先应当归功于老舍在山东时期对幽默机制和幽默规律的不懈的探索。

○ 第四章　形成及定位

本书已从幽默的理论机制、文学主题、适度原则三方面分析了老舍山东时期的心态和创作。最后，试从创作主体老舍的精神气质入手，探寻一下他的以悲郁为内核的幽默的来龙去脉——老舍为什么选择了幽默和老舍的幽默在二十世纪中国文学史以及在老舍本人一生中的定位。

第一节　弱水三千一瓢饮

一、精神气质

首先考察老舍的幽默之所自。老舍自述的幽默原因我们已经非常熟悉了，而无论是由孤高静思而旁观冷笑[1]还是由于性格中的同情，弃讽刺而得幽默[2]，它们都是老舍对自己自幼形成的忧郁多思的精神气质的概括。英国学者阿·尼柯尔指出："克制、沉思、怜悯和仁慈的特征，无疑是辨认幽默气质的标

---

[1] 老舍：《我的创作经验》，1934年12月15日《习斗》第1卷第4期，《老舍文集》第15卷第291页。
[2] 老舍：《我怎样写〈老张的哲学〉》，1935年9月16日《宇宙风》第1期，《老舍文集》第15卷第166页。

志,""幽默与某种特殊的忧郁有关联,当然,不是指那种强烈的忧郁,而是发自忧郁的感伤和对世道的沉思默想。"① 老舍的忧郁气质和感伤倾向造就了老舍的幽默,这已为老舍本人所承认并为方家一再引用。

由忧郁导向悲观。老舍的悲观不单单指向他所批判的世道人心的乖谬,同时也指向自身。对己的悲观加固了对人的悲观,才使得这一幽默内核坚实滞重,非抗战这样的大刺激无以破解之。

老舍心中确实存在着《微神》里那大片的以浓黑作底的无可名状的杂色,浓黑的忧悒使得老舍的心理年龄大大超过了实际年龄。老舍曾说自己"因为穷,所以作事早,作事早,碰的钉子就特别的多;不久,就成了中年人的样子"。② 中年人与青年人最大的区别就是前者沉稳超脱,荡去了后者的浮躁,但也失却了后者的锐气。老舍之所以"看见了五四运动,而没在这个运动里面"③,是因为这个;相应地,不断地将学生运动作为自己施展幽默才能的对象,也是因为这个;而山东时期始终站在主流文坛之外,还是因为这个——最重要的是,因为年

---

① 参见徐志瑚译:《西欧戏剧理论》第249页至第252页,转引上海青年俱乐部编:《中外名家论喜剧、幽默与笑》第34页。
② 老舍:《我怎样写〈赵子曰〉》,1935年10月1日《宇宙风》第2期,《老舍文集》第15卷。
③ 老舍:《我怎样写〈赵子曰〉》,1935年10月1日《宇宙风》第2期,《老舍文集》第15卷。

纪轻轻就以中年人自居,老舍很早就获得了幽默者所独有的悲郁、同情与超越。因此,可以说,中年人的心态是老舍忧郁心态的重要方面。

老舍忧郁心态的另一重要方面是善感。这在老舍的许多决不幽默的写景记情的散文中表达得更为淋漓尽致,起始于学生时代的旧体诗创作也浓烈地散发着对月知愁、见花落泪的气息,散文《抬头见喜》则是既流溢着悲愁情思又闪烁着幽默机锋的典型例子。老舍小说中多愁善感的人物形象多血肉丰满,也与此有关。在这些人物身上,老舍对自己的个性心理多有融入,人物因此更显鲜活。牛天赐(《牛天赐传》《天书代存》)、王一成(《小人物自述》)就是性格与经历都带有明显老舍印记的成功形象。王一成的自述作为老舍初次写家传的尝试,虽说半途而废,但仅有的万把字足以活现了主人公王一成的悲苦童年和偏于阴柔的性格。第4节中说:"有母亲,没父亲;有姑母,没姑父;有关二大妈,没关二大爷……我久而久之也有点近乎女性的倾向,对于一切的事都要像妇女们那样细心的管理、安排。"这同时是老舍对自己性格的描述。倾向女性的细致给老舍带来一对善于观察生活的慧眼和一颗善于体验人生的慧心,这对于造就一位成功作家可谓益处无穷。而对于老舍,更重要的是,善感亦是悲郁的主要诱因。王一成与牛天赐都有独自躲在屋里捏棉花玩的童年,牛天赐更有热爱黄天霸朱光祖、好讲故事、临魏碑、亲友抢夺继承权等生活细节可以从老舍的童年经历中得到一一对应。他们——尤其牛天赐——的个性特征，很大程度上也正是老舍个性特征略加变异而已。《牛天赐传》对牛天赐读高小时由于孤独而迷上了静思默想，"独自个会在心中制造出热闹的世界来"（第14节）的情景的描述再次印证了沉思对于老舍的重要性。"在家里，在学校里，一向是生闷气的时候多；同情往往引起是非，而且孤高使他不愿逢迎。"（第16节）同情与孤高作为牛天赐的性格特征，使牛天赐在想象的宇宙里更能游弋自如，以至于妈妈的丧仪对于他来说只是一场玩笑："不同的颜色，不同的味道，不同的声音，组成最复杂的玩耍。天赐跪在灵旁，听着，看着，闻着，他不能再想妈妈，不能再伤心，他要笑了，这太好玩。"（第16节）天赐的善感与天赐的幽默就这样达到了浑成。类似地，黑李（《黑白李》）、沈二哥（《沈二哥加了薪水》）、老李（《离婚》）等人物身上也有这样的悲郁与幽默的浑成。这一切都有助于我们深入理解老舍对自己幽默态度成因的那两段有名的自述。

二、生之烦

山东时期生活上的种种不如意加剧了老舍的悲郁，无法作为一个专业作家安心从事写作便是老舍无法摆脱的一大苦恼。

"教员兼写家,或写家兼教员,无论怎样排列吧,这是最时行的事。单干哪一行也不够养家的,况且我还养着一只小猫!"① "一边作事,一边写作,简直不是回事儿!"② "钢笔头已生了锈,因为粉笔老不离手。拿粉笔不是个好营生,自误误人是良心话,而良心扭不过薪水去。"③……这些话从年头说到年尾,又从年尾讲到年头,犹豫了四五年,等到终于辞去教职埋头写了八个月,得到的结论却是——"我爱写作,可就是得挨饿,怎办呢?连版税带稿费,一共还不抵教书的收入的一半,……此路不通!"④

实实在在的人生之烦搅得老舍寝食不安,写作的拘束又时常使他无处落笔:"得写得好,快,应时当令,而且不激烈,恰好立于革命与不革命之间,政治与三角恋爱之外"⑤。这写作的禁忌首先是时代造成的。《理想的文学月刊》⑥对当局的文禁政策有极尖锐的调侃:"无论何项稿件都是文责自负,每篇之后注有作者简单的履历,及详细的住址——老家的,寄居

---

① 老舍:《夏之一周间》,1932年9月1日《现代》第1卷第5期,《老舍文集》第14卷第417页。
② 老舍:《个人计划》(又题作《一九三四年计划》),1934年1月1日《东方杂志》第31卷第1期,《老舍文集》第14卷第458页。
③ 老舍:《钢笔与粉笔》,1935年12月15日《益世报》,《老舍文集》第14卷。
④ 老舍:《这几个月的生活》,1937年4月25日《益世报》,《老舍文集》第14卷87—88页。
⑤ 老舍:《钢笔与粉笔》,1935年12月15日《益世报》,《老舍文集》第14卷。
⑥ 老舍:《理想的文学月刊》,1937年5月25日《谈风》15期,《老舍文集》第15卷。

的，服务机关的，岳丈家的……以便侦探直接捉拿——假如文字失之过激或欠激的话——与本刊无涉。不幸本刊吃了罣误官司，会计部存有基金，可提用为运动费，也不至被封禁。"文网之外，还有两重障碍。一是来自报刊的苛求，"应时当令"四字道尽作者不由自主的尴尬；二则来自作者自立的规矩，奉不趋时不随俗的文学主张为圭臬才使老舍自觉地立于"政治与三角恋爱之外"。

　　文事的不遂意为生活平添挫折感而外，老舍还经受过一次重大打击，那就是知友白涤洲的突然去世。白涤洲去世不久，老舍接连写下《记涤洲》（1934年10月27日《国语周刊》第161期）、《哭白涤洲》（1934年12月5日《人间世》第17期）两篇字字深情的悼文。直到半年多之后，老舍还有这样的回顾："这两件事——不能专心写作，与好友的死——使我好久好久打不起精神来；愿意干的事不准干，应当活着的人反倒死。"① 说这话时，老舍的心境正处于山东时期的第二次悲郁高峰上（第一次是《猫城记》时期），相应地，作品中的幽默成分正如老舍所归纳的，"与以前的作品相较，少得多了"②。《〈樱海集〉序》的这节自我总结是中肯的。《樱海集》（1935

---

① 老舍：《〈樱海集〉序》，1935年6月16日《论语》第67期，《老舍文集》第8卷第154页。
② 老舍：《〈樱海集〉序》，1935年6月16日《论语》第67期，《老舍文集》第8卷第154页。

年8月）作为老舍的第二个短篇小说集，其中的幽默比起《赶集》（1934年9月）确有收敛，其蕴藉含蓄与之后不久的《骆驼祥子》相一致。

三、文学/文化环境

这忧郁心态在一定的文学（文化）环境中得到了进一步强化。

关于现代主义与老舍忧郁心态的联系，第二章已有涉及。除了文学主题的相通外，老舍对现代主义文学的浸润还体现在创作手法上。现代小说新手法的诞生是与现代文学的基本主张相对应的，正如沃伦·贝克在分析福克纳的文体特征时所说："现代小说中的两个主要趋势，一是倾向于采用越来越有形的戏剧性描述，直截了当地依靠列举物体和行为的名称，报导人物所说的话；另一个方面，是倾向于对不受阻遏的意识之流作表面完整的、连贯的复制。这些方法，产生了像《太阳也上升了》和《尤利西斯》这样截然不同的作品。"[①] 以创造与美为至高趋赴的老舍刻意追赶着时代。1934年以降，其小说中外聚焦与内聚焦两种表面看形式迥异、事

---

① 转引徐岱：《小说叙事学》第199至200页，北京：中国社会科学出版社1992年9月版。

实上本质相通的模式交替出现。其中《裕兴池里》（1935年1月）、《"火"车》（1937年5月）对外聚焦模式的运用与《老年的浪漫》（1935年1月）、《新韩穆烈德》（1936年3月）对内聚焦模式的运用的成功显示了老舍努力的实绩。老舍对现代小说艺术手法的自觉化用从根本上说与他对幽默的坚持是一致的，均既是现代文学精神的具体体现又是对主流文坛的拒斥的表现形式。

于老舍影响最深刻的文学/文化环境当属北京传统民俗。这与现代主义无论从哪个角度讲都是风马牛不相及的异质背景，能在老舍身上达成融合并体现于创作（例如《新时代的旧悲剧》《哀启》《"火"车》都是传统评书艺术的细腻风趣与现代小说新的聚焦模式成功融合的典范例子，它们显示了老舍多方面的艺术才能，也为我们更全面地理解老舍的学养和艺术提供了线索），是因为老舍对两者都浸润极深。北京之于老舍具备母亲般的吸引力，是他的无穷无尽的创作之源，北京市民文化中独有的幽默质素在老舍身上的体现可以说是来自血脉的。老舍自幼心仪北京市民口头艺术，对相声评书的喜爱无形中锻炼了老舍对幽默手段的敏感，以后老舍在幽默创作中对"三翻四抖"、夸张、谐音等相声传统手法的屡试不爽首先应当归功于幼年的熏沐。相声的"三翻四抖"是相声组织"包袱"最常用的手段，它之所以每每能引发笑声，可以从康德的笑论中——即"笑是一种从紧张的期待突然转化为虚无的感情"①——得到完满的解释。老舍的作品中,由于体裁的原因,"二翻一抖""一翻一抖"的"包袱"更多一些。运用"翻抖法"的上佳例子如——

搬一回家,要安一回灯,挂一回帘子;洋房吗。搬一回家,要到公司报一回灯,报一回水,洋派吗。搬一回家,要损失一些东西,损失一些钱,洋罪吗。②

查票:头一位,金箍帽,白净子,板着脸,往远处看。第二位,金箍帽,黑矮子,满脸笑意,想把头一位金箍帽的硬气调剂一下;三等车,二金箍帽的脸都板起;二等车,一板一开;头等车,都笑。第三位,天津大汉,手枪,皮带,子弹俱全;第四位,山东大汉,手枪,子弹,外加大刀。第五位,老五,细长脖挺也不好,缩也不好,勉强向右边歪着。从小崔那边进来的。③

期待化为虚无,可以说是进入老舍幽默心态的一个锁钥。

---

① 宗白华译:《判断力批判》上卷第180页,北京:商务印书馆1964年1月版。
② 老舍:《有钱最好》,1935年3月1日《论语》第60期,《老舍文集》第14卷第513页。
③ 老舍:《"火"车》,1937年5月1日《文学杂志》,《老舍文集》第9卷第8页。

老舍善于运用这一幽默机制，但主要不是在相声手法的简单套用，而是融入了现代精神与现代情感。在《"火"车》这则通篇埋伏着笑的引线的短篇里，最富光彩的幽默机锋决不在于如上引文中显示的语言的谐趣。是结尾埋藏的无底的虚无将人世的悖谬推向了极限，才使得小说的幽默意蕴在对国民性的批判中得到升华——在一场伤亡惨重的火灾事故之后，方方面面的敷衍了事的调查得出了"二等车必为空车，绝不能起火"的结论，先将全篇的轻松与紧张一并化作虚无；然后，以"五嫂想安慰老五，'我倒真心疼你带来的那些青韭，也教火给烧了！'"煞尾，将刚刚营造出来的虚无也化作了虚无。而这虚无的虚无背后，是中国文化造就的对"人"的价值和尊严的贱视，是无以复加的沉痛。

最后，不能忽略的是，老舍的幽默创作开始于英伦，英国的天然以忧郁为特征的幽默的文学传统是老舍的幽默创作的最直接的导因。从词源学的角度看，Humour（幽默）一词从单纯有"体液"一个含义的医学术语（Humeur）发展到具有现在的通用义，其策源地正是在英国。罗贝尔·埃斯卡皮指出："幽默经历了这番演变之后（即到了18世纪末），终于被认可为一种民族特质，一种源于英格兰灵魂深处的传统。"[1] 埃斯卡皮的《论幽默》对英格兰的民族性格的深入剖解为我们提供

---

[1] 金玲译：《论幽默》（1960）第21页、第24页。

了老舍的以悲郁为内核的幽默的另一个源头:"英国文学和其间体现出的英国灵魂的整部历史,也向我们展示了一幅玄秘的双重脸面:伤感的乐观主义和快乐的悲观主义。"① 正是英国特殊的文化氛围为老舍青春时代的忧郁和孤高提供了温床——一种难得的将悲郁转化为幽默的契机。另一位法国人斯达尔夫人说,"菲尔丁和斯威夫特的某些作品、《皮克尔传》、《兰登传》,特别是斯泰恩的作品,对这种叫做幽默的戏谑提供了完整的概念";"在这种戏谑当中有着郁闷的意味"。② 要理解英国文学传统对老舍幽默的助成,似乎只须在这个名单里加上后来的集大成者"查尔斯·狄更斯"这个重要的名字就可以了。

综上所述,老舍的幽默形成于老舍的独有的忧郁型精神气质,这种个性气质在外界刺激对它的强化和中外文学(文化)环境的共同滋养下终于发展成作家老舍一个时期内成熟恒定的创作个性。诚如上述,这样的创作个性的成形发展并终于稳定的过程并不是一朝一夕的事,它耗去了创作主体的整个青少年时代,又使得作家在创作精力最旺盛的生命阶段付出了不懈的精进探索的努力。遗憾的是,幽默对于二十世纪大部分时段的

---

① 金玲译:《论幽默》(1960)第21页、第24页。
② 徐继增译:《论文学》,北京:人民文学出版社1986年版,引自上海青年俱乐部编:《中外名家论喜剧、幽默与笑》第34页。

中国文学实在是不合时宜，老舍山东时期苦心经营的幽默宫殿先经受了时代的压抑，又终于在民族危机尖锐上升的"七七"之后轰然塌陷。

第二节　文学史定位：到底是不合时宜

在二十世纪中国文学史中定位老舍，首先要解决老舍的幽默在二十世纪中国文学史上的位置的问题。老舍一生经历的三个最重要的创作阶段——山东时期，抗战时期和新中国时期，每个创作阶段都呈现一种值得重视的文学性格，它们共同构成了老舍其人的特殊性。定位老舍，考察老舍的特殊性，并从这特殊性中看出普遍性来，为进一步解读文学史提供尽量可靠的新视点，是我目前的写作目标。因此，在结束本章之前，我希望已经可以为老舍的山东时期的幽默性格找到一个比较准确的定位。

综观二十世纪中国文学史，应当说，直到最后二十年才为幽默文学的健康发展提供了合宜的政治与文化气候，这之前幽默文学的不发达是中国文学走进新文学阶段后背负的沉重历史宿命的一方面表现而已。老舍在山东的七年，即老舍以幽默特色横空出世之后渐入佳境的时期，中国文坛上也出现了一阵子轰轰烈烈的"幽默热"。但是，以《论语》为代表的一批幽默杂志的涌现也好，"幽默年""小品年"的短暂繁荣也好，都只不过是两三文人一厢情愿织造的假象而已，注定了好景不长。

这一则是因为这些幽默文学的逃遁倾向的确不利于它们向纵深处的发展，二则因为尚处于发轫期的中国幽默文学还不具备向主流文坛挑战的实力。中国幽默文学先天的不足和后天的失调致使它的发展在三十年代、抗战时期以至整个四十年代都远远落在讽刺文学之后。老舍进入抗战时期后搁置了幽默创作却磨砺了讽刺之笔也属大势所趋。

在"幽默"一词方经林语堂译出，还未得推广，大多数知识者并不习惯于用它的时候，周作人说："我只觉得我们不很能说'为滑稽的滑稽'，所说的大抵是'为严正的滑稽'，这是我所略觉不满足的。"[①] 周作人以自由主义观幽默，似乎更能看清幽默之在中国的难以成器的病因所在。现代讽刺文学与幽默文学的不同发展情状正是现代社会更多地提供了"为严正的滑稽"的气候的结果。也正因为此，幽默文学才有了"帮闲或有闲的士大夫之流，成天在那儿讲求的所谓'幽默'，所谓'风趣'"[②]的恶谥。老舍幽默创作的繁盛期正赶上这么个时候，其无法尽情施展充分发挥并终将湮灭于战争也成为必然的结局。

尽管在重重约束之下，老舍的幽默创作仍然顽强地发展与完善着自己，从而成为二十世纪中国幽默文学的代表。检点现代幽默文学史，真正具备底蕴——深刻的哲学心境，浓烈的同

---

① 周作人：《滑稽似不多——通信二》，1925年1月5日《语丝》第8期第8版。
② 含沙：《说相声》，1935年5月20日《太白》第2卷第5期。

情倾向以及合宜的与入木三分的表现——的幽默作品为数不多,老舍山东时期的《离婚》《骆驼祥子》因之就格外突出。二十世纪中国文学史上最可一论的幽默作家还有以文学创作为余事的钱锺书。他的《围城》对人生之荒谬圈套的把捉更是以深不可测的绝望为内核的;他的幽默论[①]对"无数弄笔墨的小花脸"致使"幽默品格降低"的指责,对"风行一时的幽默文学"的不以为意同时是对真幽默之稀见难觅的一声黯然轻叹。

新时期北京作家群自觉追步老舍,语言的刻意模仿与文化态度的趋同明显多过幽默的习染,这主要是因为幽默更多地倚赖创作主体的个性秉赋。尽管如此,老舍的幽默仍然因为这些作家在新时代得到了某种意义上的再现。这也是三十年代老舍在幽默文学领域所取得的成绩的又一表征。所谓"京味作家群"前后,还有王蒙的骋才的幽默与王朔的带"痞气"的幽默堪称独树一帜。而无论是王朔、陈建功还是王蒙,这些作家的幽默都有过于辞气浮露的缺陷——或者说特色,但从本文的视点看,辞气浮露首先是违犯了幽默之适度优越的原则。新生代的代表作家多作出一副冷漠于价值关怀、拒绝读者的姿态,在远离固有创作观念的同时他们也自然而然地远离了幽默。倒是作为新文学传统赓续的"严正的幽默"在少数作家的笔下还在

---

① 钱锺书:《写在人生边上·说笑》(1941),《人·兽·鬼 写在人生边上》,福建福州:海峡文艺出版社1991年5月版。

焕发出亮色,但一般都是作为副笔。应当说,新时期以来真正以幽默为追求并有作品作支撑的成熟作家尚未出现。特殊的国情与现代文学史发展的艰辛历程印证了周氏兄弟的先见,幽默文学确实始终未曾得到自如的舒展。老舍的幽默秉赋在时代的厚障壁前一再受挫的经历早成过眼烟云,但愿未来的中国文学能卸去那沉重得不堪负举的历史宿命和人为约束,催生出真正的健康明朗的幽默文学。

  本章已经一再论证,老舍的幽默来自于悲郁与绝望,并终于为绝望所化解,这种对时代对人生的焦灼感正是中国现代作家的共同心态。二十世纪前半时的中国文学,因承受了更多的内忧外患,主要显示出入世的与实用的形态。部分作家对艺术的自性更为看重,但往往仅限于"一时"。总体上,中国现代作家的创作即使不是实用的,也一定是入世的。这包括普遍被认为持中允超脱的写作态度的京派作家群,包括废名;也包括以嘻嘻哈哈的说笑话的方式招致长时期骂名的《论语》同人,包括林语堂。山东时期的老舍在精神上与这两个作家群最为亲近,而他的创作态度不必说要更为积极入世一些。"共谁挥泪倾甘苦?惨笑唯君堪语愁!""聪明尽在胡涂里,冷眼如君话勿多!"[①] 这是老舍很长一段时期将自己维系于《论语》作家群

---

① 老舍:《〈论语〉两岁》,1934年9月16日《论语》第49期,《老舍文集》第13卷第441页。

的理由所在。所谓"论语派"的幽默与性灵确有其回避现实的一面,但这回避首先来自对现实的看不惯,这又从根本上具有了与现实难分难解的纠缠。林语堂说:"东家是个普罗,西家是个法西,洒家则看不上这些玩意儿,一定要说什么主义,咱只会说是想做人罢。"① 这样的人生态度老舍并无不赞同。但老舍的以幽默化解与遮蔽内心之绝望的企图使得老舍的幽默不同于林语堂的,这也显示了老舍更为入世的书生本色。

但是,化解也好,回避也好,终于是对内心深处已深深扎根的悲郁无计可施。相形之下,鲁迅之"常常觉得惟'黑暗与虚无'乃是'实有',却偏要向这些作绝望的抗战"② 的姿态,由于建立在对中国的历史、现状与未来的知根知底的把握的基础上,反而恒久并具备了击退绝望的可能性。老舍的与鲁迅迥异的人生态度使得他选择了只是与绝望周旋而非抗争的另一种处世方式,并且许多时候是有意借绝望润泽自己的幽默之笔,故而从不曾,也不可能做到与绝望一刀两断。山东之后,老舍的创作风貌明显趋于明朗化,隐藏的入世倾向也转变成外显的入世态度,并伴有实用主义的文学主张,同时悲郁感退居意识深处,绝望感也渐趋淡化——是淡化,不是消泯。这突变也应

---

① 林语堂:《〈有不为斋丛书〉序》,1934年9月1日《论语》第48期,徐志学编:《林语堂散文(一)》第344页,河北石家庄:河北人民出版社1991年9月版。
② 鲁迅:《两地书·第一集·四》(1925年3月18日致许广平信),《鲁迅全集》第11卷第20至21页。

当归因于在山东时老舍的绝望之深重，因为只有为绝望所扼所苦的人才时时盼望着为真正的希望激活，全民抗战的事实之于同时是爱国者和悲观者的老舍可称正中下怀。在抗战时期与新中国时期，老舍不再是悲观者，相应地，幽默二字也不再能标识老舍的创作个性，但比山东时期坎坷得多的创作苦旅时常迫使老舍产生新的疑惑与焦虑，每当这种时候，已淡入意识深处的悲观就会重新漾出。

最终致老舍于绝地的绝望就是这些年折磨人的不断的跌踬的一次总爆发。这最后一次的万劫不复的绝望来得迅即却并不突然，老舍凭他前半生的悲郁和后半生的乐观以及最后时刻对自己曾有过的盲目乐观的怀疑和否定为自己的死负责。"我既不落泪，也不狂歌，我只静静的躺着。躺着躺着，多嗜烛光在墙上幻出一个'抬头见喜'，那就快睡去了。"（《抬头见喜》）——如果我们在1966年的那一天也随老舍来到太平湖边，大概也能见到湖面上幻出的那个最大的"抬头见喜"吧？

国家至上：抗战时期论

老舍的"抗战时期"基本上是与中华的抗日战争和中国的抗战文学相始终的一个时间段。尽管不同的学者对于中国抗战文学的起讫点问题见仁见智①，本辑还是仅依据老舍其人行止的特殊性，将他的抗战时期界定为起自 1937 年 11 月奔赴汉口，终于 1946 年 3 月起程赴美的时间段。

以"国家至上"为老舍在抗战时期的性格特征定名，用意未免显豁得有些俗套，然而也实在找不到更确切的表述了。国

---

① 一般认为抗战文学史与全面抗战史有共同的起讫点，如王大明、文天行、廖全京编：《抗战文艺报刊篇目汇编》（四川成都：四川省社会科学院出版社 1984 年 1 月版）：1937 年至 1945 年；文天行：《国统区抗战文学运动史稿》（四川成都：四川教育出版社 1988 年 5 月版）：1937 年 7 月至 1945 年 8 月；林默涵总主编：《中国抗日战争时期大后方文学书系》（重庆：重庆出版社 1989 年 6 月版）：1937 年 7 月 7 日至 1945 年 8 月 15 日（按第一编《编辑凡例》注："个别作品情况特殊，延至 1946 年 5 月"）。也有人持不同看法，如蓝海（田仲济）：《中国抗战文艺史》（山东济南：山东文艺出版社 1984 年 3 月版）附录《抗战时期文艺大事记》：1937 年 7 月至 1945 年 9 月（朱德发拟）；苏光文：《抗战文学概观》（重庆：西南师范大学出版社 1985 年 12 月版）：1937 年 7 月至 1946 年 5 月。另按：以上分期是建立在"八年抗战"历史分期的基础上的，所以在"十四年抗战"的大抗战史观念笼罩下，本书中的"抗战文学史"可修正为"进入全面抗战后的文学史"，以下不再说明。

家至上主义是老舍毕其一生的坚执信仰①。正是由于这一理想已化作信念,卢沟桥的炮声才能迅速终止老舍貌似顺遂的山东时期,令他开始了流徙不居的"八方风雨"。而与此同时,老舍的文学道路和文学理念也随这一声震响急遽地转逆。这次转逆与之后的基本定型——为新中国时期作准备——颇类二十世纪中国文学经由抗战的转逆与定型。

老舍在抗战时期相对于山东时期的转逆,或曰文学性格的改塑主要体现于自由主义立场的放弃。具体表现在当"国家至上"成为原宥一切的借口时,作家已然成型的文学性格——成熟的幽默特色和以写北京市民生活为标识的文学风格——的丧失,并且将通俗文艺创作作为新的趋赴。对这一转与其后作家面向真知的痛苦反思和回归等一系列过程的梳理和剖析将十分有助于我们进一步探究老舍的人格理想、文学理想、社会理想,破解三十年代的自由主义的老舍与五十年代的"应声虫"老舍②之间的有机联系。而在通俗文艺("旧瓶装新酒"、民族形式)问题上的反复则体现了市民的老舍和知识分子的老舍的

---

① 老舍18岁时即留下"来日神州正多难,男儿刺臂仍吞炭"的豪言(《定战地于石景、金顶二山。我军驻石景作战两次,我先胜而后败。同学各有记,乃为诗以志胜概。》,《老舍早年诗文一束》,1991年8月23日《北京日报》),晚年话剧《茶馆》中的人物台词:"我爱咱们的国呀,可是谁爱我呢?"被巴金认为可以看作是老舍的遗言(巴金:《怀念老舍同志》,《随想录·探索集》,《随想录》,北京:生活·读书·新知三联书店1987年9月版)。

② 老舍:"应声吗?应党之声,应人民之声,有什么不好呢?"(《〈老舍剧作选〉序》)

冲突，同时反映出二十世纪中国文学内部的幼稚、不谐调以及在外部恶劣的文学环境、文化环境、社会环境共同作用下导致的普泛的盲目弱视。（这幼稚、不谐调和盲目弱视可能正是二十世纪中国文学的致命伤。）新中国前期文学（"新时期"以前，确切地讲也包括"新时期"以来的某些文学现象）事实上正是抗战这一转的直接后果，老舍新中国时期的许多行为也可以在抗战时期的文学历程找到渊源，这包括老舍之死。

○第五章　抗战改变了一切

第一节　"最大的问题"

正如老舍事后所回忆的,"抗战改变了一切"①。当民族生存的问题成为压倒一切的问题时,突然地,个人的悲喜变得无足轻重。所谓闲适,所谓性灵,所谓自我,甚至所谓忧郁,所谓痛苦,所谓焦虑,转瞬之间一并解体。一切服膺于战争的需要,这在民众眼里即属天经地义的命题在具备爱国传统和济世传统的中国知识分子看来更是理所当然。1936年,鲁迅就曾指出:"现在中国最大的问题,人人所共的问题,是民族生存的问题。所有一切生活(包括吃饭睡觉)都与这问题相关"②。而到了"七七"之后,这显然成了大多数中国人心中的一条公理。铺天盖地般的舆论是:在民族革命战争的非常时期,"我们的诗歌工作者,谁还要哼着不关痛痒的花,草,情人的诗歌

---

① 老舍:《我怎样写通俗文艺》,1941年1月1日《抗战文艺》第7卷第1期,《老舍曲艺文选》第33页。
② 鲁迅:《且介亭杂文末编·附集·论现在我们的文学运动——病中答访问者,O. V. 笔录》,最初同时发表于1936年7月《现实文学》第1期和《文学界》第1卷第2号,《鲁迅全集》第6卷第591页。

的话,那不是白痴便是汉奸。"①"文艺再不是少数人和文化人自赏的东西,而变成了组织和教育大众的工具。同意这新的定义的人正在有效地发扬这工具的功能,不同意这定义的'艺术至上主义者'在大众眼中也判定了是汉奸的一种了。"②"……又有人在鼓动着'反差不多'的论调……抱着这种'反'感的君子,朝好处说,自然是过于高尚了一些,朝坏处说,实在是于不知不觉之间犯着了为虎作伥的嫌疑。"③动不动便是"白痴""汉奸""为虎作伥":这样的非此即彼、上纲上线,当置于背景下时是完全可以理解的,虽然拉开距离看时难免使人觉得过于简单和幼稚。而考察老舍在抗战时期的转向,当然不可忽略如此激切的一个舆论环境。尽管即便没有这样的环境,单从老舍自身的思想倾向、情感历程出发,抗战这一转也是势所必至。

从很早起就弥漫在老舍作品中的爱国仇日情绪——1921年,老舍在日本留学生刊物《海外新声》上发表的新诗,即有

---

① 《中国诗人协会抗战宣言》,1937年8月30日《救亡日报》。转引文天行:《国统区抗战文学运动史稿》第239页,四川成都:四川教育出版社1988年5月版。
② 夏衍:《抗战以来文艺的展望》(郭沫若、老舍等19人集体署名),1938年5月10日《自由中国》第1卷第2期,楼适夷主编:《中国抗日战争时期大后方文学书系·第一编 文学运动》第180至181页,重庆:重庆出版社1989年6月版。
③ 郭沫若:《抗战与文化》,1938年6月20日《自由中国》第3号,同上注,第223页。

"要设法超度他们,/快快脱了军国的劫数!"的句子①;"九·一八"后,在这种仇日情绪的激发下,他甚至"冒险"写了《猫城记》这样的政论之作②,而"对国事的失望"③嗣后则成了贯穿山东时期的老舍创作的一大主题——在1937年7月前后适时地达到高峰,这在7月1日发表的短篇小说《杀狗》④中集中地得到体现。《杀狗》描绘的日军横行中华的惨淡场景十分突出地显示了老舍的将以呐喊取代昔日的惨笑的决心,小说设计的大学生庸懦无能、老拳师挺身御寇的情节和显示主人公杜亦甫的"真正有骨气的倒是那不识字的人们"的感悟更是体现了当时普遍存在于知识者群落中的一种自卑倾向。这种设计思路和思维方式是作家往日的小说散文中极其少见的,却显示了后来抗战时期创作的某些特征性倾向。因此,笔者认为《杀狗》正是老舍由山东时期的自由主义、幽默风格向抗战时期的功利主义、实用倾向过渡的转折之作。

散文《友来话北平》《三个月来的济南》《南来以前——致

---

① 老舍:《海外新声》,1921年2月日本广岛高等师范中华留广新声社《海外新声》第1卷第2期,《老舍文集》第13卷第335页。
② 老舍对日本军国主义者的仇恨从小说终章对于入侵猫国的极富国家观念又极端残忍的矮人的描述中体现得淋漓尽致。
③ 老舍:《我怎样写〈猫城记〉》:"我为什么要写这样一本不高明的东西也有些外来的原因。头一个就是对国事的失望,军事与外交种种的失败,使一个有些感情而没有多大见解的人,像我,容易由愤恨而失望。"(1935年12月1日《宇宙风》第6期,《老舍文集》第15卷第188页)。
④ 1937年7月1日《文学杂志》第1卷第3期,《老舍文集》第9卷。

××兄》《这一年的笔》等详尽记述了战事初起时老舍是如何由青到济,苦闷坚持,直到决意离开的过程。从这些鲜活的记述里可以追索到老舍由山东时期迅速向抗战时期过渡的那短短4个月间(1937年7月至11月)的生存情状和心意起伏。我以为清晰理顺这4个月间老舍的一些重要行止,是考察其抗战时期的不可逾越的第一步工作,故不惮烦琐訾议,略事整理如下:

7月7日 "去年七七,我还在青岛,正赶写两部长篇小说。这两部东西都定好在九月中登载出,作为'长篇连载',足一年之用。"(《这一年的笔》,1938年7月7日《大公报》,《老舍文集》第14卷,北京:人民文学出版社1989年2月版。下简称《这》。)

"芦沟桥事变初起,我们在青岛,正赶写《病夫》——《宇宙风》特约长篇,议定于九月中刊露。"(《南来以前——致××兄》,1938年2月15日《创导》,《老舍文集》第14卷。下简称《南》。)

7月7日至15日 "平均每日写两千字,每因买号外打断思路。"(《南》)

7月15日 "至七月十五日,号外不可再见,往往步行七八里,遍索卖报童子而无所得;……"(《南》)

7月15日至25日 "自十五至二十五,天热,消息沉

闷，每深夜至友家听广播，全无收获。归来，海寂天空，但闻远处犬吠，辄不成寐。"（《南》）

7月底　"七月底，平津失陷，两篇共得十万字，一篇三万，一篇七万。"（《这》）

"战争已在眼前，心中的愤闷万难允许再编制'太平歌词'了。"（《这》）

8月1日　"八月一日得小女，……以'雨'名女——原拟名'乱'，妻嫌过于现实。"（《南》）

8月13日　"十三早到济，沪战发。"（《南》）

"我是八月十三日到的济南。城里能逃走的人已走了许多——据说有二十万左右。（《三个月来的济南》（连载之一），1937年12月4日《大公报》。下简称《三·一》。）

8月15日前后　"《病夫》已有七万字，无法续写，复以题旨距目前情形过远，即决放弃。"（《南》）

9月15日　"学校于九月十五日开课，学生到及半数。"（《南》）

9月19日　"《小实报》在济复刊，约写稿。平津流亡员生渐多来此，或办刊物，或筹救亡工作，我又忙起来。"（《南》）

"而北边来了不少的流亡教师和学生。……三个月来，学生的工作只限于出些刊物，和演演戏。……戏剧，说真的，自然有它刺激与感动的功能；……刊物……不如戏剧与大鼓书之

能直接打到民众的耳中了。"(《三个月来的济南》(连载之三),1937年12月6日《大公报》)

9月30日 "三十日,敌军攻入山东境界,而且极快的到了德县,要逃走的人开了闸。"(《三·一》)

9月 "我决不走。远行无力,近迁无益,不如死守济南,几每日有空袭警报,仍不断写作。笔为我唯一武器,不忍藏起。"(《南》)

"我原想始终不动,安心的写文章,我的抗敌武器只有一管笔。……济南战期的报纸和刊物时常有我的文字,学生与文化界的集聚我时常出席,且有时候说些话。"(《三·一》)

10月5日 "十月五日前后,全市的中小学全停了课,齐大也不敢再缓。"(《三·一》)

"八月初与十月初的两次迁逃,使济南差不多成了空城。"(《三·一》)

约同期 "七七抗战以后,济南失陷以前,我就已经注意到如何利用鼓词等宣传抗战这个问题。记得,我曾和好几位热心宣传工作的青年去见大鼓名手白云鹏与张小轩先生,向他们讨教鼓词的写法。"(《我怎样写通俗文艺》,1941年1月1日《抗战文艺》第7卷第1期,《老舍曲艺文选》第37页)

11月15日 "十一月十五日,……炸毁了黄河铁桥。铁

桥一炸,济南才真成了空城。"(《三·一》)

"十一月中,敌南侵,我方退守黄河。友人力劝出走,以免白白牺牲,故南来。"(《南》)

"经友人的劝告,我也卷了铺盖",因为"日本人虽未见得认识我,可是汉奸或者不会轻易失掉这个表功买好的机会。"(《三·一》)

"直到二十六年十一月中旬,我还没有离开济南。……这是最凄凉的日子。……我着急,而毫无办法。战事的消息越来越坏,我怕城市会忽然的被敌人包围住,而我作了俘虏。死亡事小,假若我被他捉去而被逼着作汉奸,怎么办呢?这点恐惧,日夜在我心中盘旋。"(《八方风雨》,1946年4月4日至5月16日北平《新民报》,《老舍文集》第14卷,下简称《八》。)

"我终于提起了小箱,走出了家门。那是十一月十五日的黄昏。"(《八》)

从以上引文,我们至少可以获得这样一些重要信息:
1. 战争的到来打乱了老舍的生活秩序,打断了他的创作进程;
2. 放弃《病夫》的主观原因是以为"题旨距目前情形过远";
3. 在济南时老舍已积极投身于各种形式的抗日救亡工作;
4. 并且开始将笔视作"唯一武器";

5. 开始看到戏剧和民间文艺的宣传力量并努力学写鼓词；
6. 因担心被"捉去而被逼着作汉奸"终于出走。

第二节　不归路

就是在这样的无法驱逐的极度不安焦灼和强烈的爱国心、责任心与气节意识的多重心理机制的激发之下，老舍的生活道路和文学道路发生了重要转折。与此同时，所有的中国作家和知识分子也都在适应着一个从相对和平状态到战争状态下的文学环境的变化过程。在这种共同经历中，老舍的转折与变异既呈现着与大多数作家的共同点，又基于他的既往经历，在文学风格和创作方法上显示出从幽默到无法幽默的特征，在文学思想上由自由主义转向功利主义。

一、无法幽默

山东时期，老舍的文学性格特征是以悲郁为内核的幽默，抗战初起时一变而为激昂慷慨明快热烈。这看似南辕北辙的两种倾向实际上都本自一种无法割舍的爱国情愫。因之，同样看来颇难于理解的从前一种倾向到后一种倾向的突然转易，也可以由这个特定的视角出发，理解为对缠绕于胸的一个问题，在两种不同情境下采取的不同解决办法而已。对进入抗战时期之后老舍创作的第一部小说《蜕》①的解读将有助于我们理解这一转折发生的合理性与必然性。(《蜕》对于为人物虚拟的活动环境阴城的灰暗色调的描绘与前引诸文中老舍对战事初起时的济南的沉寂气氛的体会十分贴合。可以说,这部作品记述的正是作者自己对于战事初起的动荡岁月的鲜活回忆。以之作为标本来破解老舍其人在1937年7月许至11月间的心态因而显得非常合适。)

小说以解题一节起头,描述秋日蝉蜕的情景。开篇即是:"在昆明湖的苔石上,也许是在北海上斜着身只顾绿影的古柳旁,有小小一只蝉正在蜕变。无疑的,时候是已经晚一点了,因为柳影已略略含着悲意,晚风开始透出一点警告的秋凉。蜕变似嫌太迟了些个。""昆明湖"或"北海"无疑指代着北平。这是老舍山东时期那些幽默的或不那么幽默的作品中的人物活动的主要地域,老中国的首善之区,解剖国民性的第一视点。以此起头,证明"山东——抗战"一转的合理性:以改造国民性的思路作贯穿——姑且不论后来的有所游移——正是对积弱之国和不争之国民的恨铁不成钢的情绪促成了老舍(人生阶段:)"山东——抗战"/(主题:)"国民性"(负面批判)——"国家至上主义"(正面激励)/(方法:)"幽默"——"无法幽默"这一连串的变化。正是对于这样的一种初看微妙渐缓,实

---

① 长篇小说,未完。1938年2月16日《抗到底》第4期开始连载,续至1939年3月6日第23期。收入《老舍文集》第9卷。

则大颠大覆的变化,敏感的老舍名之曰"蜕"。

"时候是已经晚一点了",这证明作家对这一次"蜕"期待已久。多少年来,老舍对国事的忧虑、对民生的哀矜、对人世错谬的颖悟一直诉诸"幽默"之笔。站在幽默写家的立场上,他曾经不屑于来自左翼阵营的对于幽默的偏见和干扰[①],到了《蜕》中却终于写下——"我们就深盼那大悲剧的出演,把笑改成泪。历史是血泪的凝结,珍藏着严肃悲壮的浩气。笑是逃避与屈服,笑是本无可说,永无历史。悲剧的结局是死,死来自斗争;经过斗争,谁须死却不一定。"这宣告了幽默二字的决然隐遁。幽默作为一种文学风格,以发现不和谐为肇因,以制造错位感为手段,以适度表现为原则。从山东时期的含笑静观到有一天终于笑不出来,原因在于作家发现的"不和谐"已经超出了"不会给人造成痛苦或带来伤害"[②]的限度,作家郁积于胸的忧郁悲观已在震耳的炮声和故家变成"被奸污过的贵妇"[③]的奇耻大辱中置换成疾痛惨怛,从而,"错位感"已难以制造,"适度"的原则再也无从坚持。

---

① 这方面的主要作品有:《〈老舍幽默诗文集〉序》(1934年4月1日《论语》第38期),《〈牛天赐传〉广告》(1934年7月16日《论语》第45期),《我怎样写〈老张的哲学〉》(1935年9月16日《宇宙风》第1期),《新爱弥耳》(1936年7月1日《文学》第7卷第1期),《"幽默"的危险》(1937年5月16日《宇宙风》第41期)等。
② 〔古希腊〕亚里士多德:《诗学》第58页,陈中梅译注。
③ 老舍:《蜕》,《老舍文集》第9卷第363页。

这一次的"无法幽默"甚至也不同于山东时期曾经在《猫城记》达到高潮的时时向沉郁顿挫那边倾泻下来的情感之波，因为在《猫城记》中，我们尚可说老舍的主体心境是抑郁的，而这一次，在国破家散的覆顶之灾面前，"抑郁"已无法承载作家的心理负荷。小说《蜕》"第一""第二"两部分描述的阴城街衢间的飞尘、炊烟、灰雾组成的"迷魂阵"和城北死湖的秽水、恶臭以及沟水上浮着的"一层油腻而红白相间的泡沫"（这寂死的湖可能取意于闻一多作于1925年的《死水》："让死水酵成一沟绿酒，／漂满了珍珠似的白沫。"①），这一切与老舍1932年《猫城记》对猫城街景、对猫国河流的描绘如出一辙。然而，我们可以说《猫城记》是抑郁的，甚至绝望的——老舍自己也说《猫城记》由于"对国事的失望"竟至于要"故意的禁止幽默"②——却无法从《蜕》得出同样的结论。《猫城记》写的是对国民性的绝望，对亡国灭种的恐惧。以《蜕》为老舍进入抗战时期转捩阶段的样本作品，我们发现，作家恰恰是被全民抗战的热烈重新激活了对国与国民的希望，从此搁置了一贯坚持的对国民性的批判立场，也搁置了幽默之笔，转向热情的呼求和坚执的相信——"国家至上"。小说"第五"部分，作者心造的英雄厉树人说："假如你相信阴城无望，那就是你

---

① 闻一多：《死水》，1928年1月新月书店印行，蓝棣之编：《闻一多诗全编》，浙江杭州：浙江文艺出版社1995年12月版。
② 老舍：《我怎样写〈猫城记〉》，《老舍文集》第15卷。

不相信中国会复兴起来!"这十分明显地是悖反了《猫城记》那条固执的"猫国无望——中国无望"的思路,从中见出老舍自己在"矮人"们果真到来的时刻,推翻了自己设计的亡国灭种的故事结局(一个不堪设想的结局),消解了郁积于胸的绝望,从而把自己从抑郁中解救了出来。他在描摹厉树人的心态时说:"平津的陷落矫正过来他的抑郁。他认清中国人——即使是大字不识的——有一种伟大的哲学作他们举止行动的基础;不识字的只缺欠着些知识,而并非没有深厚的教化。"这映射出值其时也老舍本人的心境。

心理学家费尔贝恩认为,抑郁者的人格是他们对抑郁的种种抵御构成的,性格外倾者由于过分专注于对象,把对象看得过于重要,从而容易压抑自我乃至丧失自我。[1] 而据荣格看,将热力学第一原理等效性原理移置于人格分析,则有了这样的结论:以人的精神能量(力必多)为定数,如果精神的某个组成部分受到过分重视,那必然将以其他部分的损失为代价;而如果它被这个组成部分所释放,也将在另一个相应的组成部分得以显示。[2] 山东时期老舍的抑郁首先便是来自这样一种对于对象——国民性——的过分执著,一旦求得释放(哪怕是部分

---

[1] 参见[英]安东尼·斯托尔:《荣格》第4章,陈静、章建刚译,北京:中国社会科学出版社1989年7月版。
[2] 参见[美]赫根汉:《人格心理学导论》第3章,何瑾、冯增俊译,海南海口:海南人民出版社1986年12月版。

地),也会极其显著地在"其他部分"显示出来。我们所看到的老舍的释放即是在国难当头时及时地解除了对国民性问题的心理武装——而这一问题是最易将一颗敏感的心灵带入绝境中的,转向对中国文化内驱力和普通国民能动性的崇尚,由不相信中华会有光明的前景①改为"不许任何人因一时的与局部的失败而灰心丧气",认为中国人会经由抗战蜕变为"新人与新民族"②。抑郁经由愤疾找到了释放口(Exit),经年的心理负担一旦卸除,极易走向另一个极端(尤其对于老舍这样的情绪主义者来说)。于是,我们看到了老舍文字中幽默因素的急遽消解,热烈、昂扬的因素日益增长,对社会和历史的某些否定性、批判性观感在嗣后很长一段时间内是借讽刺的途径表示的,类似于山东时期的冷眼静观的幽默笔风直至1942年前后才有所恢复。

老舍心中民族虚妄情绪的消解,除了起自全民抗战气氛的激励,一种身处大时代的激越豪迈感③,还导因于当时的一个

---

① 老舍:《新年的梦想·梦想的中国·梦想的个人生活》:"我对中国将来的希望不大,在梦里也不常见着玫瑰色的国家。……天增岁月人增寿,春满乾坤福满门。天长地久,胡涂的是永生,这是咱们。得了满洲,再灭了中国,春满乾坤,这是日本。揖让进退是古训,无抵抗主义是新名词,中华民国万岁!"(1933年1月1日《东方杂志》第30卷第1号,舒济编:《老舍幽默诗文集》第120页)
② 老舍:《三个月来的济南》(连载之一),1937年12月4日《大公报》。
③ 语见老舍:《大时代与写家》,1937年12月1日《宇宙风》第53期,《老舍文集》第15卷;《致台儿庄战士的慰劳书》,写于1938年4月,《老舍文集》第14卷;《我为什么离开武汉》,1938年10月1日《弹花》第1卷第6期,《老舍文集》第14卷;《血点》,1938年12月7日至21日《大公报》,《老舍文集》第15卷;《一二八感言》,1939年1月28日《大公报》。

偶然事件：周作人的附逆。老舍曾经对周作人的博学、谦逊和幽默表示十分欣赏与钦佩，也曾在散文中流露出对周作人作品的浓厚兴趣①，与京派文人集团的投契也间接传达出老舍曾经持的自由主义立场与周作人标榜的自由主义文学理想不无共通性与互补性②。正因为此，周作人的附逆行为对老舍的触动之深值得探究。他的抗战中几部小说的暗示和影射也反映了老舍对这一事件的态度：1938年2月9日，周作人出席了日本大阪每日新闻社召开的"更生中国文化座谈会"，4月底上海出版的《文摘·战时旬刊》第19期转发了周作人长袍马褂跻身于日本特务和汉奸文人之间的照片③，这一时期，老舍除了参与文协《给周作人的一封公开信》④，还借用小说《蜕》表达了自己的警觉："在北平与天津那些汉奸中，有的就是因对自己民族悲观而认敌为友的"，并且以一位"语气坚定"地认为

---

① 老舍：《"幽默"的危险》，1937年5月16日《宇宙风》第41期，《老舍文集》第15卷。
② 老舍1939年4月在散文《怀友》中记录了三十年代前期在北平与京派文人集团周作人、杨今甫、沈从文、叶公超、朱光潜、朱自清、林徽因（老舍作"林徽音"）、罗膺中、黎锦明、罗莘田、魏建功等人的一次欢宴，见出除了笔墨交往之外老舍与京派作家（偕部分学者）的良好过从，这相当程度可能得益于罗莘田的介绍。文中，值得注意的还有："那次还有周作人先生，头一回见面，他现在可是还在北平，多么伤心的事！"这样的句子。（1939年4月《抗战文艺》第4卷第1期，《老舍文集》第14卷）
③ 参见钱理群：《周作人传》第8章，北京：北京十月文艺出版社1990年9月版。
④ 1938年5月14日《抗战文艺》第1卷第4号，《中华全国文艺界抗敌协会史料选编》。

"中国不敢打。要打呢，必败无疑"的孟道邺先生暗示周作人并表示自己的态度；1939年元旦周作人遇刺，旋接受伪职，老舍后来在《四世同堂》（1944—1950）里设计的牛教授受枪击，又因"生活方式"的缘故而附逆的情节更显然是在表示对周氏下水一事的价值判断——有趣味的是，小说中的牛教授遇刺是发生在1938年的深冬；此外，《恋》（1943）的庄亦雅、《火葬》（1944）的王举人的变节行为亦部分地发明自周作人的故实。老舍是因担心被"捉去而被逼着作汉奸"终于离开济南前往武汉的①，这一行动本身已证实了老舍的以行动破除悲观的努力，到达武汉不久即风闻曾经的文坛领袖因维护既往的生活方式、因贪恋狭仄一隅，更重要地，因绝望于民族的未来，灰心于黑暗现实甚而灰心于自我，而与世沉浮，这样的消息对于坚执于"国家至上"理想的老舍来说具有极强的反推助力。从而，这至少是加强了老舍——像金山（《蜕》）那样——提醒自己不"用极坏的字眼判断这个民族"，"不能因失望而精神变态"②的决心，由《猫城记》的暗无天日的假象中彻底挣脱出来，在自己的"会预言的心眼中看到个光明灿烂的新中国，像刚要降生的婴孩，正在血里挣扎"③。

---

① 老舍：《八方风雨·二　开始流亡》，《老舍文集》第14卷第280页。
② 老舍：《蜕》，《老舍文集》第9卷第419页、第368页。
③ 老舍：《蜕》，《老舍文集》第9卷第419页、第368页。

二、功利主义文学观

创作风格的转向只是老舍结束山东时期、开始抗战时期的一个标志性征象,反映出的主要还仅是老舍在时代之波的鼓荡下对自己的心理机制的一种调适,而隐藏于后的是其更值得注意的变化,文学思想的变化。概言之,就是由自由主义转向功利主义。

如果说发表于1930年10月的《论创作》[①]是老舍山东时期文学主张的宣言书,发表于1937年12月的《大时代与写家》[②]则可以被认为是启动抗战时期的又一篇全新的宣言。在《论创作》中,老舍这样要求作家:"活的文学,以生命为根,真实作干,开着爱美之花。"而到了《大时代与写家》,一变而为:"行动,行动,只有行动能锻炼我们的人格;有了人格作根,我们的笔才会生花。"这从"生命为根"到"人格作根"的微妙变化映现出老舍在抗战这"大时代"到来之时文学自律原则的改变。《大时代与写家》一文,反复强调的是在社会与国家的要求下,"文艺就必然想充分的尽到她对人生实际上的责任。"在"对人生"的旧题旨中加入了"实际上的"这样

[①] 1930年10月10日《齐大月刊》创刊号,《老舍文集》第15卷。
[②] 1937年12月1日《宇宙风》第53期,《老舍文集》第15卷。

的限制词,又派定了不可推卸之"责任",这就必然地引出了下文——也就是从此以后许多文论(并且不限于"老舍的"文论)——重行动轻创作、重内容轻形式、重团体轻个人的功利主义文学观的阐述,而老舍也就这样由《大时代与写家》中的认定"活动不妨碍想象,而反是想象的培养与滋生"(这尚能接续《文学概论讲义》以想象(表现)为文学重要特质①的思路)渐渐发展到认为"只要所写的是有关于抗战宣传的","为求立竿见影的收得宣传实效",便"无不乐从"②的极端的文学功利主义。

这种文学功利主义的原始特征即是事功,把判断文章的标准定义为"谁写的都欢迎,只要他写的明白。什么题材都是好的,只要它有益于抗战"③,"想着军事第一,胜利第一,及文艺如何有助于抗战,如何分出争取胜利的责任"④。正如发表于第一个"七七"纪念日的《这一年的笔》⑤反复得近乎啰唆地强调的:"信用……报酬,艺术,都不算一回事了;抗战第一。""艺术?自己的文名?都在其次。抗战第一。""在这时代,才力的伟

---

① 老舍:《文学概论讲义》第四讲,《老舍文集》第15卷第50页。
② 老舍:《抗战中的中国文艺(对苏广播)》,1939年4月1日《中苏文化》第3卷第10期,楼适夷主编:《中国抗日战争时期大后方文学书系·第一编文学运动》,重庆:重庆出版社1989年6月版。
③ 老舍:《本刊半年来的回顾》,1938年9月25日《抗到底》第15期,《老舍文集》第15卷。
④ 老舍:《努力,努力,再努力!》,1939年4月9日《大公报》。
⑤ 老舍:《这一年的笔》,1938年7月7日《大公报》,《老舍文集》第14卷。

大与否，艺术的成就如何，倒似乎都在其次，最要紧的还是以个人的才力——不管多么小——而（和？——引者）艺术——不管成就怎样——配合抗战的一切，作成今天管今天的，敌人来到便拿枪的事实。"……为了履践这"民族至上，军事第一"① 的八字真言，老舍甚至认为文学本身可以完全地置之度外，既如此，因抗战故于文学本身的有所不取当然更是不在话下。

像这样把文学当作了"配合"抗战的附属品，表面看来是在抗战突发的情境下的突变，事实上还是由于老舍本来坚持的自由主义还是一种不完善的自由主义。老舍二十年代后期加入文学研究会②时文研会已经经历了创造社挑衅式的论争，形成了一套具有自我保护意义的"为人生"的文学主张。由《小说月报》改革伊始的"对于为艺术的艺术与为人生的艺术，两无所袒"③，到事后认可"文学研究会多数会员有一点'为人生的艺术'的倾向，却是事实"④，也就是坐实了文研会由"人生的文学"⑤ 向"为人生的文学"的转向。文研会的灵魂人物之一郑振铎有言在先："如果作者以教导哲理，宣传主义，为他的目的，

---

① 致榆林的文艺工作朋友们，1940年12月20日，舒济编：《老舍书信集》第127页，天津：百花文艺出版社1992年6月版。
② 赵景深：《现代作家生平籍贯秘录——文学研究会会员录》，《文坛忆旧》第205页，上海北新书局印行，1948年4月出版。
③ 《〈小说月报〉改革宣言》，1921年1月10日《小说月报》第12卷第1号。
④ 茅盾：《关于"文学研究会"》，1933年5月1日《现代》第3卷第1期。
⑤ 周作人：《新文学的要求》，1920年1月6日讲演，张明高、范桥编：《周作人散文（第二集）》，北京：中国广播电视出版社1992年4月版。

读者以取得教训,取得思想为他的目的,则文学也要有加上坚固的桎梏的危险了。……如以文学为传道之用,则一切文学作品都要消灭了。"① 尽管如此,这一团体认可的文学还是不免于"为人生之用",典型的如所谓"问题小说"即是。而事实上,也就是在郑振铎企图撇清文学与传道的干系时,周作人已经在《晨报副刊》为他辟出的专栏《自己的园地》中略显不安地分辨"人生"与"为人生"的不同,指出了"'为人生的艺术'以艺术附属于人生,将艺术当作改造生活的工具而非终极"的事实上的非文学本位的性质②。这些事实构成了老舍加入文学研究会的背景,也就是老舍后来在《文学概论讲义》中虽极力排解文学的传道性质但仍多次指陈文学的"解释人生""解释生命"的功效的原因所在。这主要根源于老舍心目中十分强烈的济世救国拯民的中国知识分子的责任感,其抗战以前阶段的自由主义因而也是不完全的,或者说,有空子可钻的。

"七七"之后的自由主义之失即和这个"空子"紧密相关。首先,正如前文论及的,《大时代与写家》一文中认为文学趋近功利主义是"对人生"尽"实际上的责任",以"人生"为纽结点十分轻松地就将"为人生"置换成了"为国家""为抗

---

① 西谛:《新文学观的建设》,1922年5月11日《文学旬刊》第37期,张若英编:《中国新文学运动史资料》第319页,上海光明书局1934年4月初版发行。
② 仲密:《自己的园地》,1922年1月22日《晨报副镌》;《文艺的统一》,1922年7月11日《晨报副镌》。

战"，也就是否定了当年对传道的否定。进而，在这样的置换过后，接下来的工作顺理成章便是检讨乃至清理否定山东时期的有碍于当下履行传道责任的种种文学主张和行为方式。

在这次检讨和清理中，非常惹眼的是老舍对山东时期《文学概论讲义》等文论刻意强调过的技巧与表现之于文学的重要意义的质疑。老舍曾经把文学定义为"自我的表现"，认为文学的"形式""技巧""怎样写出"，即"文调"是判断文学的重要特质甚至唯一特质。① 从抗战初期的文论（有些其实更可归于政论）中这却变成老舍认为首要应当反对的文学观念。如在《大时代与写家》（1937年12月）中指出："专用文字去讨好的方法已经太旧了。"②《血点》（1938年12月）赞赏的是"这一年来的文艺像刀切的那么整齐"，批评的是"一二文人因过于重视文字技巧而以为文艺不必死拉着抗战"，认为那是不值与闻的抗战文学中"一星半点不规则的地方"而已③；而《艺术家也要杀上前去》（1940年2月）更为极端地陈说："艺术每逢专重技巧，便到了她的末日。"④ 这些都一望可知是完全违逆了《文学概论讲义》的要义。

---

① 老舍：《论文学的形式》，1931年2月10日《齐大月刊》第1卷第4期，《老舍全集》第17卷第11页；老舍：《文学概论讲义》第二、四、七讲，《老舍文集》第15卷。
② 老舍：《大时代与写家》，《老舍文集》第15卷第317页。
③《老舍文集》第15卷第372页至第373页。
④《老舍文集》第15卷第406页。

在反对技巧与表现的同时,老舍进一步站在功利主义的立场上否定自由主义,否定文学与作家(诗人)个人情绪的关联,企图以集体要求遏止个人化的创作倾向。如果说上述由于国家至上主义的标举而轻视文学形式尚属情有可原,那么这里的因抗战功利主义的强调而否定文学创作源始发生则可能是陷入了一个不折不扣的理论误区了。而老舍正是从国家至上的外在要求与战时个人人格的内在要求两方面入手来规范身处大时代的作家和所有中国人的。这首先指向自身,如他在《入会誓词》[①]中自比"文艺界尽责的小卒"。在这个前提下又进行他律,号召作家们由"只能为自己道出苦情,或进一步而嗟悼"的文人,变成"把自己放在团体里充一名战士"[②]。在战争中,"为自己"已经稍稍带上了贬义,至少是已经隐含了消极和退步的意思。再在此前提下,便是进一步地把自由立场的写作——更进而则是新文学立场的写作——认作"自私"(《制作通俗文艺的苦痛》:"写通俗文艺须先要去掉自私。"[③]),必欲弃绝之和规范之。可举老舍论诗的一些言论为例。二十世纪中国文学最重要的一位自由主义者周作人曾在讲演《中国新文学的源流》中将文学史的演进视作"载道派"

---

① 1938年4月1日《文艺月刊·战时特刊》第9期,《老舍文集》第14卷。
② 老舍:《快活得要飞了》,1938年3月27日《大公报》,《老舍文集》第14卷第112页。
③ 1938年10月15日《抗战文艺》第2卷第6期,《老舍文集》第15卷第357页。

与"言志派"两家的消长,用意则在立自由主义文学之论,说明"文学是无用的东西"①。不久以后钱锺书即著文辨析了"文以载道"与"诗以言志"在传统文学批评上并行不悖,分工助成文人性格的多侧面的问题。② 这两家文论虽有所扞格,但还是一致揭示了"言志"即情绪性和个人性之于文学创作尤其是诗创作的重要作用。老舍山东时期的文论曾经着意重视过这一方面。在《文学概论讲义》第十三讲《诗》中,他引用亚里士多德《诗学》所论:"诗要求一个有特别天才的人,或有点疯狂的人;前者自易于具备那必要的情绪,后者真能因情感而忘形",证实"诗是以感情为起点"的命题③。而抗战初期在弃绝"自私"的思维预设下,老舍提出了完全相反的立论,即把新诗创作的薄弱归咎于诗人的情感表现:"二十年来的新诗没有什么成绩,在情绪方面,多数诗人还多注意个人情绪。"④

---

① 周作人讲校,邓恭三记录:《中国新文学的源流》第29页,人文书店1932年9月发行。
② 中书君:《评周作人的新文学源流》,《新月》第4卷第4号。
③ 《老舍文集》第15卷第135页。按所引亚里士多德的话陈中梅译注本译作:"诗是天资聪颖者或疯迷者的艺术,因为前者适应性强,后者能忘却自我。"(《诗学》第125页,北京:商务印书馆1996年7月版)
④ 《我们对于抗战诗歌的意见(诗歌座谈会)》,1938年12月17日《抗战文艺》第3卷第3期,蔡仪主编:《中国抗日战争时期大后方文学书系·第二编 理论·论争·第二集》第1083页,重庆:重庆出版社1989年6月版。按按续老舍的发言,蓬子补充道:"二十年来,诗人还没有把诗当作民族解放战争的武器。……无论思想感情,都非人民大众的感情,仍为旧的或新的个人主义的感情……"(同书第1085页)

从这个论点往下推导，便自然开出了在战时，诗的创作"出一个题目大家作……可先寻材料经讨论后大家动手，作好再由大家批评，商量"①的药方。然而，四十年代以穆旦、冯至为代表的西南联大诗人群体的成功实践终于有力地反驳了这种对于实用的过度强调。

由于自觉地离弃了自由主义的立场，老舍对革命文学、左翼文学的评价也发生了重要转折。这一转折十分地有利于老舍以抗战文艺界的负责人和排头兵的身份出现在文坛。山东时期，老舍作为一个自由作家对肤浅简单的革命文学、普罗文学和某些革命文学作家对于自由主义作家尤其是幽默作家的粗暴批评不无褒贬②，而抗战初期则有了值得注意的新变，如出于宣传本位高度评价革命文学的重要作用："北伐的胜利，平心静气的来看，宣传实尽了抛（原文如此，可能是'牠'字之讹——引者）在当时的最大力气，有时候宣传的力量且比兵力更强一些。文艺、自自然然的便找到它的路途，随着革命的热

---

① 《我们对于抗战诗歌的意见（诗歌座谈会）》，1938年12月17日《抗战文艺》第3卷第3期，蔡仪主编：《中国抗日战争时期大后方文学书系·第二编 理论·论争·第二集》第1088页，重庆出版社1989年6月版。
② 参见《文学概论讲义》第三讲，第十一讲，《老舍文集》第15卷；《救国难歌》，1930年12月1日《论语》第6期，舒济编：《老舍幽默诗文集》；《勉"舍"弟"舍"妹》，1933年2月17日《益世报》，张桂兴编：《老舍旧体诗辑注》；《抓药》，1934年5月1日《现代》第5卷第1期；《新爱弥耳》，1936年7月1日《文学》第7卷第1期，《老舍文集》第9卷；《人物的描写》，1936年11月1日《宇宙风》第28期，《老舍文集》第15卷等。

烈而活跃起来。军事和文事,在那时候是无可拆散的。"① 再如以"革命"一词总结自革命文学至抗战文学的一脉相承的事功特征:"五十年来,文艺的革命与革命的文艺,心苦已久,习于战斗;昔之以身殉者为了革命,今之从事抗战宣传者亦为了革命,数十年的培养使大患临头有备无患。"② "新文艺是国民革命中产生出的",由此推论,"文艺者根本是革命的号兵与旗手"。③ 由于有了这样的自我定位,才有了以老舍为代表的一代中国作家在抗战大旗下的庄严集结和为了某种文学之外的原因而弃置文学的悲壮举动。

抗战初期老舍文学观念发生这些变化的总动机,一言以蔽之,"当社会需要知识与激励,而文艺力避功利,是怠职。"④ 在这个理由的罩摄下整个抗战文学界一时间被"通俗文艺"这个立竿见影的宣传工具并且是民众喜爱的传统形式所眩惑。郭沫若说:"抗战所必需的是大众的动员,在动员大众上用不着有好高深的理论,用不着有好卓越的艺术——否,理论愈高

---

① 老舍:《保卫武汉与文艺工作》,1938年7月9日《抗战文艺》第12期,《老舍文集》第15卷第339页。
② 老舍:《三年来的文艺运动》,1940年7月7日《大公报》,《老舍文集》第15卷第417页。
③ 老舍:《快活得要飞了》,1938年3月27日《大公报》,《老舍文集》第14卷第112页。
④ 老舍:《三年来的文艺运动》,1940年7月7日《大公报》,《老舍文集》第15卷第418页。

深,艺术愈卓越,反而愈和大众绝缘而灭杀抗敌的动力。"① 这里郭沫若——也是当时抗战文艺界的大多数人——遵循的是这样一条思路:艺术功利主义要求以艺术动员大众参与抗战——因而必须采取大众懂得的艺术形式——因而可以,或者甚至是必须实行"艺术大众化",也即采用民间形式、通俗形式——为了达成通俗可以牺牲艺术。这样的运思方式并非郭沫若等于抗战爆发时首创,而是早在"左联"成立之甫已经提出并经历了绵延数年、声势浩大的"文艺大众化问题"论争。左联1931年即曾以文件形式达成"决议",认为中国无产阶级革命文学确定新路线的"首先第一个最大的问题,就是文学的大众化",拟采取的形式是"组织工农兵贫民通信运动,壁报运动,组织工农兵大众的文艺研究会读书班等等",要求文学创作"以'属于大众,为大众所理解,所爱好'(列宁)为原则",目的则是"使广大工农劳苦群众成为无产阶级文学的主要读者和拥护者,并且从中产生无产阶级革命的作家及指导者。"② 这个决议中引列宁语完整的表述是:"艺术属于人民。它必须深深地扎根于广大劳动群众中间。它必须为群众所了解

---

① 郭沫若:《抗战与文化》,楼适夷编:《中国抗日战争时期大后方文学书系·第一编 文艺运动》第222页。
② 《中国无产阶级革命文学的新任务》(1931年11月中国左翼作家联盟执行委员会的决议),1931年11月15日《文学导报》第1卷第8期,《"左联"关于文艺大众化问题的几次决议(摘要)》,文振庭编:《文艺大众化问题讨论资料》,上海:上海文艺出版社1987年9月版。

和爱好。"列宁并且进而反问道:"难道当工农大众缺少黑面包的时候,我们要把精致的甜饼干送给少数人吗?"① 上引郭沫若语完全是列宁这句形象化反问的正面阐述而已。将左联的"无产阶级运动"的服务目标更换成文协的"抗战文艺运动"的服务目标,抗战文艺运动的最初阶段,无论是奉行的创作原则,还是采取的文艺形式,亦都完完全全是三十年代前期左翼"文艺大众化运动"的翻版。值得注意的是,由于这一次是出于"家国之忧"这样的更大(最大?)主题,也由于老舍这样大量的自由主义知识分子的加盟,抗战文艺运动的大众化比起左翼文艺运动的大众化声势要浩大得多,也取得了比左联大得多的创作实绩与经验教训,并且随着"旧瓶装新酒""民族形式"等问题的争论,日益凸显出运动表面的喧杂背后所隐藏的若干有关文学的和文艺的重要命题来。

老舍也是准确无误地沿着"革命文艺——抗战文艺"的思路在文论中引入"民间文艺""通俗文艺""大众文艺"这样的概念并在创作中躬行之的:"新文艺的弱点,在敌人的屠杀里,大家承认了——它的构思,它的用语,它的形式,一向是摹仿着西欧,于是只作到了文艺的革命,而没有完成革命文艺的任务。革命的文艺须是活跃在民间的文艺,那不能被民众接受的

---

① 蔡特金:《列宁印象记》,列宁:《论文学与艺术》,北京:人民文学出版社1983年版,转引周扬编:《马克思主义与文艺》第164页,北京:作家出版社1984年9月版(改版重印)。

新颖的东西是担不起革命任务的啊!"① 与郭沫若所论"理论愈高深,艺术愈卓越,反而愈和大众绝缘而灭杀抗敌的动力"同出一辙,老舍也有极端化的论调:"歌曲图画的宣传力量,在今日,实远胜于文字。文字宣传品尽管力求通俗,怎奈大家目不识丁,还是没用:百分之八十的同胞们是不识字的。"②"宣传力量……远胜于文字",这应当是理解老舍和整个抗战文艺界一时陷于大众化误区的关键所在。文艺已经归属于抗战宣传,参与抗战的士兵和民众又是"目不识丁",写惯新小说、新诗的生花妙笔在这种情况下自然只能也必须束之高阁,这一时期为主流文艺界所认可的文艺形式因之必然是戏曲、曲艺、通俗小说、连环画、街头剧、朗诵诗,诸如此类。老舍1942年2月在《文艺界动员情况述略》③中总结说:"战时的文艺统统的是抗战文艺。在作品上,是抗战戏剧,抗战小说,抗战诗歌,和抗战通俗文艺;在运动上,是民族形式的建设,是诗歌朗诵的推广,是民间文艺与文□遗产的研究。"这里在所有的文艺形式(主要还是文学形式)之前冠以"抗战",是标识文艺的附属特征,对几项文艺运动的小结明确地指示出附属于抗战的文艺即是指向民间的文艺。必须明确的是,这个总结作

---

① 老舍:《文章下乡,文章入伍》,1941年7月25日《中苏文化》第9卷第1期,《老舍文集》第15卷第468页。
② 老舍:《连环图画》,1938年5月5日《抗战画刊》第11期,《老舍文集》第15卷第330页。
③ 1942年2月13日《大公报》。

于 1942 年,已是对抗战文学界经历 1941 年前后的反思之后的文艺/文学形势的概括,所以尚有戏剧、小说、诗歌与通俗文艺创作分庭抗礼,而在 1937 年末 1938 年初,通俗文艺之外的文学形式的力量实在是极为薄弱的。在当时,整个抗战文艺界考虑的都是"前方军士与后方民众的读物的缺乏"这样的"极严重的问题"①,因此,老舍完全服膺于实用主义和功利主义,指出"所谓'用'就是戏能上台,歌能上板,故事能上口",并且吁请文协会员"自告奋勇,多作、快作","大家合作,事速功多"②。这则会务报告生动地传达出当时的作家们如何在战争情势的催迫下成为文艺宣传品的制造者与生产者。通俗文艺正是在这样的一个机运中得风气之先。由于它的极佳的即时性、明确性和宣传鼓动力深得民众,又因此深得急切地被要求担负起传道责任的作家们所青睐。然而,无可规避地,这样切近实用目的的"通俗热"本身即蕴藏着一些"极严重的问题",例如"五四"新文学之路的挫折(中断?)、文学独立批判精神的消解(大众化与化大众问题的显现)、由于宣传功能的强调导致的戏曲曲艺艺术的某种畸变等等,后来终于引发了抗战文学界关于"民族形式问题"的一场严肃论争。

---

① 老舍:《五月十日报告》,1938 年 5 月 10 日《抗战文艺》第 3 期,《老舍文集》第 15 卷第 602 页。
② 老舍:《五月十日报告》,1938 年 5 月 10 日《抗战文艺》第 3 期,《老舍文集》第 15 卷第 602 页。

第三节　国家至上

以上评述了老舍由山东时期到抗战初期因为心态的转变导致的创作风格和文学理念的转折。这一转折的原因自然可以归于在老舍心中占据至高地位并且也是在当时支配文坛"话语权力"（福柯用语）的国家至上主义。这种国家至上主义是非常值得进一步讨论的。

一、"宗教"

首先，在民族危亡关头，作家的这种义无反顾的集结和为抗战献身的努力昭示了某种凝结历史传承的珍贵精神，无论它终于带来了什么副效应，这种精神依然须得到我们的呵护和肯定。"爱你的国家与民族不是押宝。……而应是最坚定的信仰。文艺者今日最大的使命便是以自己的这信仰去坚定别人的这信仰。"① 老舍正是从"信仰"的高度理解国家至上主义的。稍早一些，他曾经这样描述骆驼祥子：拉上自己

---

① 老舍：《血点》，1938年12月7日，14日，15日，21日《大公报》，《老舍文集》第15卷第371页。

的车,"这是他的志愿,希望,甚至宗教。"① 小说中,祥子为自己的"宗教"含辛茹苦,支付了一切。战火中,老舍则把投身于战争视作了自己的宗教,以"把智慧与性命全献给民族与国家"② 为最大的荣耀和乐趣。为了实践这一信仰,老舍不但奉献了自己全部的热情,而且自觉地放弃了他在山东时期的文学立场。这种弃守换了任何别的理由都将是无法想象的。老舍以国家至上主义作为框范一切行为的准则,依据于这样的推理:

一来,

　　国民须抗战;

　　作家是国民;

　　──────────

　　所以,作家必须抗战。

——"四年来文艺的主流是抗战文艺,这是当然的,因为文艺是社会的良心,作家也是一个公民,在抗战时期,当然必

---

① 老舍:《骆驼祥子》,《老舍文集》第3卷第41页,北京:人民文学出版社1982年5月版。
② 老舍1940年12月20日致榆林的文艺工作朋友们的信,舒济编:《老舍书信集》第126页。

须抗战的。"①

二则,

　　文学属于作家;

　　作家属于国家;

　　──────────────

　　所以,文学属于国家。

　　——"我们必先对得起民族与国家;有了国家,才有文艺者,才有文艺。"②

前一个推论从国民义务的角度框范了作家的义务,后一个推论从作家责任的立场派定了文学的责任。一个是不容置疑的三段论,另一个是不容讨论的传递关系推理,都是快刀斩乱麻式的。而这一切实是发自一种类乎本能的,淳厚的,深沉的国家至上主义,由于它是信仰,是宗教,是本性,所以为它可以鱼与熊掌,有所不取。

老舍把国家至上主义称为信仰并为之献身,这一带有宗教

---

① 老舍:《抗战以来文艺发展的情形》第二讲,北泓、田塱、运燮、田甘记录,1942年7月,8月《国文月刊》第14,15期,《老舍文集》第15卷第497页至第498页。
② 老舍:《努力,努力,再努力!》,1939年4月9日《大公报》。

意味的举动与他早年的宗教皈依有着千丝万缕的联系。《大时代与写家》以"他已上了十字架"这样的语言称颂因投身抗战而受伤的兵士①与《双十》所忆年轻时曾"将'双十'解释作两个十字架"②只是直接体现老舍身上的宗教献身精神的两处比较明显的实例。而老舍整个抗战八年中对牺牲精神及其与抗战建国崇高目的的关联的诠释堪称不遗余力。这除了中国知识分子传统的义利抉择观和士意识的作用力之外,也导因于已经隐匿并固化于老舍精神结构深处的基督崇仰。前文论及老舍为抗战中的文学功利主义牺牲了文学自由主义,集中地体现于为实践事功原则而放弃了形式、表现、技巧、情绪、想象等文学的重要构件。在批判地看待这个具备普泛性意义的文学抉择的时候,我们同时也必须注意到在放弃这些文学构件的时候作家老舍同样发自内心的真实的痛苦。因为山东时期对自由主义的强调程度,立场之鲜明实在与抗战初期对功利主义的强调不相上下,我们当然不能不加分析地把老舍的这一转逆理解为毫无痛楚的一蹴而就。抽空了形式美、情绪性、想象力之后文学自然不成其为文学,这是不证自明的。因此,老舍的放弃文学创作,转而从事通俗文艺制作,被他自己认为是"苦痛"的。《制作通俗文艺的苦痛》③一文中,老舍直率地吐露了"那几

---

① 《老舍文集》第 15 卷第 318 页。
② 1944 年 10 月 10 日《时事新报》,《老舍文集》第 14 卷第 265 页。
③ 1938 年 12 月 15 日《抗战文艺》第 2 卷第 6 期,《老舍文集》第 15 卷。

乎完全是仗着一点热心——这不是为了自己的趣味，而是为了文字的实际效用"，"没有自由，也就没有乐趣"的写作通俗文艺的"工作上与心理上的双重别扭"，也坦言自己用以克服这别扭和苦痛的唯一方法："除非认准了这是非作不可，而且必须为它去牺牲——牺牲了文艺，牺牲了自己的趣味，名誉，时间，与力气！""有了牺牲的决心，才能把苦痛变为快乐。"同文中，老舍喊出："起来，不惜牺牲了文艺的人们！"可见牺牲文艺——文学[1]——已是老舍所能想象到的最大牺牲了。老舍把文学称为"生命中最善的努力与成就"[2]并有"生命"之喻[3]，出于以牺牲为本分，把一切交付抗战事业的动机，才有可能下决心作这最苦痛的牺牲。唯因"感到牺牲是必要的"[4]，所以才有"为稍稍尽力于抗战的宣传，人家给我出什么题，我便写什么；好坏不管，只求尽力"[5]，有了文学的牺牲。为了国家至上的信仰，为了那"凡是救世的都须忘了自己，丧掉了自己的生命"[6]的带有强烈宗教意味的信念，老舍开始了他的

---

[1] 这是老舍习语，他称作"文艺"的按我们一般的范畴可理解为文学。
[2] 老舍：《自述》，1941年7月7日，《老舍文集》第14卷第183页。
[3] 老舍：《自谴》："文艺决不是我的浮桥，而是我的生命。"《自谴》，1941年7月7日《新蜀报》，曾广灿、吴怀斌编：《老舍研究资料》上册第165页。
[4] 老舍：《制作通俗文艺的苦痛》，《老舍文集》第15卷第352页。
[5] 老舍：《我怎样写〈火葬〉》，《老牛破车》，晨光出版公司1948年4月版，《老舍文集》第15卷第225页。
[6] 老舍：《大智若愚》，1945年3月《抗战文艺》第10卷第1期，《老舍文集》第14卷第271页。

抗战时期,从此,文学与政治难分难解的纠结成为老舍人生之旅的第一主题。

二、不可忽略的若干问题

同时,尽管这种国家至上主义极其值得宝爱,内中却隐含着诸多值得进一步考察的问题。在国家至上主义总主题的掩蔽下,抗战文学至少在发轫之初是走入了误区,这是不争的事实。在一时的狂热冲动中,"国家至上"成为全民的唯一理想,也成为许多畸变的借口。为了这个理想不计任何代价,于是就埋下了诸多隐患。文学的事功在中国诚然是有传统的,远可溯及先秦,近则推到尚未完全走出的"红色三十年代"。然而抗战之所以尤其值得瞩目,是因为它筛滤了种种关乎阶级的、阶层的、党派的以及功名利禄的因缘,以"国家"这个顾念牵系住林林总总的团体和个人。而这几乎是一种不可违拗的类乎血缘的牵挂,尤其对于中国作家和中国知识分子而言。在这样的时候,再有理由的自由主义也将失语,偶有因真实地忧虑文学命运发出的自由主义之音——如施蛰存、沈从文等人的发言——也被视作嘲哳之声并贴上了"反动"的标签,更遑论那一味坚执于自由主义、置国家至上主义于不顾、终于背上了汉奸恶名的周作人了。正是因为有过这个抗战,许多老舍这样的自由主义文人从此开始亲近政治,直到终于有一天,不单文学的自足性无从谈起,连作家自身也被政治淹没。

自由主义难以固守,这至少可以理解为中国知识分子独立人格的不成熟,也与缺少传统有关。顾准未完成的笔记《希腊城邦制度——读希腊史笔记》,在探讨包括中国在内的东方专制主义(黑格尔用语)政体和希腊古代城邦制度在体制、文化孕育等方面的区别时引述了亚里士多德的话:"蛮族王制(是)僭主性质(顾准按即东方专制主义式)的王制……因为野蛮民族比希腊民族为富于奴性;亚洲蛮族又比欧洲蛮族为富于奴性,所以他们常常忍受专制统治而不起来叛乱。"(《政治学》,第159页,顾准注)顾准指出,这段引文只是"从亚里士多德起,许多西方史家对此作了几乎完全一致的斩钉截铁的解释"之中的一种代表性解释而已。[①] 在这个背景下,以抗战时期为转捩点的中国现代文学的全面政治化似能得到更为清明的索解。

中国现代作家对自由主义的放弃给中国现代文学的质量带来了一定的损失,然而,诚能有益于抗战,也是在时代与道义的要求下某种必要的牺牲和无法避免的顿挫而已。更为值得讨论的是,同样与缺少传统有关,在战时,包括作家在内,又以作家首当其冲的中国知识分子开始以一种新的眼光审视自我和民众。如老舍小说《一块猪肝》[②] 对男女主人公林磊和光妁立

[①] 顾准:《希腊城邦制度——读希腊史笔记》第1章,《顾准文集》第84页,贵州贵阳:贵州人民出版社1994年9月版。
[②] 1938年2月21日《文艺月刊·战时特刊》第7期,《老舍文集》第9卷。

场鲜明的评价即显示了这种新的眼光。林磊——近于同时期小说《蜕》里的洗桂秋——能思索,时刻不忘"自己的立场""自己的主张",也时因年轻的冲动而有家国之忧,唯独"无论如何决不肯与难民为伍"——这种心理又近于《选民》的文博士——"他的那身西服只宜坐在有暖气管的屋子里,他不能了解何谓'沙场',何谓'流血'。他的心中有'民众'这一名词,但是决不能与那把痰吐在地上的人们说过一句话。"而光妞则舍去小姐的生活,成为兵营里的一名护士。她的见解是:"父母可以死,家产可以丢掉,立场主张可以抛开,我要作马上能作该作的事。我只剩了一个理想,就是人人出力,国必不亡。"这正是老舍为国家利益舍弃一己之私和文学之美的理论的复现。在此,值得注意的是,像林磊的贱视民众当然须受谴责,而光妞的国家至上也因向另一个极端倾斜而不无可斟酌分析的成分。光妞这样评价战士们:"他们才是真正的中国人;生在中国,为中国而死,明白中国事。"这一评价体现出老舍对民众的崇拜。这种崇拜是与老舍作为知识者在战时的自认"无用"相因果的。正如《蜕》中一群被战争打断了求学进程的学生表白的:"反正我不预备再去读书!""我也不能再拿书本!……最好是去当兵!"[①] 战争的到来不但使知识者惶愧,要求他们放弃民众的启蒙者身份掉过头来拜伏于民众脚下,而且改变了未来知识者的

---

① 《老舍文集》第9卷第388页。

上进之路。而这也正是当时普遍弥漫于知识者群落中民众崇拜情绪的一点表征。胡风后来将这种情绪概述为："当时的一般空气……在一种原始的兴奋里面把战争当作了简单的机械的军事过程，几几乎完全否定了文艺底任务。"并且引用了这样的诗句："人说：无用的笔啊／把它扔掉好啦！"① 萧乾也曾写文《不会扛枪的干什么好？》，自问自答："不会扛枪的干什么好？……即使拿笔，也不再是'做文章'了。"② 这种知识分子和作家因为"不会扛枪"，只会使用"无用的笔"的自遣极大地加快了他们政治化的步伐，并且直接与从延安整风开始，直贯新中国时期的各种"思想改造运动"，甚至在某种程度上与文革时期的"知识无用论"和市场经济时代的精神贬值倾向相关联。

至此，我们从追索老舍进入抗战时期有所为有所不为的心路历程开始，考察了他在战争初期的心态、思想、行为、创作上的从幽默到无法幽默、从自由主义到功利主义的转变，并且从正反两方面评述了在国家至上主义权力话语统摄下的这种转变。因为这一转变不仅仅是关于老舍一个人的，也不仅仅关涉中国文学发展史中的抗战这一个时间段，所以尤其值得深入探究。

---

① 胡风：《民族战争与我们——略论三年来文艺运动底情势，纪念抗战三周年》，写于1940年6月，《胡风评论集（中）》第127页，北京：人民文学出版社1984年5月版。
② 萧乾：《不会扛枪的干什么好？》，1937年《呐喊》创刊号，转引刘增杰：《战火中的缪斯》第5页，河南开封：河南大学出版社1992年7月版。

○第六章　"制作通俗文艺的苦痛"

老舍进入抗战时期之后的转折，由于从未开始前即蕴含了种种问题，所以必然地，随之就会给作家带来一系列的苦衷。作家对这些苦衷的意识和意识之后冲突与挣扎的心理过程，同样具备相当程度的普泛性意义，须得到进一步的梳理和读解。

第一节　"制作通俗文艺的苦痛"

综观战争之初老舍的转折，最显在地体现老舍抗战功利主义的是他创作体裁的变化，即以通俗文艺作为首选文体。在抗战客观要求的催迫下，通俗文艺应运而兴，老舍恰是应时当令的弄潮儿。1937年末到1939年下半年是老舍从事通俗文艺创作的高产期，而其中又以1938年全年产量最多。据有案可查的资料，1938年老舍创作的通俗文艺作品计鼓词10段，京剧4出，歌词5首，快板1个，相声1则，短篇通俗小说1篇，儿童故事1则，其他各类唱词（包括洋片词、河南坠子等）6段。这里统计的是一般入谱入集和已经发掘出来的资料。实际数目当远过于此。老舍1938年10月的文章说："到现在为止，我一共写了六出旧戏，十段大鼓词，一篇旧型小说，和几支小曲"①，这数目已多于我刚才的统计。胡絜青先生分析其中原因说："有一些段子很可能永远遗失了，因为，原来就没留底稿，直接给了艺人……有的只刊印过数量极少的小册子，未曾在刊物上发表过"。② 同年，老舍的新小说创作仅短篇 5 篇，长篇半部（《蜕》）；而这之前的 1933 年至 1936 年的 4 年间，老舍平均每年创作长篇小说 1 部，发表短篇小说 12 篇。这简单的数字对比，反映出在战争到来之际老舍对通俗文艺的全身心投入，这投入又反映出老舍为了贯彻国家至上主义，从新文学立场向通俗文学立场的急遽转向，并暗示了老舍为实践牺牲精神所支付的巨大代价。

一、新与旧

老舍之所以以"苦痛"这样近乎极端的表述来概括他从事通俗文艺创作的心情③，除了因为种种技巧上的困难遭遇之外，更重要的是因为低首降心埋头致力于通俗文艺的制作，在极大程度上意味着对新文学的放弃。由于老舍的市民出身，通俗文艺对于老舍有着天然的亲和力，自幼戏曲曲艺的熏陶使老

---

① 老舍：《制作通俗文艺的苦痛》，1938 年 10 月 15 日《抗战文艺》第 2 卷第 6 期，《老舍文集》第 15 卷第 351 页。
② 胡絜青：《老舍和曲艺》，《老舍曲艺文选》第 389 页。
③ 老舍：《制作通俗文艺的苦痛》，1938 年 10 月 15 日《抗战文艺》第 2 卷第 6 期，《老舍文集》第 15 卷。

舍在投入以通俗文艺服务于抗战的创作潮流时比一般作家更为自觉和果决,但也使老舍在投身其中的时候更为清醒地意识到通俗文艺这一艺术形式某些天然的缺陷,尤其是它与新文学事业的质的冲突,因而产生出更大的痛苦。

新文学与通俗文学的冲突由来已久。蒋祖怡曾赋予通俗文学以"人民文学"的概念,总结其性质为:(一)"是口语的创作",(二)"是集体创作的",(三)"是勇于接受新的东西的",(四)"是新鲜的、活泼的、粗俗的、但却是浑朴的。"认为,"因为是无名氏集体创作的,所以个人主义的文学史中没有他们的位置","因为是粗俗的,所以形式主义的文学家批评家鄙视了它。"[1] 通俗文艺的集体制成性(即使有作者也须经过表演者变通,并历经数代表演者改造)、俗鄙性、程式性特征使它在根本上与作家个体性创作无法对话;那历代传承,因担负了教化功能而荷载了过多传统伦理观念、迷信思想的积重难返的精神落后性更是直接与新文学的启蒙意义相抵触。尽管五四新文学运动的发起者和参与者多把矛头指向用"死语言"文言为工具的"死文学",而旧的通俗文学因为其中的新鲜活泼的口语因素甚至得到过某些新文学运动倡导者的青睐,如胡适在《文学改良刍议》中指出辽金元三百年中"中国乃发生一种通俗行远之文学。文则有水浒,西游,三国之类,戏曲则尤不可

---

[1] 蒋祖怡:《中国人民文学史》第 1 章,北新书局 1950 年 4 月版。

胜计",盛誉元代文学中许多作品为"可传世不朽之作"①。但是这种唯形式论不久以后即受到周作人的批驳。他的《人的文学》②从文学与精神的关系的角度剔除了包括传统市井小说、戏曲在内的10种"非人的文学",诸如"主题是皇帝状元宰相"和"神圣的父与夫"的"奴隶书类"以及各种非人思想"和合结晶的旧戏",而这些,正是中国通俗文学的主体。"人的文学"的立论在新文学运动中是一件大事,它开启了中国新文学的人性主题,而回过头来看,胡适《文学改良刍议》的"不避俗语俗字"和陈独秀《文学革命论》③的"建设明瞭的通俗的社会文学"的主张倒是与二十世纪中国文学绵延不断的因趋近通俗而迷失自性的失误有着直接的关联。像抗战时期"旧瓶装新酒"的积极主张者之一王受真就说:"旧瓶装新酒创作手法的实行,恰是五四时代文学革命精神的继续",另一位立论者赵象离认为:"五四时代所否定的旧形式,乃是脱离大众口语的文言文,即所谓'桐城谬种,文选妖孽'。至于我们现在所运用的旧形式如《水浒传》,《红楼梦》,《西游记》,《儒林外史》,《三国演义》等章回小说以及土腔小调,歌谣谚语与民间传说故事等形式,当时不但没有否定,反而因其接近口语

---

① 胡适:《文学改良刍议》,1917年1月1日《新青年》第2卷第5号。
② 1918年12月15日《新青年》第5卷第6号。
③ 1917年2月1日《新青年》第2卷第6号。

通俗化（平民化）的缘故，曾经有意识的加以提倡。"① 由此可见，有些问题实在是渊源有自，有些事情从一开始就错了。

二、四点思考

"旧瓶装新酒"就是利用旧的通俗文艺形式如鼓词、京剧等充填入与时代要求契合的内容即抗战宣传，茅盾解释为"先有了固定的故事的框子，然后填进人物去"②，老舍有个简单的说法，就是"旧形式新材料"③。在文学创作中引进"旧瓶装新酒"的方法，实质上就是消解文学创作的文学性和创造性特征，以通俗文艺取代新文学。老舍1938年在《谈通俗文艺》④中从文字、内容、思想情感、趣味四方面比较了新旧文艺形式的差异。这一比较证明老舍在积极从事通俗文艺创作的同时并没有放弃对文学本性的思考，也为1941年以后老舍的回归埋下了伏笔。

《谈通俗文艺》在与新文艺的比较中总结了通俗文艺的四项特征：

---

① 赵象离等：《关于"旧瓶装新酒"的创作方法座谈会记录》，《通俗读物论文集》，汉口生活书店1938年10月版，《中国新文学大系1937—1949》第2集第96页，上海：上海文艺出版社1990年12月版。
② 茅盾：《八月的感想》，1938年8月16日《文艺阵地》第1卷第9期。
③ 老舍：《忠烈图（京戏）·小引》，1938年4月16日《文艺阵地》创刊号。
④ 1938年5月10日《自由中国》第1卷第2期，《老舍文集》第15卷。

1. 文字：通俗文艺"照直叙述，不大拐弯"，"文字即使有难懂之处，但跳过几个字去，并无碍于故事的发展"；新文艺则"好拐弯，一来图经济，二来讲手法"。这项比较，老舍的初衷是想借以说明通俗文艺之爽洁明了，并且也确实指出了存在于新文学创作中的以鄙俗代通俗的"大众化"弊病。但对我们来说，这一比较更重要地在于"不大拐弯"与"好拐弯"之差异，从形式美的角度勾勒出新文学和通俗文艺的区别。为了获取不至于使"读者莫名其妙，抓头不抓尾，乃叹难懂"①的效果而让文学创作一律地"不大拐弯"起来，结果只能是因为弃置了结构的经营、手法的多样，导致小说创作评书化故事化的畸变。这也就是老舍所总结的通俗文艺的第二项特征的主要内容：

2. 内容：通俗文艺"丰富充实"，故事"有头有尾，结结实实"，"满膛满馅"，善用"大包围"手法；新文艺则抒情伤感，"灵空精巧"，"善利用角度，突破一点"。这一比较陈述的实际上依旧是手法运用的问题。茅盾曾更细致地开列出"大众能懂的形式"的三条"原则"，可以解释老舍所说的"满膛满馅"：

从头到底说下去，故事的转弯抹角处都交代得清清楚楚。

---

① 老舍：《谈通俗文艺》，《老舍文集》第15卷第332页。

抓住一个主人翁，使故事以此主人翁为中心顺序发展下去。

多对话，多动作；故事的发展在对话中叙出，人物的性格，则用叙述的说明。①

"满腔满馅"是从结构特征角度给通俗文艺，尤其是一般曲艺样式做的归纳。这里老舍的两种文艺形式的比较论可以简单地理解为评书与小说的对举。非常明显，小说尽管也是以"故事"为支撑的，但是在西方文学影响和启发下渐成气候的中国现代小说创作已不唯有"故事"这一项要件。过于注重"故事"，并必欲老妪能解，极端的结果就是人物形象的夸张化和脸谱化，生活质感反而会随着这种"通俗化"而受到极大的削弱。老舍对此总结说："人物的描写要黑白分明，要简单有力的介绍出；形容得过火一点，比形容得恰到好处更有力。要记住，你的作品须能放在街头上去，在街头上只有'两个拳头粗又大，有如一对大铜锤'，才能不费力地抓住听众，教他们极快的接收打虎的武二郎。在唱本中也不是没有深细描写人物的，可是都是沿着这夸大的路子往下走，越形容越起劲，使一

---

① 茅盾：《文艺大众化问题——二月十四日在汉口量才图书馆的讲演》，1938年3月9日，10日广州《救亡日报》，文振庭编：《文艺大众化问题讨论资料》第383页，上海：上海文艺出版社1987年9月版。

个英雄成为超人,有托天拔地的本领。"① 这段入情入理的分析恰切地印证了二十世纪中国文学从引进"大众化"概念之后经由"政治之力"的擢拔②通俗文艺的几度兴盛,直至八台样板戏占领中国文艺的全部空间,"三突出"的所谓创作方法成为不可更改、不容怀疑的戒律的演进道路存在于历史深处的某种必然性。周作人曾经指出:"平民文学决不单是通俗文学。……因为平民文学不是专做给平民看的,乃是研究平民生活——人的生活——的文学。"③鲁迅则说:"读者也应该有相当的程度。首先是识字,其次是有普通的大体的知识,而思想和情感,也须大抵达到相当的水平线。否则,和文艺即不发生关系。若文艺设法俯就,就很容易流为迎合大众,媚悦大众。"④ 确实,一味"专做给平民看的"文学必然存在迎合民众欣赏心理和欣赏趣味的问题,这是不言而喻的。在这一点上,老舍的市民出身其实是对于老舍建立自己的正确的通俗文艺观十分有利的,即便在这篇标举通俗文艺、倾向性极鲜明的论文中,他也对通俗文艺的本质有着非常清醒的理解,这主要

---

① 老舍:《制作通俗文艺的苦痛》,《老舍文集》第15卷第356页。
② 鲁迅:《集外集拾遗·文艺的大众化》:"总之,多作或一程度的大众化的文艺,也固然是现今的急务。若是大规模的设施,就必须政治之力的帮助……"《鲁迅全集》第7卷第350页。
③ 周作人:《平民文学》,1919年《每周评论》第5期,张明高、范桥编:《周作人散文(二)》第132页,北京:中国广播电视出版社1992年4月版。
④ 鲁迅:《集外集拾遗·文艺的大众化》,《鲁迅全集》第7卷第349页。

体现在他的第三点总结中,后文将重点论述的老舍对"民族形式问题"论争的态度则更可以说明问题。

3. 思想与情感:老舍认为这是区别通俗文艺与"通雅文艺"——我理解这是老舍自造的古今一切雅文学的集合名称,因为老舍的这篇论文主要是论述通俗文艺和新文艺的区别的,故而也可理解为新文艺——的关键,余如语言之白话与否、结构如何取悦大众等等都是枝节。老舍指出:通俗文艺,"在思想与情感上,它所要求的效果不很大。它没有多少征服的野心。反之,它却往往是故意的迎合趋就读众",并且"近乎取巧,只愿自己的行销,而忘了更高的责任"。而"新文艺的方法即使不巧妙,可是态度是不错的,它立志要改变读者的思想,使之前进,激动情绪,使之崇高"。这一比较体现出老舍对通俗文艺的本质的理解,也揭示了通俗文艺与新文艺的质的区别。如果我们认可文艺作品首先是受众的,或者,平易一点说,受众群体的存在至少是成就作品存在的重要一维——如尧斯所证,"文学作为一个事件,其连贯性首先是在当代和以后的读者、批评家、作者的文学经验的'期待视界'中得以传递的。"[①]——那么,也就不难理解大众的欣赏口味对于通俗文艺作家的影响力之大以及这种影响力经由历史的绵延逐渐凝固

---

① [德]汉斯·罗伯特·尧斯:《文学史向文学理论的挑战》,《接受美学初探》,明尼苏塔大学1982年版,朱立元译,蒋孔阳主编:《二十世纪西方美学名著选(下)》第478页,上海:复旦大学出版社1988年1月版。

成程式乃至格式对作家创造力和能动精神、批判和超越素质的遏制力之巨。尧斯这样区分娱乐艺术作品和独具创造力的文学作品在接受美学上呈现的不同审美价值:"娱乐艺术作品可以用接受美学描述为不要求任何期待视界的改变,而只需要准确地完成由占支配地位的鉴赏趣味标准所规定的期待,便可满足复制人们熟知的美的愿望;迎合熟知的情绪;认可合乎心愿的观念;使不寻常的经验像'激动感'一样愉快;或者甚至提出各种道德问题,就像回答预先定好答案的问题那样去'解决'它们。"而当事先审美距离处于未知状态,作品则将呈现出相反的审美效果,"作品的最初否定变得不言自明,它自己进入未来的审美经验视界中,成为一种自此以后为人熟知的期待。"① 通俗文艺,不可否认地,首先是娱乐作品,始终有一套约定俗成的套路作为通俗文艺作品难以摆脱的紧箍咒,民众的心理期待中又包含了中国传统文化积淀于世俗民间的种种劣根性——即鲁迅一再强调的国民性问题的显现和周作人指出的"非人"的成分——如三纲五常的人伦秩序、定命论、鬼神论,总而言之是对压抑人性遵从封建道德规范(不排斥其中包含有人性成分、合理成分)和不可知神秘力量的民间思维原则的强

---

① [德]汉斯·罗伯特·尧斯:《文学史向文学理论的挑战》,《接受美学初探》,明尼苏塔大学1982年版,朱立元译,蒋孔阳主编:《二十世纪西方美学名著选(下)》第482页。

调及褒奖——而这一切则是以"撄人心"[1]为宗旨的新文学批判与扬弃的主要对象。老舍自从事文学创作以来,一直自觉地以国民性批判为首要主题,抗战爆发后,虽因各种原因暂时和部分改变了立场,然而彻底地从新文艺转向通俗文艺将意味着批判立场的完全放弃,并且不得不"故意的迎合趋就读众",这即使对于市民出身的老舍也是无法乐从的。在这个问题上,对通俗文艺和新文艺的去取的痛苦反思,显示了老舍在市民身份和知识者身份之间、国家至上主义和启蒙主义之间的难以抉择的尴尬。

4. 趣味:老舍认为通俗文艺必须有趣,"设法使作品有趣,才能使读者入迷。"这里涉及的依旧是一个从接受角度考虑创作方式的问题。而事实上通俗文艺天然地具备娱乐性格,"趣味"的重要性不言而喻。新文艺由于首先不是娱乐品,所以"趣味"不是它的必然要求,这也验证了新文艺的更为个人化并因而具备更大自由度的性格。

以上评述了老舍对通俗文艺特性的理解。由此看出,通俗文艺与新文艺的歧途主要在于精神品质上——老舍称为"思想与情感"。所谓"制作通俗文艺的苦痛"首要地也来自这种由启蒙者转向迎合者的精神上的降格感。

---

[1] 鲁迅:"盖诗人者,撄人心者也。"(《坟·摩罗诗力说》,《鲁迅全集》第1卷第68页)

三、千岩万转

"想起来就头痛呀:到底是应当按着民众的教育程度,去撰制宣传文字呢?还是假设民众已经都在大学毕业,而供给高深莫测的作品呢?"① 这句以类似调侃的口吻说出的话中却包藏着老舍心中的一个不解的疑团。所谓"假设民众已经都在大学毕业"的不可能正是最初时的抗战文艺界为了彻底地实践大众化、但在内心深处却无从卸除"五四"以降的化大众传统而自我原宥的借口,实际上是因为略去了"提高民众的教育程度"的一步必要的步骤才使得这个本不应成为问题的疑问成为战时的一个绝大的问题。

由于中国平民的极低下的受教育程度,自"大众化"口号提出以来中国文学中就存在了一个"俯就"(鲁迅:《文艺的大众化》)的问题。老舍在进入抗战时期的时候已敏感地意识到这个问题并不断在"大众化"与"化大众"的如绕口令般的纠结裹缠中苦痛思考。他写道:

> 连环图画在平日就有极广大的势力,今日更成为最有

---

① 老舍:《未成熟的谷粒(三)》,1940年2月5日《新蜀报》,《老舍文集》第14卷第174页。

效的宣传品。可是抗战连环图画向不多见。这种画须平凡通俗，显明如年画，简单如小学教科书的插图；这恐怕就是一些画家所不屑为的。同时，若是用新画法作出些人不人鬼不鬼的玩艺，画家虽自喜成功，线条有力，构图满意，怎奈民众又摇头说不懂。二者没法俱胜，总得有一面投降的。在这时节，艺术家向民众投诚是光荣的，因其表示出爱同胞之心大于一切，"抗战第一"有了着落也。①

"高深莫测""人不人鬼不鬼"的断语判了新旧一切雅文艺的死刑，于是"'抗战第一'有了着落"，这是老舍抗战之初在国家至上主义大前提预设下完成的第一反应。但与此同时，多年新文学创作之路形成的思维惯性和对旧形式本性的知根知底使得老舍使用了"投降""投诚"这样的语汇，这些语汇的择取说明老舍的权衡并未离开心中对两种文艺形式——又不断具体到文学样式——立场、功能、思想倾向、语言等多方面差异的明晰判断，这已非常具体地体现于论文《谈通俗文艺》中。这一时期，在不断地肯定"文艺必须深入民间"②的指导思想的同时，老舍依然坚执于新文艺（新文学）的立场，并且同样

---

① 老舍：《连环图画》，1938年5月5日《抗战画刊》第11期，《老舍文集》第15卷第330页至第331页。
② 老舍：《保卫武汉与文艺工作》，1938年7月9日《抗战文艺》第12期，《老舍文集》第15卷第340页。

以文字不断地加以强调和肯定。对事物矛盾对立双方的同时认可与坚持是一个极有意味的现象，因为对双方的坚持即意味着对任何一方都无法认定，而与此同时，"向民众投诚是光荣的"。于是，原本明晰的判断又蓦地模糊了起来。在一次座谈会上，老舍作了这样的发言："我在武昌过江的轮渡上，看见许多军士在看新出版的杂志，有的连地图都看得很有兴味似的，可见比较高深一点的新的东西，他们也能够接受的，"得出结论："无论新形式旧形式都可以。"①

无所适从的状态对于一个愿意思考的作家来说是很糟糕的，因而这种矛盾的坚持持续的时间不是很长。通俗文艺的创作给老舍带来了无尽的困扰和苦痛："说真的，写这种东西给我很大的苦痛。我不能尽量的发挥我的思想与感情，我不能自由创构我自己所喜的形式，我不能随心如意的拿出文字之美，而只能照猫画虎的摸画，粗枝大叶的述说；好像口已被塞紧而还勉强要唱歌那样难过。"② 在这种切肤的苦恼中，老舍调整了自己模棱两可的态度，对新文艺的坚持日益变得坚定了起来，也单纯了起来："我们一点不以降格相从为正当的

---

① 《怎样编制士兵通俗读物（座谈会）》，1938 年 5 月 21 日《抗战文艺》第 1 卷第 5 期，文天行、王大明、廖全京编：《中华全国文艺界抗敌协会史料选编》，第 71 页。
② 老舍：《保卫武汉与文艺工作》，1938 年 7 月 9 日《抗战文艺》第 12 期，《老舍文集》第 15 卷第 341 页、第 340 页。

手段"①;"通俗文艺与图画,亦正如是。为宣传,不可不提倡,而提倡之诚所以弥补缺陷,非欲以婢为主妇也:不可不辩。"② 老舍当时对新文艺的坚持虽并未完全以排斥旧文艺为前提——事实上戏曲曲艺的写作从这时起贯穿了老舍的整个后半生——但已经有了泾渭分明的去取。为此,他甚至激切地说出:"假若有人要图谋文艺复辟而打倒新文艺,我必是捍卫新文艺的战士之一;新文艺的生命就是我的生命!"③

但是,对通俗形式的喜爱依然使得老舍习惯于从自己的美好愿望出发去判断新旧文艺的是非功过。老舍在自认是"捍卫新文艺的战士"的同时能做到"把苦痛变为快乐"④,担负起创作通俗文艺的职责,这除了发自由国家至上主义催发的牺牲精神和以牺牲精神为支撑的国家至上主义——这两种精神在老舍的精神结构中是互相倚赖、互为支持的,很难说何为主何为辅——之外,还出于对旧形式的轻信。以新旧文艺同生共存,互不相扰的美好理想为保障,才完满地成就了老舍对"旧瓶装新酒"的义无反顾的投入。《制作通俗文艺的苦痛》一文实际上

---

① 老舍:《保卫武汉与文艺工作》,1938年7月9日《抗战文艺》第12期,《老舍文集》第15卷第341页、第340页。
② 老舍:《释"通俗"》,1938年9月1日《抗战画刊》第17期,曾广灿、吴怀斌编:《老舍研究资料》上册第439页。
③ 老舍:《答客问》,1938年12月3日《抗战文艺》第3卷第1期,《老舍全集》第16卷第595页。
④ 老舍:《制作通俗文艺的苦痛》,《老舍文集》第15卷第355页。

已显示了老舍作为一个"新文艺战士"对旧文艺的最大限度的怀疑,但这种怀疑终于不能是彻底的。文中,老舍说:"有些人以为提倡通俗文艺便是要全盘以通俗文艺代替了新文艺?这是一种神经过敏。在我的心理上,和工作上,我一定没有抛弃了新文艺的意思,也没有以鼓词旧剧阻止新文艺发展的恶念。""文艺绝不能因为通俗运动而被牺牲了。……有些工作者愿牺牲了诗,歌,戏剧,而来致力于此,他们的居心是无可攻讦的,他们的工作也绝不会就把文艺的正轨炸断。"然而,后来的"民族形式问题"讨论的爆发显示了某些极端论者心中切实地存有着"以鼓词旧剧阻止新文艺发展的恶念",这是老舍所始料未及的。

第二节 宣传至上

所谓"制作通俗文艺的苦痛"归根结底是一个以宣传取代艺术,以功利主义取代自由主义的苦痛。也就是说,问题虽然集中于通俗文艺,但不仅仅限于通俗文艺。当我们把目光从通俗文艺转向更广阔的文学空间,老舍为国家至上主义作的牺牲和他承受的苦痛才真正显露出来。

问题不仅仅限于通俗文艺,但首先是指向通俗文艺的。"旧瓶装新酒"的"旧瓶"就是当时为整个抗战文艺界所津津乐道的适宜于宣传的恰切形式。老舍用"旧瓶装新酒"的方法创制了一批抗战京剧、鼓词等。它们大多数是合格的宣传品,却很难说是相称的艺术品,即使从通俗文艺的角度看来也是这样。老舍集中制作于1938年上半年的一组通俗文艺作品集中地体现出"旧瓶装新酒"方法的机械和生硬。无论是抗战京剧中人物的自报家门、定场诗、下场诗、下场对还是夹在剧情中的直白的抗敌宣讲都不但无法完成京剧艺术所要求的和谐统一的美感,反而由于过于鲜明的时代感和既有的戏曲程式的不协调显得颇有些滑稽和突兀。通俗小说《兄妹从军》① 是一篇严格按照评书套路经营的尝试性质的通俗文艺作品。小说中既有诗篇(定场诗)又有赋赞(英雄赞、美人赞),通篇充满了评书中习见的句式如"话说……""这且不言,单表……""按下……不表,单说……"等等,然而这种改良版的评书仅仅袭得了一般评书之形,独缺乏达成评书精神的龙蛇笔法和环环相扣的情节安排,人物不但类型化而且失去评书中民间人物的生动性——这是评书艺术和其他曲艺品种掩盖人物类型化缺欠的制胜法宝——这样,这篇通俗小说就仅余了作者的一些宣教的意念还在发挥着它的作用——以"旧瓶装新酒"的方法完成的文学作品,非但顿挫了新文艺的正常行进之路,而且损伤了通俗文艺本身的艺术美,从而这一轮宣传与艺术的争夺,以宣传的大获全胜告终。完全以宣传取代艺术也便没有了艺术,因

---

① 1938年5月《文艺》复刊号,舒济、舒乙编:《老舍小说全集》第11卷,湖北武汉:长江文艺出版社1993年11月版。

此,老舍在事后有这样的反思和检讨:"等到抗战的时间愈长,对于现实的认识和理解也愈清楚,愈深刻,因此也更装不进瓶里去,一装进去瓶就炸碎了。"①

在新文学创作的领域,值得注意的是老舍在宣传使命的激发下自觉地放弃小说这一文体并开始话剧习作的心理过程。

老舍的第一部话剧《残雾》创作于1939年4月至5月间②。《残雾》的写作表明老舍的创作重心已从通俗文艺转回新文学。从"旧瓶装新酒"的歧路折返,但仍放不下国家至上、宣传第一的沉重使命,这是老舍开始话剧创作尝试的首要动因。老舍说:"我之所以要写剧本是因为(一)练习练习;(二)戏剧在宣传上有突击的功效。"③"近来出版的书,以剧本为最多,小说仍然缺乏,特别是长篇,这大概是因为(一)剧本有突击能力,写成即可上演,马上收到宣传的效果;(二)写家们穷,天天由于到口的挣钱吃饭,不能把牙支起来,

---

① 《一九四一年文学趋向的展望(会报座谈会)》,1941年1月1日《抗战文艺》第7卷第1期,文天行、王大明、廖全京编:《中华全国文艺界抗敌协会史料选编》,第172页。按老舍关于旧瓶装新酒问题的反思明显带有宗教印记。《新约全书·马太福音》第9章第17节:"也没有人把新酒装在旧皮袋里。若是这样,皮袋就裂开,酒漏出来,连皮袋也坏了。"(语出《新约全书》第11页,《新旧约全书》,中国基督教三自爱国运动委员会、中国基督教协会印发,1988年,上海)

② 老舍:《记写〈残雾〉》,1940年6月10日《新演剧》复刊号,《老舍文集》第15卷。

③ 老舍:《写给导演者——"声明在案":为剧本〈张自忠将军〉》,《文艺月刊·战时特刊》第5卷第1期,《老舍文集》第10卷第111页。

在长期绝食中撰制长篇小说。"① "突击"二字直接点出了缘由所在。话剧是抗战文学的第一分支。自"卢沟桥事变"爆发起，话剧就自觉地担负起了宣传抗日的任务，随着数十个救亡演剧队、抗敌演剧队、抗敌宣传队深入战地、大中小城市、农村（"下乡入伍"），《保卫卢沟桥》《放下你的鞭子》《三江好》等作品深入人心，真正收到了鼓舞民心、宣传抗日的即时功效。然而宣传与艺术的冲突也同时尖锐地形成。仅以上面列举的这三部话剧而言，它们共同的集体创作的性质便天然地造成了它们艺术上的粗糙性，而当完成宣传几乎成为唯一宗旨的时候，话剧便不可避免地带上了活报剧的意味，并应和了通俗文艺的相当一部分特征。

老舍战时创作或参与创作了九部话剧，大多具备了强烈的宣传意味，总体文风偏于昂扬，人物多渗透作者先设的理念。宣传意味的强烈是因为作者的使命感使然，昂扬气息的浓郁是因为悲观的驱除和大幅度弱化，而人物的理念化脸谱化则不能不说与作者的宣教意识、通俗文艺思路的影响直接有关。老舍的处女作《老张的哲学》的人物刻画已有夸张化脸谱化的倾向，老舍虽曾一再提及狄更斯的影响②，但我们已可以从手法

---

① 老舍：《行都通讯》(1940年5月9日致陶亢德信)，1940年10月《宇宙风》百期纪念号，《老舍文集》第14卷第176页。
② 参《我怎样写〈老张的哲学〉》(1935年9月16日《宇宙风》第1期，《老舍文集》第15卷)、《谈读书》(1960年《文艺报》第23期，吴怀斌、曾广灿选编：《写与读》)等文。

上发现民间戏曲曲艺,尤其是评书艺术的强烈的左右力。这种浮面的招笑后来日渐被山东时期沉淀了悲感的幽默所取代,因而成就了老舍在三十年代的独树一帜。然而,抗战时期,随着悲感的驱除,通俗文艺的提倡和宣传作用的强调,老舍幼年间熏濡的通俗文艺的积淀得到了最强有力的反弹。这种反弹不仅体现于老舍的通俗文艺创作,也体现于话剧甚至小说中。例如无论是话剧还是小说中都是泾渭分明的"好人"(理想人物)与"坏人"(反面人物)的设计,就是在老舍的早期创作中有过,而在山东时期已被生活实感的追求所击退的理念性创作观念的指导下所形成的。反面人物杨茂臣夫妇(《残雾》)、金四把(《国家至上》)、墨子庄(《张自忠》)、管一飞(《谁先到了重庆》)、赵秃子(《王老虎》)等无不有较明显的脸谱化的倾向,而一些理想人物(如《面子问题》的秦医官和欧阳雪、《归去来兮》的吕千秋和李颜、《谁先到了重庆》的吴凤鸣等)则在另一个极端上由于或重或轻的脸谱化而显出空洞和生硬来。通俗文艺思路的影响同样体现在人物结局的设置上,即鲁迅所指出的,"凡是历史上不团圆的,在小说里往往给他团圆;没有报应的,在小说里往往给他报应"①。因缘果报的思路在老舍的抗战话剧中是如此彰显,如《张自忠》的墨子庄、《大地龙蛇》的封海云,都水到渠成地过渡到各自应得的下场,这

---

① 鲁迅:《中国小说的历史的变迁》第3讲,《鲁迅全集》第9卷第316页。

样的例子不一而足。而作者的宣教意识使得作者在话剧中本能地千方百计穿插正面人物的抗日宣传，这也程度不等地破坏了话剧的艺术性，如《张自忠》一剧中张自忠对战时各种问题的分析、《大地龙蛇》中赵立真的慷慨演说，皆是。甚至，老舍在不同的话剧作品中不惜以自我复制的方式安排了完全雷同的情节以助成话剧的宣传功能：《大地龙蛇》第二幕中赵明德诉说全家遭遇，致使赵庠琛老先生深受感动的情节与《国家至上》第二幕马宗雄向张老师诉说遭遇的情节重合，这不能不说是老舍为追求宣传效果而留下的一点败笔。

老舍抗战时期的以达成宣传目的为旨归的文学创作就这样在俗雅两个方面同时形成了不能令人满意的局面。这一时期，老舍本人也屡次对自己的创作表示不满，类似以下列举的自责的话充分证明了老舍在操起通俗之戈，完全改变了文学形式之后的难堪和他的艺术自信的降低：

到汉口已两月余，还是日日拿笔。对政治军事，毫无所知，勉强写些文字，自觉空洞无物。（《南来以前》，1938年2月15日《创导》第2卷第7期）

在流亡的十个月中，并未能用全力写作通俗文艺；成绩不多，也不好。（《制作通俗文艺的苦痛》，1938年10月15日《抗战文艺》第2卷第6期）

事忙，文章写不出，成绩不佳……（1938年10月19日致胡风信）

流亡四年中，简直没写出什么来。（《成绩欠佳，收入更欠佳》，1942年5月1日《文风》创刊号）

我之写剧，多半是为了练习，成绩很坏。（《三言两语》，中国青年写作协会编：《文艺写作经验谈》，南方印书馆1943年9月版）

剧本倒写了不少，可是也没有一本像样子的；目的在学习，写得不好也不后悔。（《习作二十年》，1944年9月《抗战文艺》第9卷第3、4期）

这些话是老舍的文学自责的开端。它们显示了老舍的严格的文学自律，并且在相当大的程度上恰当地表明，老舍正是在宣传第一的指导思想下，以通俗文艺的大量创作为标志走入了他文学生涯的第一个波谷。这些自责之言与老舍新中国时期绵延十七年的不间断的自责形成了一种奇特的呼应，它们事实上是作家在以百倍的热情服务于外来命题时面向自我，充满困惑的一连串追问。

抗战初期老舍由艺术至上的自由主义作家向宣传至上的功利主义作家的过渡过程我想我已经说得有点多了。老舍在艺术和宣传、自由主义和功利主义之间的困惑和迷惘也许用老舍在第三个"七七"纪念日的这样一段表白最足以说明问题:"否定的批评,艺术至上的心理,都有声有色的或默默的鄙视抗战八股,而军事第一,胜利第一,又使抗战八股有所借口,尊崇艺术而也关心军事与胜利,并且知道民间读书能力确是低弱的人,却又深感不安,而不便开口。"① 也正是这样的困惑和迷惘造成了老舍在以全身心投入通俗文艺创作之后,收获得更多的却是"制作通俗文艺的苦痛",以及在通俗文艺创作思路影响下的创作各种新文学范畴内文学样式——但是不免成为"抗战八股"——的苦痛。困惑和迷惘在别的作家也许只成其为困惑和迷惘,而在老舍则一定要易之以"苦痛"这样激切的表述,内中也包含了一定的个人的原因,但终究又归因于时代。

第三节 溯源

老舍的毫不犹豫地投身于通俗文艺,并且在这个方向上不

---

① 老舍:《三年来的文艺运动》,1940年7月7日重庆《大公报》"七七纪念特刊",《老舍文集》第15卷第424页。

停顿地一直走到生命尽头①,以他的个人而言,既取决于他原初的市民身份,又导因于他的性格因素。

一、底色

北京底层市民的身份虽说只是老舍最早一段生命旅程的标识,却构成了整个老舍的喜好、观念、关切点、知识面以及由之延展开的创作、思考和一切行为的底色。关于老舍从抗战时期向民间俗文艺的投入开始的创作方向的转变,从某种程度上,即可以说是本来就深烙着民间印记的老舍向着既然的身份的一次探索性的回归。

首先,民间形式对于老舍来说有一种天然的亲和力,这自然得益于老舍从幼年开始即自觉不自觉地承受的民间俗文艺的熏沐。老舍1959年在悼念自幼的好友罗常培时有这样的回忆:"下午放学后,我们每每一同到小茶馆去听评讲《小五义》或《施公案》。"② 这种童年经验造就了老舍对戏曲和曲艺的几十年如一日的热爱。这种热爱与熟悉非常显明地透露于老舍战时(并且同样绵延到新中国时期)的数量可观的通俗文艺论文中。

---

① 老舍最后发表的作品是快板《陈各庄上养猪多》(1966年4月4日《北京文艺》第4期)。
② 老舍:《悼念罗常培先生》,1959年1月22日《中国语文》1月号,《老舍文集》第14卷第359页。

比如《制作通俗文艺的苦痛》一文中就有大量的对《三国志演义》《铡美案》《施公案》《彭公案》《剑阁闻铃》《黛玉焚稿》《秋胡戏妻》《武家坡》《汾河湾》等通俗文艺代表作品的如数家珍的分析。这热爱与熟悉从而也使得老舍比一般的作家更为主动也更为迅速地进入角色，遽然成为一名通俗文艺工作者。在1938年的一次文协座谈会上（老舍也参加了这次座谈会），作家们指出，建立和展开沦陷区域的文艺工作，要求"一个知识分子，特别是所谓文人"为了民众"改变生活"，清除"精神上的积习"。这是指向隔膜于民众的中国知识分子的，并且从当时的文坛大势看，显然不单纯针对沦陷区。而相形之下，我们不难觉察，对老舍来说，决不存在"改变生活"和清除"精神上的积习"的问题；恰恰相反，这次面向民众的二十世纪中国文学史上最为彻底的大众化运动——与老舍的创作之旅一样，也绵延到了新中国时代，并且延续到七十年代后期——唤醒了老舍心灵中深藏的那份对通俗艺术的知根知柢的喜爱，使得他的"大众化"显现出迥异于当时绝大多数文人和作家的特异的真诚和执著。

其次，对民间形式的熟悉也使得老舍抗战时期的走向通俗成为一种相当彻底的倾向性的转变。从自幼熟悉的通俗形式中，老舍除了习得许多形式的技巧之外，还从精神上传承了其中包含的积极的与消极的因素。这一切无不在老舍抗战时期的通俗文艺创作中得到体现，并且借助某种惯性影响了他的相当一部分新文学创作。

这方面一个主要的例子就是老舍自幼喜爱的武侠小说的思维范式在抗战时期的浮现。老舍曾经这样回忆童年时期的武侠小说（评书）阅读（收听）经验："记得小的时候，有一阵子很想当'黄天霸'。每逢四顾无人，便掏出瓦块或碎砖，回头轻喊：看镖！有一天，醋瓶也这样出了手，几乎挨了顿打。这是听《五女七贞》的结果。"① 类似的场景后来我们可以从带有自传性倾向的《牛天赐传》中读到。从《老张的哲学》开始就不断出现的侠义者从天而降解决冲突的构思方式（《老张的哲学》：孙守备救李静——《赵子曰》：赵子曰救谭玉娥，李景纯救王灵石，李景纯刺杀贺占元——《离婚》：丁二爷杀小赵救天真一家——《牛天赐传》：王老师救牛天赐——《骆驼祥子》：曹先生救祥子）无疑与这种"黄天霸情结"有着不可分割的关联（与狄更斯小说的解决模式也有关系，但是老舍之所以在英伦对狄更斯一见倾心，和他童年已经形成了的接受兴趣与狄更斯作品的近似也有密切关系），小说《断魂枪》的写作更是老舍对武侠小说的喜爱的直接印证——老舍："《断魂枪》……本是我所要写的'二拳师'中的一小块。'二拳师'是个——假如能写出来——武侠小说。我久

---

① 老舍：《习惯》，1934年9月1日《人间世》第11期，《老舍文集》第14卷第489页。

想写它……"① 从以上种种见出，老舍从民间武侠故事中汲取的主要是个中渗透的侠义精神，即所谓"路见不平，拔刀相助"的品格和"替天行道，除暴安良"的企图。老舍对武侠小说的理解是合于中国文人的道德规范和阅读期待的，这从他与梁羽生各自对武侠（剑侠）小说的评述中可以见出：

老舍：行侠作义，好打不平，本是一个黑暗社会中应有的好事。但倘若作者专向着"侠"字这一方面去讲，他多少必能激动我们的正义感，使我们也要有除暴安良的抱负。反之，倘若作者专注意到"剑"字上去；说什么口吐白光，斗了三天三夜的法而不分胜负，便离题太远，而使我们渐渐走入魔道了。②

梁羽生：我以为在武侠小说中，"侠"比"武"应该更为重要，"侠"是灵魂，"武"是躯壳。"侠"是目的，"武"是达成"侠"的手段。与其有"武"无"侠"，毋宁有"侠"无"武"。③

---

① 老舍：《我怎样写短篇小说》，1936年1月1日《宇宙风》第8期，《老舍文集》第15卷第198页。
② 老舍：《怎样读小说》，1943年3月10日《国文杂志》第1卷第4、5期合刊，《老舍文集》第15卷第521页。
③ 佟硕之（梁羽生）：《金庸梁羽生合论》，《梁羽生及其武侠小说》，伟青书店1980年版。转引陈平原：《千古文人侠客梦——武侠小说类型研究》，北京：人民文学出版社1992年3月版。

这样的侠义观念在抗战大形势的激发下借助通俗文艺的形式找到了很恰当的释放口。老舍抗战时期具备情节性的叙事类通俗文艺作品无不具有武侠小说的某些特征，尤其在那些为国舍身的侠士侠女——不一定身怀武功——身上得到了充分的体现。而小说《蜕》《人同此心》《八太爷》《四世同堂》等也程度不等地投射了老舍心中的侠义观念。这种侠义观念是与人物的脸谱化（善恶分野）、情节的雷同化（因缘果报）共生的，因而，当它作为通俗文学的构件时，与文体尚具有一定的谐和度，而当它为新文学作品一再援求的时候，就不可免地显露出缺陷来。堵西汀（《蜕》）和钱默吟（《四世同堂·偷生/饥荒》）的失败即可以追索到这一重由来已久的武侠因缘。

二、性格因素

除了曾经的市民身份对于老舍选择通俗文艺的左右力之外，老舍的容易情绪化的性格因素也要对此负很大责任。老舍后来在反省抗战文艺的缺点时认为，"抗战文艺的缺点约可分两方面说"：第一，"七七"的反抗使"一般人狂喜到极点因而感情的爆发胜过了理智"，同时"文艺工作者也一样地没有看清这一点"，作品遂由于"缺乏理智"而"变成了空洞洞的标语式的宣传品了"。第二，"抗战文艺作者在思想上工具上的准备不够，使抗战文艺不能更深刻有意义，而陷于空虚或盲目的热情。"① 这种理智向感情称臣的倾向是老舍一生中不少重要时间段罹逢的致命伤。老舍曾经自我分析说，"我的感情老走在理智前面"②，这一自我分析是极为中肯的。它可以帮助我们破解老舍一生中几次重要转折之谜，如抗战初起时的由悲观者一易而为乐观者，又如新中国成立之后的又一易而为"狂喜"者，而从上引老舍的反省不难看出，老舍的通俗文艺的选择正是与理智的未能深入参与有关。正是由于理智的阙如，老舍的激情才得以以一种惊人的速度荡涤了山东时期曾牢牢盘踞在他心头的浓重的悲郁。也正是借着这一股强劲的摧枯拉朽的势头，老舍的类乎"初民的满地流蜜，河里都是鲜鱼的梦"③的社会理想被激活，在他的作品里充满了对"新中国""新中国人""诗的社会"④ 的真诚憧憬。这是混和了曾经作为普通

---

① 老舍：《抗战以来文艺发展的情形》第二讲，1942年7月、8月《国文月刊》第14、15期，《老舍文集》第15卷第498页至第499页。
② 老舍：《我怎样写〈老张的哲学〉》，1935年9月16日《宇宙风》第1期，《老舍文集》第15卷第166页。
③ 老舍：《我怎样写〈赵子曰〉》，1935年10月1日《宇宙风》第2期，《老舍文集》第15卷第171页。
④ 参见：《三个月来的济南》，1937年12月4日至6日《大公报》；《致台儿庄战士慰劳书》（1938年4月），《老舍文集》第14卷；《努力，努力，再努力！》，1939年4月9日《大公报》；《诗人节献词》，1941年6月30日《新蜀报》，《老舍文集》第15卷；《双十》，1944年10月10日《时事新报》，《老舍文集》第14卷；《梦想的文艺》，1944年12月《抗战文艺》第9卷第5、6期合刊，《老舍文集》第14卷等文及话剧《大地龙蛇》《归去来兮》《桃李春风》以及未完成小说《蜕》等。

市民的老舍和后来成为有着传统士大夫美好愿望的新型知识分子的老舍的双重身份之后的执著不去的理想，从而带有过重的空想意味。而老舍的激情正是在这样的更近乎空想的理想的支持下洋溢开来，并进而支持了老舍义无反顾地投身于通俗文艺的制作中的。

以上简略地分析了市民身份和性格因素对老舍的投身通俗创作所起的决定作用。应当进一步指出的是，老舍的这种易情绪化、易理想化、易偏激的性格弱点并不是老舍个人所具有的性格弱点，而应当被认为是整个二十世纪中国文学时常为之困扰的普泛的弱点。它一方面承袭了旧士大夫的单向度思维的精神负累、非此即彼的运思和行事方式，一方面又紧紧地系联于时代的动荡、内忧外患的频仍所要求于中国人的以行动代思索，以求立竿见影解决问题的现实情状。应当说，二十世纪中国文学之所以一再求助于"通俗化""大众化"，正与这种普泛的不成熟、易偏激、易理想主义密切相关，而老舍抗战时期一度放弃新文学创作和国民性批判而致力于通俗文艺的经历，只有在这个背景之下才能得到更明晰的索解。

在对老舍投身通俗文艺前后的经历，由此带来的苦痛以及这种经历和苦痛的原因进行了一番探究之后，我们将循着老舍的抗战之旅，研讨一下在深感"制作通俗文艺的苦痛"之后老舍的回归自我的心理过程。

第七章　作为纽结点的1941年

本文曾一再重复"抗战前期"的概念，却一直未能予以必要的界定，这是因为"前期"只有在"后期"的比照之下才具备意义。以下着重要进入的就是老舍的"抗战后期"的生命段落。这是以老舍在经历了自我的失落之后的及时回归为标志的。我以为，以1941年前后为界可以划分老舍的抗战前期和抗战后期。

第一节　1941年前后

1941年1月，《抗战文艺》第7卷第1期同时发表了老舍的两篇重要文章《我怎样写通俗文艺》[①] 和《三年写作自述》[②] 以及老舍出席并发表了重要讲话的座谈会记录《一九四一年文学趋向的展望》[③]。这是三篇互相联属的文章（《我怎样写通俗文艺》由《〈三四一〉自序》全文、《三年写作自述》片断和《一九四一年文学趋向的展望》发言片断连缀而成），它们可以

---

① 收入《老舍曲艺文选》。
② 收入《老舍文集》第15卷。
③ 收入文天行、王大明、廖全京编：《中华全国文艺界抗敌协会史料选编》，老舍的发言摘编以同题收入《老舍文集》第15卷。

标志老舍对抗战文学（其中重要的内容就是通俗文艺）的看法已经进入了一个新阶段。正是鉴于这个明显的标志，并且由于座谈会《一九四一年文学趋向的展望》的实际召开时间为1940年11月23日，我把老舍抗战前后期的分界点定为1941年前后。

我们可以从这批文字中抽绎出来的共同的主题就是老舍对通俗形式的弃守和同时向着新文学的回归。这是一种如释重负般的满含欣喜的回归：

为抗战，你须教训；为了文艺，你须要美好，可是，你须用别人定好了的形式与言语去教训，去设法使之美好。……到你自己一用这形式，这语言，你就感觉到喘不出气来，你若不割解开它，从新配置，你便丢失了你自己，……新的是新的，旧的是旧的，妥协就是投降！因此，在试验了不少篇鼓词之类的东西之后，我把它们放弃了。（《三年写作自述》）

……所以这一年来不能不放弃旧形式的写作。这个否定就是我对于民族形式的论争的回答。但所要声明的，我这否定并不是怕别人骂我写旧形式，而是三年来的痛苦经验所换来的结论。（《一九四一年文学趋向的展望（会报座谈会）》）

以上所引，是四一年初的话，从那以后，除有人特约，我

很少自动的去写通俗的东西了……(《我怎样写通俗文艺》)

不难体会到老舍写下(说出)这样的话时心情的轻快。正如老舍同时宣告的,"文学上的新形式,新风格,还正在创造的路上。"① 这一次由"制作"向"创造"的回归催促老舍重新找回属于自己的风格、题材和体裁,尽最大可能接续被抗战通俗文艺的制作所打断了的创作之路。这里,风格的回归主要是指向类似山东时期的幽默风格的回归,题材的回归是指向以北平中下层市民的日常生活为题材的写作内容的回归,体裁的回归则是指老舍重新开始他的小说创作的文学实践。

第二节 回归幽默

在回归大旨下回归幽默是个值得分析的"老舍现象"。幽默之于老舍,是一种得自天然的秉赋,又在种种生活环境的激发下经过层层打磨,在山东时期就成为老舍立足于三十年代文坛的根基。这种以悲郁为内核的幽默也因而成为老舍文学风格的标识。抗战初期,由于悲郁的内核在一定意义上被昂扬的战争主旋律消解,老舍的幽默也在同时被消解。在这样的前提

---

① 《一九四一年文学趋向的展望(会报座谈会)》,1941年1月1日《抗战文艺》第7卷第1期,文天行、王大明、廖全京编:《中华全国文艺界抗敌协会史料选编》第166页。

下,一旦昂扬之音稍有消歇,对文学自性的省察便会自然地将创作主体拉回原来的轨道上。这样的时机出现在1941年之后。

从1937年底开始的老舍抗战前期的文学创作,也有不少可以析离出来是接续了老舍一贯的"找笑料"和"看缝子"(《我怎样写〈赵子曰〉》:"……在严重而混乱的场面中,找到了笑料,看出了缝子。"①)的创作思路,但是其中只有极少一部分可以被认为是幽默的。原因只在于老舍在战争时期"严重而混乱的场面中"所看到的"缝子"已超出了幽默二字所能承负和荷载,这样的"缝子"被诉诸文字后就呈现出讽刺文学的特征来。《蜕》中的不少议论和描写就是对这一类"缝子"的尖锐指嘲。如第3节第3、第4段落中对警署里粗鄙的对联和官僚的描绘,第9节第1段落中对阴城官吏的挖苦,都是典型的毫不留情的讽刺。仅从这几个例子就可以体会到与山东时期的幽默完全异趣的美学意味。

发表于1942年2月15日的《一点点写剧本的经验》②证实了老舍为回归幽默所作的理性探索。文中,老舍对悲剧、喜剧、闹剧的定义进行了质询,真诚地吐露了在戏剧中调遣笑料所遭遇的困难。而老舍于同期展开的回归幽默的试验正是在类似的理性思考的基础上进行的。小品文《话剧观众须知廿

---

① 1935年10月1日《宇宙风》第2期,《老舍文集》第15卷第171页。
② 1942年2月15日《大公报》战线副刊第899号。

则》①发表于 1942 年 5 月 5 日。这是一篇值得注意的老舍抗战后期的回归幽默的文字。这则小品文值得注意，是因为它完全呈现了与山东时期老舍的大多数幽默散文、小品，以至于小说极为相近的幽默风格；更重要的是，以它为一个新的起点，老舍陆续发表了《在乡下》（1942 年 5 月 25 日《大公报》）、《母鸡》（1942 年 5 月 30 日《时事新报》）、《四位先生》（1942 年 6 月 22 日至 25 日《新民报晚刊》，含 4 则小品）、《多鼠斋杂谈》（1944 年 9 月 1 日至 12 月 15 日《新民报晚刊》，含 12 则小品）等一批幽默作品，这在老舍的抗战时期中是一道特异的景观。这些幽默作品有一个共同的特点，即从身边小事入手，轻松灵巧，生动鲜活，无论外在形态上还是内在品格上都做到了与山东时期幽默创作的一脉相承。从小事入手、即小见大的写法是最合"幽默"的旨趣的。概言之，就是便于把"不谐"限制在"无害"的范围内，以为同情和优越（这是达成幽默的两项要件）之助。像《在乡下》（1942 年 5 月 25 日）、《吴组缃先生的猪》（1942 年 6 月 22 日）、《何容先生的戒烟》（1942 年 6 月 25 日）和《多鼠斋杂谈》诸篇，都能达到谑而不虐、笑中有泪的适度，就是与这种小视角取材的写法密切相关的。它们证明了老舍向幽默的回归获得了预期的收效，并且为《四世同堂》的写作作了有力的铺垫。

---

① 1942 年 5 月 5 日《时事新报》，《老舍文集》第 14 卷。

第三节　回归北平

回归北平是老舍为写作《四世同堂》作的另一个铺垫。

抗战初期的写作以实用性为原则,注重的是对"当下"有用,故而以宣传品尤其是通俗文艺为多,这些作品多以标语口号为支撑,偶有故事性,也是以投军、战斗为主要内容;同时,有限的小说和戏剧,多是就地取材,以武汉、重庆或者虚拟的地点为背景①。而如是种种,都是老舍所不擅长的。老舍一生中唯一弹无虚发的题材领域就是北平(/北京)普通市民的生活,那是他实践自己创作生命的制胜法宝。老舍的第一个创作顶点就是在山东时期,以北平和幽默两个鲜明特色为支撑而达到的。他在《三年写作自述》中承认:"在抗战前,我已写过八部长篇和几十个短篇。虽然我在天津、济南、青岛和南洋都住过相当的时期,可是这一百几十万字中十之七八是描写北平。"② 这一表白不但证实了北平之于老舍的重要意义,更因它发表于1941年1月1日标识了老舍抗战后期艺术回归的自觉和全面。文中,老舍进一步说:"我生在北平,那里的人、

---

① 这期间的作品,只有短篇小说《浴奴》(1938年4月1日《自由中国》创刊号)是以北平为背景的。另外,《人同此心》(1938年5月4日《抗战文艺》创刊号)也可以被认为是描写战时的北平的。
②《老舍文集》第15卷第430页。

事、风景、味道，和卖酸梅汤、杏儿茶的吆喝的声音，我全熟悉。一闭眼我的北平就完整的，像一张彩色鲜明的图画浮立在我的心中。我敢放胆的描画它。他是条清溪，我每一探手，就摸上条活泼泼的鱼儿来。济南和青岛也都与我有三四年的友谊，可是我始终不敢替它们说话，因为怕对不起它们。流亡了，我到武昌、汉口、宜昌、重庆、成都，各处'打游击'。我敢动手描写汉口码头上的挑夫，或重庆山城的抬轿的吗？决不敢！"老舍借这段表白深深表露了他不得已驾驭自己所不熟知的题材时的困惑，同时也是老舍第二次"求救于北平"① 的一个信号。值得注意的是，老舍所认为不敢动手描写的武汉挑夫和重庆轿夫正是可以与他所一向善于描绘的北平的车夫、巡警群族相对应的一类人物。正是这一类人物的缺席造成了老舍以武汉或重庆为背景的一批作品的空疏，又正是这一种空疏促成了老舍的艺术自省，使他有可能向自己熟悉的题材领域进行回溯。

话剧《谁先到了重庆》（1942年7月）就是在这样的自我要求中创作的。这是老舍战时单独署名的最后一部话剧作品。它后来被老舍认为由于"不懂技巧，而强要技巧"，以至于

---

① 老舍第一次"求救于北平"是《大明湖》《猫城记》之后《离婚》的构思和写作。（《我怎样写〈离婚〉》："……这回还得求救于北平。北平是我的老家，一想起这两个字就立刻有几百尺'故都景象'在心中开映。"1935年12月16日《宇宙风》第7期，《老舍文集》第15卷第191页）

"在人物方面，在对话方面，它都吃了点亏。"① 但是，综合审视老舍战时的话剧作品，我以为，《谁先到了重庆》一剧对"技巧"的格外重视和对于事件背景的精心选择都是有着充分理由的。老舍之所以"用了复壁，用了许多只手枪，要教舞台上热闹"②，更重要的是，用了倒叙和悬念等艺术手段，最主要的原因即在于前此老舍的剧作无不有过于忽略技巧、舞台调度、冲突营造的缺陷。这些缺陷有的可能可以通过出色的语言效果加以弥补（如《面子问题》），有的或者可以经由导演演员成功的二度创作得到改善（如《残雾》《国家至上》），但是它们毕竟妨碍了这些剧作成其为经得起各方面检验的优秀剧作。因而《谁先到了重庆》的技巧化尽管不乏简单和幼稚之弊，但是对以往的剧作试验无疑是一次自觉的突破。同时，《谁先到了重庆》把地点放在北平皇城根，可能有一部分因素就是为了弥补过于技巧化可能导致的人物的欠丰满和语言的欠生动。由于这一设置，结果是，读者非常欣喜地从这一剧作中找回了在老舍创作中睽违已久的北平底层民众，他们的语言，他们的行为处世，他们的性格特征，他们的生活环境。一切都是曾经在老舍山东时期的创作中早已熟识了的，而其中最为鲜活的章仲

---

① 老舍：《闲话我的七个话剧》，1942年11月15日《抗战文艺》第8卷第1、2期合刊，《老舍文集》第15卷第217页、第216页。
② 老舍：《闲话我的七个话剧》，1942年11月15日《抗战文艺》第8卷第1、2期合刊，《老舍文集》第15卷第217页、第216页。

箫的形象更是直接从大杂院群落中信手拈出的普通一员。唯其是信手拈出的，这个人物身上方才令人信服地具有北平市民根性中难以祛除的善良、狡诈、愚昧和怯懦，这是老舍揣摩透了的一种人物类型，故而不须斟酌，不须拔高，也不须丑化。正是在这一点上，话剧《谁先到了重庆》获得了毋须置辩的成功。

《谁先到了重庆》扑面而来的地方气息和生活气息明白地宣告，作家老舍在"北平"这一特定的描述环境和"北平人"这一特定的描写对象中寻回了自己的艺术自信。也可以断言，正是《谁先到了重庆》在"写北平"这一点上的成功促使老舍更深入地思考自己的艺术定位，从而为《四世同堂》的写作进行了适当的热身。①

第四节　回归小说

通俗文艺和话剧是老舍抗战时期创作的两大重心。以

---

① 《四世同堂》之前《火葬》的创作，作为一个与《谁先到了重庆》相对等的例子也有助于我说明这个问题。《火葬》是以虚拟的城市"文城"为描述环境的。老舍事后认为，由于"文城是地图上找不出的一个地方"，因而，这个"'地方'便失去使读者连那里的味道都可以闻见的真切"。(《〈火葬〉序》，1944年1月9日《扫荡报》，《老舍文集》第3卷第340页) 应当说，是《谁先到了重庆》和《火葬》在地域背景选择上的成与败共同促成了老舍在这个问题上的深入反思。

1941年前后为分界点，随着对"民族形式问题"的思考，老舍自觉地放弃了通俗文艺的写作。也正是在这个时期，老舍开始考虑从宣传本位返回文学本位，从以话剧为首选文体逐渐转向以小说为首选文体，接续被自己中断了多年的小说创作之旅。

这里有一个日期的巧合——但是以"1941年前后"这个分界点而言，我宁可认为这不仅仅是巧合——也是发表于1941年1月1日的《在民国卅年元旦写出我自己的希望》①中，老舍表示，自己计划"也许写一两篇小说"。这距离老舍在此之前发表最后一篇小说《一封家信》的1938年11月28日已有整整两年的时间。虽然在此之后老舍再度发表小说要再延后两年，即要到1943年1月的《不成问题的问题》，但这毕竟是一个明确的信号，传达出老舍对自己最初的几部话剧并不能十分满意，他已经在考虑重新以小说创作证明自己小说家的身份。

诚如前文曾经谈到过的："从'旧瓶装新酒'的歧路折返，但仍放不下国家至上、宣传第一的沉重使命，这是老舍开始话剧创作尝试的首要的动因。"也正因为此，老舍甚至在1941年元旦前后已经明确地作出了返归小说的决定之后，仍然有两年的时间维持着这种以话剧作为首务，兼写各种应时应命的杂文

---

① 1941年1月1日《新蜀报》，《老舍全集》第15卷。

的创作状态。但从其间老舍的不少文论——如《怎样写小说》(1941年5月22日《文史杂志》第1卷第8期)、《抗战以来文艺发展的情形（1942年7月、8月《国文月刊》第14、15期）等——可以看出，他的关切点正在渐渐转向小说。不仅如此，老舍还在各种不同的场合解释自己这些年来"放弃了小说"① 的理由，如1940年11月17日在"文协"的小说晚会上说："实在，要像《骆驼祥子》这样的东西，我已没有勇气再写了。我只觉得在生活上的经验不够，不敢写。"②《三年写作自述》中，老舍则进一步解释这种"在生活上的经验不够"的贫乏感，认为这种贫乏体现于：第一，对武昌、汉口、宜昌、重庆、成都各处的生活情状、民风民俗的隔膜感；第二，对于抗战中政治、经济、生产、军事各项的陌生。"依我的十多年写小说的一点经验来说，我以为写小说最保险的方法是知道了全海，再写一岛"③，这个固执的创作理念使得老舍在对待小说这一文体上慎之又慎。可喜的是，1941年前后开始的对幽默风格和对北平题材的回归在"生活体验"的层面上为老舍找回了属于

---

① 老舍：《三年写作自述》，《老舍文集》第15卷第431页。
② 张志渊记录：《文协"小说晚会"记录》，1940年11月26日至27日《新蜀报》，蔡仪主编：《中国抗日战争时期大后方文学书系·第二编 理论·论争·第二集》第1344页。
③ 老舍：《三年写作自述》，《老舍文集》第15卷第431页。这个说法令人感慨万千地联想起老舍在1956年对作家应当"写他亲手掘成的那口'井'"（《青年作家应有的修养》，1956年3月16日《中国青年报》）的再次强调。

自己的"全海",多年沉浮其中的战时生活的经验又逐渐培养了老舍在"写抗战"这一点上的自信,他终于又要写小说了。

老舍的回归小说之路之所以在作了决定之后又经历了长达两年的顿挫,还有一个有趣的原因。这就是山东时期作为小说家的成功使得老舍把"小说"的地位看得过于重要。也就是说,写通俗文艺之于他是抗战急务,是为国效力;写话剧之于他是宣传的必要手段,也是练笔的途径;而写小说,则是他的文学生命的真实延续,是他的文学价值的切实体现。从这个角度看,对于老舍来说,"回归小说"比之于"回归幽默"和"回归北平"都是更重要得多的一件事,因为回归小说从一定程度上意味着老舍的彻底的回归自我。老舍生平经历了两次同时发生的"回归幽默""回归北平"和两次"回归小说"。第一次"回归幽默"和"回归北平"是1933年《离婚》的写作,他是以小说家身份实现这次回归的,同时从创作态势上看这一时期老舍的创作是稳定的和成功的;第二次"回归幽默"和"回归北平"即是从1941年前后开始,但是已经偏离了"小说家"的身份,所以与第一次"回归小说"达成同步,这证实了老舍在此之前经历了一段为宣传所役的迷失期;此后,老舍再也没有轻易抛弃幽默风格和北平/北京这一题材领域,但是,从新中国时期开始则又一次经历了对小说体裁的离弃,这无疑与老舍对当时的流行小说所(允许)涉及的题材范围(战争、建设、阶级斗争)的严重隔膜——甚于抗战时期在《三年写作自述》中表白的那种隔膜——有关，这一状态一直持续到他的第二次"回归小说"，即 1960 年冬"八字方针"提出之后《正红旗下》的写作和 1963 年初"写十三年"指导思想出台之后《正红旗下》的夭折。以上的简单梳理证实了"回归小说"对于老舍的重要意义，事实上老舍本人也是这样认为的。单以 1943 年的"回归小说"而言，老舍就曾经坦言："写小说而失败，就仿佛没脸见人似的"①，足见郑重。正因为老舍把小说的成败看作是他毕生以之的事业成败的标志，所以这一次"回归小说"从酝酿到实现的过程进行得异常谨慎和迟缓。

正因为老舍把写小说看得与自己的文学声誉直接相关，是"返归自己的园地"②，所以"返归小说"③ 由计划渐至落实时，便焕发出一种冷暖自知的欣喜之感。1942 年 7 月 19 日，老舍宣布，自己"打算，在今年秋后设法找个安静所在，去试写一篇长小说"④。果然，从当年 10 月下旬起，直到 12 月下旬，

---

① 1942 年 7 月 15 日致姚蓬子信，1942 年 7 月 15 日《文坛》第 6 期，《老舍书信集》第 117 页。

② 老舍：《讣告》，1943 年 2 月 13 日成都《中央日报》，《老舍全集》第 14 卷第 329 页。

③ 老舍自己有"返归小说"的说法，见《〈火葬〉序》（1944 年 1 月 9 日《扫荡报》，《老舍文集》第 3 卷第 339 页）和《我怎样写〈火葬〉》（1948 年 4 月《老牛破车》晨光修订版，《老舍文集》第 15 卷第 225 页）。

④ 老舍：《答客问》，1945 年 7 月 19 日《时事新报》，《老舍文集》第 14 卷第 224 页。

老舍在陈家桥闭门沉潜，拿出了四年以来第一个小说作品，《不成问题的问题》，"两万字写了足足两个月，慢得出奇"。①"我不写小说者已四年矣"②，从这句话中恐怕不难体会到作家终于在自己得心应手的文体中找到了自我时的愉悦。老舍这一次返归小说，正如上述，进行得十分谨慎。唯因其谨慎，才显出决断和认真。

老舍1941年前后开始的回归就这样具体体现在对于幽默、北平、小说的回归三项内容上。综合以上的三项回归，便构成了长篇小说《四世同堂》的构思和写作的一个深远的心理背景。

---

① 老舍:《讣告》，1943年2月13日成都《中央日报》，《老舍全集》第14卷第329页。
② 1942年11月30日信，1942年12月7日成都《华西晚报》，《老舍全集》第15卷第653页。

○第八章 论争和思考

老舍的回归为什么从1941年前后开始,这是另一个值得探究的问题。我认为,大西南抗战文艺界关于文艺问题的几次论争为老舍的回归提供了足够的思考余地并最终促成了老舍的自省和回归。

蔡仪先生认为,抗战中大后方的文学论战有前后期之分:前期"指1937年'七七'事变起到1940年中期",包括关于"文艺大众化"问题、关于"暴露和讽刺"问题、关于所谓"与抗战无关论"、关于"民族形式"问题的四次大的论争;而"后期的时限大致是1940年中期到1945年日本帝国主义的投降",主要包括关于"战国"派问题和关于"主观论"及"生活态度论"问题的两次论争。① 这个划分是比较符合实际的。抗战中老舍的前后期与整个文学界论争走向中的前后期有所重叠,这不是一种巧合,而是老舍积极思考并主动回应抗战前期的几次论争的必然结果。对于抗战后期的论争,老舍的反应远不如前期那么敏捷和强烈,这一方面是由于那时老舍已将主要精力投注于他回归后的文学创作上,同时也同这些问题和党派

---

① 蔡仪:《序》,蔡仪主编:《中国抗日战争时期大后方文学书系·第二编 理论·论争·第一集》。

的瓜葛过于密切有关。

以上列举的抗战前期的四次论争,归根结底都是关于文学自由度的论争,只不过各自的侧重点有所不同而已。其中"暴露和讽刺"问题涉及的是文学创作的题材选取,讨论的是如何避免和是否应当避免社会阴暗面的揭露,以免为政敌利用;"文艺大众化"问题和"民族形式"问题是二十世纪中国文学史绵延不绝的新旧形式之争在抗战时期的两次极具深度的探讨,而它们之间,由于牵涉的根本问题是一致的,所以无法截然区分开;关于所谓梁实秋"与抗战无关论"以及继起的施蛰存、沈从文、朱光潜等的"文学自由论"的论争则又关涉到二十世纪中国文学史的另一个绵延不绝的论战中心,即文学本位还是政治本位之争,而这一论争主题又是笼罩于上述三次论争之上的。

以下试结合老舍对这些论争的回应解索老舍回归自我的心路历程。

第一节 老舍和关于"暴露和讽刺"的论争

"暴露和讽刺"问题的发轫,大致上是起自张天翼的《华威先生》在1938年11月被译介到日本,当时,有人质问:"为什么他们不译载《差半车麦秸》呢?"并且提出:"'华威先生'这种可鄙的人物……他出现在日本读者的面前,会使他们更把中国人瞧不起,符合着法西斯主义的宣传,而增强他们侵略的信念。一句话:我们是'灭自己的威风,长他人的志气'了。"① 同一时期,又有人发现"黄药眠的《陈国瑞的一群》(原载《抗战文艺》第三十四、三十五期合刊),和巴金的《公式主义》(原载《见闻》第?期)被汉奸报纸巧妙地转载。"② 一场以文学创作的题材性质为关切点的论争就此展开,并前后持续一年多。这里所谓的题材性质是从政治立场出发作的判断。它关心的固然不是选取或避免何种题材有利于或有害于创作本身,却甚至也不是选取或避免何种题材有利于或有害于创作所负荷的社会意义、政治价值,而是作品的政治效果,即作品已经独立于作家时在传播过程中"可能"出现的负面效应。由于老舍选取题材的尖锐性,他的作品很快被点了名:"老舍的剧本《残雾》上演的时候,听说观众之中颇有几位先生大摇其头,以为其中所暴露的会摇动人们的抗战信心,甚至认为破坏抗战。这是当场的一位朋友亲闻亲见的。"③ 老舍事后坦言:"……许多关于《残雾》的批评,十之六七是大骂特骂",并且

---

① 林林:《谈〈华威先生〉到日本》,1939年2月22日《救亡日报》,蔡仪主编:《中国抗日战争时期大后方文学书系·第二编 理论·论争·第一集》。
② 沙介宁:《论文艺上的消毒与肃奸工作》,1939年8月22日《救亡日报》,《中国新文学大系1937—1949》第2集第72页,上海:上海文艺出版社1990年12月版。
③ 吴组缃:《一味颂扬是不够的》,1940年1月22日《新蜀报》,《中国新文学大学1937—1949》第2集第87页。

不无负气地说,"批评者得到骂人的机会,而不骂,就大大的对不起他自己呀。"①

无端卷入这场论争,使老舍得以更为清醒也更为从容地审视这一场抗战文艺运动,上引老舍对构陷者的揶揄即是基于清明思考基础上的一次聪明的应对。在写《张自忠》的过程中,老舍又遭遇了类似的问题:"一谈困难与问题就牵扯到许多事,而我们的社会上是普遍的只准说人人都能成圣成贤,不准说任何人任何事微微有点缺欠"②;"我们的社会上是普遍的只准说好,不准说坏的。/因此,我的手既不能自由,到了非有衬托不可的地方,我只好混含。"③ 但是正如老舍自白的,他以中庸"混含"的方式避免了暴露过多"不准说"的问题,《张自忠》因此把批评焦点完全集中到虚拟人物墨子庄的身上,也正是这种策略的写法使得作品的质感大打折扣。老舍对"混含"方式的一再解释即出于这个原因。这种妥协固然损害了作品的完善,但在客观上也有利于促进老舍对"暴露和讽刺"问题的深入反思。这两篇文章,《没有"戏"》和《写给导演者——"声明在案":为剧本〈张自忠将军〉》,就是老舍在事后的一次

---

① 老舍:《三年写作自述》,1941年1月1日《抗战文艺》第7卷第1期,《老舍文集》第15卷第433页。
② 老舍:《没有"戏"》,1940年8月6日《新蜀报》,《老舍文集》第15卷第426页。
③ 老舍《写给导演者——"声明在案":为剧本〈张自忠将军〉》,1940年9月10日《文艺月刊·战时特刊》第5卷第1期,《老舍文集》第10卷第112页。

刻意的检讨和申诉。只要稍加留意,即可以明白地读出老舍隐藏在文字背后的对"只准说好,不准说坏"的批评态度的大不以为然。

第二节 老舍和关于"文艺大众化"问题与"民族形式"问题的论争

随着抗战爆发引发的"文艺大众化"问题的再次提出,即关于"旧瓶装新酒"问题的探讨和论争(大致上始于1937年7月,终于1939年4月)和继起的关于"民族形式"问题的论争(大致上始于1939年4月,终于1941年1月),也许是抗战文坛最值得关注和警惕的两场论争,也一定是与老舍抗战时期的文艺思想关联最为密切的两场论争。这两场论争虽然侧重点有所不同,但前后衔接,指向一致,都同样是三十年代"文艺大众化"问题论争在抗战时期的旧话重提而已;也就是说,虽然它们在文学史上有着各自不同的命名,但究其实质是一脉相承的。更重要的是,它们前因三十年代"文艺大众化"问题论争,后延新中国时期以"必须在人民群众的面前取得考验"[1]为宗旨的文艺政策,并且通过论争对许多问题的廓清告

---

[1] 《大会宣言》,《中华全国文学艺术工作者代表大会纪念文集》,新华书店1950年3月版,《中国新文学大系1949—1976》第19集第713页,上海:上海文艺出版社1997年11月版。

白了中国现代作家群对"文艺大众化"与"五四"新文学方向的消长问题的真实倾向,因而格外值得关切。具体到老舍,这方面的论争至少是帮助他完善了对自己通俗文艺创作的反思,而且也确实导向了1941年前后老舍在文学风格、题材、体裁选择上的回归自我。

本文关于老舍抗战前期,尤其是初期对大众文艺运动的投入,对"旧瓶装新酒"手法的试用以及由此产生的难以排解的"苦痛"已多有阐述。可以肯定的是,正是如此不计利害的投入引发了如此真切的苦痛,又正是如此切肤的苦痛最终促成了老舍的彻底反思和憬然回归。

1930年老舍从新加坡回国之后,1937年全民抗战爆发之前的七年时间,也就是本文命名的老舍"山东时期"的全部时间段加上之前的几个月内,尽管中国文学界硝烟不断,纷争不断,老舍却除了为数极少的表态——关于幽默文学的发言——之外,一直坚持着独立不倚的原则,从不介入任何一次论争。尽管抗战的爆发转瞬之间拉近了他与文坛的距离,但是对于文坛的论争老舍依然保持了他一贯的超越态度。对于关于"民族形式"问题的论争,老舍几次声明:"我忙,所以没有参战"①;"一年以来,我

---

① 老舍:《行都通讯》,即1940年5月9日致陶亢德信,1940年10月《宇宙风》百期纪念号,《老舍文集》第14卷第176页。

始终没有表示过个人的意见"①,就是出于这种态度。持这种关心但不参与的态度对待文坛的论争,使老舍在一些关键问题和根本问题上时刻保持了清醒和警觉。这也是曾经率先垂范以"民族形式",即"旧瓶装新酒"的方法激励抗战情绪的老舍在"民族形式中心源泉论"甚嚣尘上的时刻及时折返的原因所在。

相对于"民族形式"问题论争中流之于"空"的讨论态势,老舍在论争后期的适时发言显得实切了许多,因而也具有一种不言自明的说服力。老舍自己明确地表示:"我的回答是根据我自己对于旧形式的实地试验的结果,并非从理论出发"②,这是实情。也可能正是出于这个原因,老舍并未在理论界的争执热点如"中心源泉论""喜闻乐见"还是"习闻常见"这样的问题上纠缠甚至停留,而是直奔主题,以"是"抑或"否"的判断来表明态度:"这一年来不能不放弃旧形式的写作。这个否定就是我对民族形式的论争的回答。"③ 老舍除了继续陈述三年来以"民族形式"取代新形式的创作给自己带来的"痛苦经验"④和"像找替身似的女鬼"般的"民族形式"使自己"步步堕陷,

---

① 《一九四一年文学趋向的展望(会报座谈会)》,1941年1月1日《抗战文艺》第7卷第1期,《中华全国文艺界抗敌协会史料选编》第172页。
② 《一九四一年文学趋向的展望(会报座谈会)》,1941年1月1日《抗战文艺》第7卷第1期,《中华全国文艺界抗敌协会史料选编》第172页。
③ 《一九四一年文学趋向的展望(会报座谈会)》,1941年1月1日《抗战文艺》第7卷第1期,《中华全国文艺界抗敌协会史料选编》第172页。
④ 《一九四一年文学趋向的展望(会报座谈会)》,1941年1月1日《抗战文艺》第7卷第1期,《中华全国文艺界抗敌协会史料选编》第172页。

不知不觉的陷入旧圈套中"①的苦恼之外，老舍把这一次反思的着眼点落实在建设上。即"破"了"民族形式"的"圈套"之后，应当"立"什么和怎样"立"上。

关于应当"立"什么的问题，老舍的回答非常明确，而这也确是老舍经历了抗战前期百转千回的尝试、思考、反复之后得出的结论："我是赞成仍沿用我们五四以来的文艺道路走去，只要多注意自然，不太欧化，理智不要妨碍感情，这是比较好的一条路。主要的问题在深入大众中去了解他们的生活，更深的同情他们，这比只知道一点民间文艺的技巧，更为确实可靠。"② 至此，老舍作为一个"捍卫新文艺的战士"③，才真正以对新文艺的择取排解了自抗战以来缠绕不去的"制作通俗文艺的苦痛"。

关于怎样"立"的问题，老舍认为，首要应当解决的还是通俗文艺的定位问题。只有为通俗文艺正名，才能进一步论及走新文艺之路。自抗战以来，一个通俗文艺先后被称作"通俗文艺""大众文艺""旧瓶""旧形式""民族形式""民间形式"等，即使本文亦在多处未作厘清地加以援引或者使用，这或者有不够严密之嫌，但也与当年抗战文艺界实际的情况息息相关。老舍1942年在演讲《抗战以来文艺发展的情形》中特辟

---

① 老舍：《三年写作自述》，《老舍文集》第15卷第437页。
② 老舍：《抗战以来文艺发展的情形》第2讲，1942年7月、8月《国文月刊》第14、15期，《老舍文集》第15卷第504页。
③ 老舍：《答客问》，1938年12月3日《抗战文艺》第3卷第1期，《老舍全集》第16卷第595页。

节段陈述了来自苏联的"民族的形式,革命的内容"的口号如何取代了"旧瓶装新酒"的口号,同时"民族形式"又如何因为国情的差异转为"民间形式"同义语的过程。这一节辨析固然掺入了老舍的个人理解,但也确实是老舍在各种概念混杂莫辨的实际情势下作的一项有意义的工作。在这里,我们看到,老舍所理解的关于"民族形式"问题的论争,讨论的焦点正在于"民间现在活着的东西如何应用"[①] 之上。这与本文在这个问题上最多地择取的"通俗文艺"的表述在内涵和外延上基本上是一致的。由于"民族形式"即"民间现在活着的东西",也即现成的固定的和程式化的通俗文艺形式,它与"必须是创作的,决不能模仿的,要顾到言语美,描写的特色"[②] 的新文艺在本质上势同水火。但是,抗战宣传的客观需要既然使得通俗文艺即"民族形式"在众多的文艺形式中一枝独秀,成为最经济、最实用、最受民众喜爱和最易为民众接受的文艺形式,身为抗战文坛领袖的老舍对之就不能不有所顾虑。正是鉴于这方面的考虑,老舍聪明地提出了"分工论"。这可能是通俗文艺更需要"创作的"文学作品的二十世纪中国文学在这个方向上所能找到的最好的解决办法了:"在武汉的时候有不少作家

[①] 老舍:《抗战以来文艺发展的情形》第2讲,1942年7月、8月《国文月刊》第14,15期,《老舍文集》第15卷第503页、第504页。
[②] 老舍:《抗战以来文艺发展的情形》第2讲,1942年7月、8月《国文月刊》第14,15期,《老舍文集》第15卷第503页、第504页。

去作鼓词唱本等通俗读物,到今天已由个人或机关专去作这类的东西,而曾经努力于此道的作家中,有不少便仍折回头来作新的小说、诗、戏剧等等。……那些宣传为主,文艺为副的通俗读品,自然还有它的效用,那么,就由专家和机关去作好了。至于抗战文艺的主流,便应跟着抗战的艰苦,生活的困难,而更加深刻,定非几句空洞的口号标语所能支持的了"①。这是老舍对当时文艺界分工情况的描述,从语气上看,也是他认为的最为适切的解决办法。确切地说,老舍在1938年底已经提出过这一思路:"有人写大鼓就让他写大鼓,有人写诗就让他写诗,方向不同,精神上却可以联系合作。"② 但老舍明确了这一思路的时间还是在1941年前后。与上引老舍发言相呼应的,还有老舍在《三年来的文艺运动》中所说的:"艺术的价值不同,其有裨于抗战则一。面面俱到的去看,则精深与俗浅,艺术与宣传,抗战中必须兼容并纳。这才能发动,才能推广;人无弃才,文皆抗战;伟大之作,永垂不朽;宣传之品,今尽其用。以这包容的态度去倡导,则文艺日繁。以这客观的态度去探讨,则文艺日新——以我们的方法去解决我们的

---

① 《一九四一年文学趋向的展望(会报座谈会)》,《中华全国文艺界抗敌协会史料选编》第168页。
② 《我们对于抗战诗歌的意见(诗歌座谈会)》,1938年12月17日《抗战文艺》第3卷第3期,《中国抗日战争时期大后方文学书系·第二编 理论·论争·第二集》第1091页。

问题，以我们的真正经验与抗战热诚去开辟我们的道路。"①老舍此后以自觉的新文学创作实践了这一思路，并且通过其他方式进一步贯彻了这一思路。例如新中国时期老舍任编委或主编的《说说唱唱》等刊物的存在即是对"分工论"思路的一种贯彻方式。但是老舍在建国初期和"大跃进"时期对通俗文艺作品制作的再次投入又从根本上否定了这条思路。新中国时期，老舍由自觉地重拾通俗之笔，到最后不得不以一段宣传性快板《陈各庄上养猪多》结束自己的文学生涯，这样的经历与1941年前后老舍的向"五四"新文学传统的自觉回归形成了过于鲜明的反差，也同1937年到1938年老舍向通俗文艺不计代价的投入形成了值得关注的呼应。老舍是出身于北京市井的满族人，对通俗文艺作品尤其是京剧和曲艺的爱好几乎出自天然本性，在漫长的创作之旅中向这些通俗形式偶有回溯是再自然不过的事，但是在时代的压力下竟遭逢了这样的曲折，这真是值得我们深长思之的事情。舒乙先生回忆说，1964年之后，

> 有一次市文联组织人员下去，偏偏不理他。他回家后带着微笑，但说话非常凄凉："他们不晓得我有用，我是有用的，我会写单弦、快板，当天晚上就能排——你看我多有用啊……"②

---

① 1940 年 7 月 7 日《大公报》，《老舍文集》第 15 卷第 424 页至第 425 页。
② 1998 年 10 月 30 日下午谈话。转引陈徒手：《老舍：花开花落有几回》，1999 年《读书》第 2 期第 12 页。

这是"实用"的文艺政策扼杀作家创造力发展到极端的证明。起始于1930年,历经数次争论,又因巩固新政权的时代需要被定于一尊的"文艺大众化"问题从根本上说是一个文学还是宣传,自由主义还是功利主义的问题。老舍在六十年代终于陷入这样一个困境,不能不说与他抗战时期在通俗文艺或者说"旧瓶装新酒""民族形式"问题上的反复思考密切相关。他陷入并终于走出"制作通俗文艺的苦痛"的经历为他新中国时期再次陷入却再也走不出更深彻的"制作通俗文艺的苦痛"埋下了重要的伏笔。

第三节 老舍和关于所谓"与抗战无关论"的论争

梁实秋《编者的话》(1938年12月1日《中央日报·平明》)惹起的公案中,确有许多值得分析的问题。其中最大的问题在于,当时几乎所有站出来批驳梁实秋《编者的话》和《"与抗战无关"》(1938年12月6日《中央日报·平明》)的文章,对梁实秋的本意,都有程度不等的曲解或误解。这之间尤须引起注意的是最早的驳论者罗荪,正是他的《"与抗战无关"》(1938年12月5日《大公报》)引出了生性原本好斗的梁实秋的同名文章,并且又由他迅即再作驳论《再论"与抗战无关"》(1938年12月9日《大公报》),就此引发了这一场争论。不过分地说，正是这两篇驳论为一场旷日持久的批驳所谓"与抗战无关论"的联合动作开了一个不太好的头。如文中所称"某先生希望写文章的人"，"尽可以找'与抗战无关的材料'"①，"硬要找'与抗战无关的材料'"②。这里"尽可以找""硬要找"之谓，显然与梁实秋"于抗战有关的材料，我们最为欢迎，但是与抗战无关的材料，只要真实流畅，也是好的"③的原话相去甚远。这样的以己意度人，曲解原意正是这场论争的症结所在。而罗荪的这两篇驳论为此后的驳论开的一个更为不好的例是，由梁实秋的"半句话"④作由头，对梁实秋进行人格攻击。例如说："梁实秋抹杀了今日抗战的伟大力量的影响，抹杀了今日中国的抗战这个真实的存在，抹杀了今日全国爱国的文艺界在共同努力的一个目标：抗战的文艺。他却要作者到人生中去找与抗战无关的材料，要他的读者读与抗战无关的文章，要人们忘掉抗战这个现实的斗争。"⑤这种扣帽子的作风至少是非常不严肃的，尽管作者的用意本在于严肃地支持抗战文艺的进程。而此后林予展的《正告梁实秋先生》（1938年12月12日《新蜀报》）这样的文章，其用语之尖刻

---

① 罗荪：《"与抗战无关"》，《中国新文学大系1937—1949》第2集第5页。
② 罗荪：《再论"与抗战无关"》，《中国新文学大系1937—1949》第2集第10页。
③ 梁实秋：《编者的话》，《中国新文学大系1937—1949》第2集第4页。
④ 梁实秋：《梁实秋告辞》，1939年4月1日《中央日报》，《中国抗日战争时期大后方文学书系·第二编 理论·论争·第一集》第148页。
⑤ 罗荪：《再论"与抗战无关"》，《中国新文学大系1937—1949》第2集第11页。

与恶劣,又是罗荪无法望其项背的。总起来说,关于所谓"与抗战无关论"的论争是抗战文艺界最不理性的一场论争,由于内中掺杂了过多的意气、想象、人身攻击,论争中本应包含的关于"抗战八股"问题的探讨几乎无从谈起。反之,这样的感情用事又导致了不久之后抗战文艺界对沈从文、施蛰存、朱光潜等人对文学功利化问题的理性批评的缺乏理性的围攻和谩骂。这围攻不仅持续到了抗战之后,而且与同时在解放区文艺界也存在的同样以人身攻击代理性分析的不良文风一起,严重地影响了新中国成立之后的文坛风气。

由于梁实秋的《编者的话》中还有这样的话:"我老实承认,我的交游不广,所谓'文坛'我就根本不知其座落何处,至于'文坛'上谁是盟主,谁是大将,我更是茫然。"① 因此激怒了刚刚成立不满一年的"文协"。老舍也因代表文协起草《给〈中央日报〉的公开信》② 介入了这场关于所谓"与抗战无关论"的论争。从《给〈中央日报〉的公开信》看,老舍并未像罗荪等人那样把矛头指向所谓"与抗战无关论",而是从团结的立场出发,对梁文的"文坛"之云提出抗议。这证明老舍是认真读过《编者的话》,并且决不存曲解之念的。这也表

---

① 梁实秋:《编者的话》,《中国新文学大系1937—1949》第2集第3页。
② 当时因张道藩的干涉未能公开发表。初收罗荪:《〈抗战文艺〉回忆片断》,《中国现代文艺资料丛刊》第1辑,上海:上海文艺出版社1962年5月版。后收入《中华全国文艺界抗敌协会史料选编》。

明老舍在介入这场论争之时即审慎地与论争的主题相疏离的实际情状。当然，老舍作为一个坚定的国家至上主义者，自始至终是持着"与抗战有关论"的主张的，即使在《三年写作自述》中，老舍对"主张文艺可以与抗战无关者"① 还是有所揶揄。但是，《三年写作自述》在批评了"主张文艺可以与抗战无关者"之后，紧接着也批评了"热情有余，而毫无实力；虽无骗人之情，而有骗人之实"② 的写作手段，这正是梁实秋在《编者的话》中指出过的："至于空洞的'抗战八股'，那是对谁都没有益处的。"③ 这段批评表明，1941年前后的反思与回归的过程中，老舍对抗战文坛的弊病是深有所感的，并且表明老舍正是在这样的思考中实现了自己向着自由主义的回归。在这里透露出的老舍对梁实秋《编者的话》的实际态度的背后，必须指出的是，梁实秋本人对抗战文坛的积极投入和因此与老舍结下的深厚友谊应当也是促使老舍深入思考这一场关于所谓"与抗战无关论"的论争的原因之一。

第四节 归去来

在从"现象"（三重回归表征）上理解了老舍的回归和从

---

① 《老舍文集》第15卷第430页、第430页至第431页。
② 《老舍文集》第15卷第430页、第430页至第431页。
③ 梁实秋：《编者的话》，《中国新文学大系 1937—1949》第2集第4页。

"关系"（老舍的回归与文坛论争）中分析了老舍的回归的发生之后，我们将进入另一个重要问题，即从"本质"上解读老舍1941年前后的回归：由功利主义折返自由主义。

从老舍抗战时期之前的文艺理论著述中明白地透露出老舍的文艺主张集中于这样两点：一，"文学……是解释人生的"①；二，"文学……是自我的表现"②。抗战后期老舍的回归主要表现于向这两点思想上回归。即，一，在价值指向上回归《论创作》的"对于生命与自然由认识批评指导"③；二，在文学理念上回归《文学概论讲义》对表现说的坚持。

前文曾经论及抗战初期老舍在"为人生"的笼统理念下非常自然地趋近功利主义，并且提到"为人生"的价值预设本身包含有的功利主义因素。然而在充分认识到"为人生"的价值预设中隐含的对文学本位论的反动性的同时，更应看到的是，由于特殊的国情和民情，"为人生"正是二十世纪中国文学演进到二三十年代时自我生发出的一个重要的文学态度。正是这个态度促使中国文学得以自觉地正视社会人生，并且，以鲁迅为代表，负荷着改造国民性的使命感艰难掘进。老舍抗战之前的重要作品《二马》《猫城记》《离婚》《骆驼祥子》等无不冠

---

① 老舍：《文学概论讲义》第四讲，《老舍文集》第15卷第43页。
② 老舍：《论文学的形式》，1931年2月10日《齐大月刊》第1卷第4期，《老舍全集》第17卷第11页。
③ 1930年10月10日《齐大月刊》创刊号，《老舍文集》第15卷265页。

有如是的严肃主题,并且严格地贯彻了老舍"解释人生"的文学主张。

前文亦曾论及抗战初期老舍由于抑郁的释放而解除了对国民性主题的关注。这一事件与老舍将"解释人生"的写作指向一转而为"抗战第一"的事件是同时发生的,也是相辅相成的。抗战后期老舍在《怎样写小说》《形式·内容·文字》等文章中重提小说是"对人生的解释"[1],小说中,"我们不仅报告,也解释,好使读者了解人生"[2],并且借《张自忠》《大地龙蛇》《归去来兮》《谁先到了重庆》《不成问题的问题》《火葬》《四世同堂》等作品重新表现出对国民性问题的强烈关注,也与多年战时生活再次叠积的对种种世象的沉稳观察有关。这些经历至少是促成了老舍再次将国民性问题纳入思考空间,而这又进一步促使老舍将文学创作的价值指向定位于比实在的宣传更具有超越性的问题上,从而在一定的时空范围里远离功利主义。

重新关心形式、技巧、文字等表现层面的文学因子是老舍回归自由主义的又一表征。山东时期,老舍曾经把"怎样写出"视作"文学的成功"的首要因素,而"说什么是次要

---

[1] 老舍:《怎样写小说》,1941年5月22日《文史杂志》第1卷第8期,《老舍文集》第15卷第452页。
[2] 老舍:《形式·内容·文字》,1942年6月20日《文学修养》第1期,《老舍文集》第15卷第492页。

的"①，抗战前期在功利主义文学思想的指导下变为"艺术每逢专重技巧，便到了她的末日"②。到了1941年前后，可以明显地发现老舍在许多文论中重新开始强调技巧与形式的重要性。这当然与老舍抗战前期由于过于强调宣传至上导致的艺术滑坡有关，也关涉同时期文坛上普遍的艺术粗糙、"抗战八股"盛行的状况。老舍经过反复思考，把表现问题重新提到关联于文学作品质量的高度，甚至重新指出："读小说，第一能教我们得到益处的，便是小说的文字"；其次才是小说的内容③。这很明显是对《文学概论讲义》的呼应和对抗战功利主义的有分析的扬弃。与此同时，老舍借不少文论对"文字"也即文学语言的重要性作了多次的强调，并伴随着对自己的"文字"的认真反思，这在《我的"话"》（1941年6月16日《文艺月刊》6月号）、《略谈抗战文艺》（军事委员会政治部编印：《抗战四年》，1941年8月13日出版）、《献曝》（1942年1月《文艺青年》第5卷第1期）和《形式·内容·文字》（1942年6月20日《文学修养》第1期）等文中有非常集中的体现。在总结文坛也总结自我的长篇演讲《抗战以来文艺发展的情形》中，老舍明确提出："文艺

---

① 老舍：《文学概论讲义》第2讲，《老舍文集》第15卷第18页。
② 老舍：《艺术家也要杀上前去》，1940年2月10日《新华日报》，《老舍文集》第15卷第406页。
③ 老舍：《怎样读小说》，1943年3月10日《国文杂志》第1卷第4、5期合刊，《老舍文集》第15卷第520页。

应该是现实的,综合的,和本位的",进而认为,"战争的延长,文艺此后会依着上面三个原则渐渐发展下去,生长起来"①。这可以认为是老舍为他经过反复和修正之后的自由主义文学观作的一次宣告。

老舍在文艺思想上回归自由主义的另一个有趣的表现是他对幽默文学的看法再次发生转折。老舍山东时期对幽默的坚持是与他当时标举的自由主义文学观相助成的,抗战前期站在革命文艺的立场上有看似漫不经意的扬"趣味"而贬"幽默"的言论,并伴随着对"打倒幽默"的默许②。1942年夏,老舍再次明言:"在抗战之前文人的文艺为游嬉并不是大逆不道的,就在今天也并不是没有用。"③ 这一表态与山东时期"幽默是伟大文艺的一特征"④ 和"有些无理取闹的游戏文字可以算作杰作,幽默……成为文艺的重要分子……"⑤ 的坚执已不可同日而语,但仍不失为老舍回到文学本位立场上理智思考的结果。由此我们可以更清晰地理解同一时期老舍首先在小品文创作上透露出的回归幽默的信息。

---

① 《老舍文集》第15卷第500页,第502页。
② 参《我们对于抗战诗歌的意见(诗歌座谈会)》,1938年12月17日《抗战文艺》第3卷第3期,《中国抗日战争时期大后方文学书系·第二编理论·论争·第二集》第1092页。
③ 老舍:《抗战以来文艺发展的情形》第2讲,《老舍文集》第15卷第500页。
④ 老舍:《〈老舍幽默诗文集〉序》,《老舍幽默诗文集》,时代图书公司1934年4月版,《老舍文集》第15卷第279页。
⑤ 老舍:《文学概论讲义》第四讲,《老舍文集》第15卷第43页。

在梳理老舍1941年前后开始的向自由主义、文学本位论的回归的时候，必须格外注意的是，尽管我们可以以1941年前后为界点划分出老舍在战时的前后期，并且分别予以"功利主义"和"回归自由主义"的标示，尽管老舍的文学思想和创作方向经过1941年前后的再转逆确实呈现了一个更多地面向文学本身的面貌；但是，这一次转逆相对于1937年老舍在进入抗战时期的转逆而言，只不过是在文学自觉度上有所省察而已。1937年7月卢沟桥的炮声将老舍带入了一个空前陌生的情境，他本人负荷起文协的重任，他的创作负荷起宣传的重任，他的思想更是经历了充满痛苦的改塑。正是抗战把老舍由一个自由撰稿人改变成中华全国文艺界抗敌协会的负责人，这一身份的确认不仅使老舍在抗战八年中不可能在根本意义上回到文学本位的立场，而且在新中国时期更漫长得多也复杂得多的文学岁月中注定了要一次次经受新的磨炼与煎熬。老舍在新中国时期也有过数次面向自由主义的折返，但是终于是被恶劣的政治环境和文学环境窒息，最终绝望于世界，绝望于文学。对于这个结果，我们不妨从早一些，更早一些的时空点上找找原因。因此，抗战八年成为一个无法绕过的关键时期。

正是出于以上原因，老舍在抗战后期对形式、技巧的强调和重视虽然比抗战前期要多得多，但从总体上看，老舍的关切更多地还是指向文学的社会意义。对文学特质的理解由"文学本身是文学特质的唯一的寄存处"① 转为"越是靠近社会任务的文艺，越是主流的文艺"②，对文学评判标准的认识由"说得漂亮与否，美满与否，笔尖带着感情与否"③ 转为"关心社会的便好，不关心社会的便坏"④，这样的使命意识就是抗战八年给老舍的文艺思想增添的新质。由于增添了一个更为宽广的关切背景，作家的创作在一定程度上显出厚重与坚实，但这只有建立在对文学本身至少是同样程度的关切的基础上才成立。抗战后期的《四世同堂》和新中国时期的《茶馆》《正红旗下》程度不等的成功和创作于抗战时期、新中国时期的更多得多的宣传本位的作品的程度不等的失败，都印证了这一点。

以上分两章从创作、论争和文艺思想三方面评述了老舍开始于1941年前后的抗战后期面向自由主义的回归。有所回归，是因为有所偏离，更因为对偏离有所觉察。值得分析的是，从关于"暴露和讽刺"、关于"文艺大众化"、关于"民族形式"、关于所谓"与抗战无关论"、关于"文学自由论"的数次论争反映出一个值得警惕的规律，即凡是论争中持反"文学自由

---

① 老舍：《文学概论讲义》第四讲，《老舍文集》第15卷第51页。
② 老舍：《关于文艺诸问题——在复旦大学讲演》（1944），1945年3月《突兀文艺》第3期，《老舍文集》第15卷第537页。
③ 老舍：《文学概论讲义》第四讲，《老舍文集》第15卷第51页。
④ 老舍：《怎样读小说》，1943年3月10日《国文杂志》第1卷第4、5期合刊，《老舍文集》第15卷第520页。

论"意见的一方的立论无不得到政治家的首肯。老舍在抗战后期是凭着他作为一个自由作家的警觉适时地回到了有所修正的文学本位的立场上，但是，当时序转至1949年12月之后，当老舍满怀"狂喜"开始了他的新中国时期的时候，当老舍再一次把全部身心投注于政治的时候，老舍开始以政治家的思想作为自己的思想，因而才不可免地陷入了空前的创作困境。新中国时期的再度迷失也证实了抗战后期老舍回归的不彻底性。将老舍1937年的迷失，1941年前后的回归，1949年的再迷失，1956年、1957年"鸣放"时期的再回归，1957年"大跃进"时期的摇摆，六十年代又几经反复之后的终于把持住自我的一波三折的历程作一番分析，不失为一个理解老舍、理解二十世纪中国文学和中国作家的新的思路。而在这一波三折之中，抗战时期的迷失和回归由于是初次的迷失和回归，因而更须引起我们的充分关注。

○第九章 抗战时期平议

抗战时期是老舍一生的重要的纽结点。它联系了老舍的山东时期和新中国时期。通过这个纽结，我们得以更为清明地理解老舍的最后十七年的文学道路，也更为理性地读解老舍之死。

对老舍的抗战时期的总体评议，因之也将分两步进行。首先质询的是抗战时期如何影响老舍未来的文学道路——这主要是指新中国时期的文学道路；其次追问抗战时期如何影响老舍的最后抉择。

第一节 作为预备期：从抗战时期看新中国时期

抗战时期对老舍抗战之后的文学道路的影响，主要可以从以下八个方面来理解。

第一，抗战时期尤其是抗战前期的创作实践赋予了老舍一整套带有极强目的性也即功利性的写作内容和写作方法。这一套服膺于"国家至上"写作宗旨的写作内容和写作方法迥异于老舍山东时期及山东之前的极端个人化的写作方式，但是与新中国时期的却极为接近。因此，抗战对于老舍来说，首要的意义毋宁说在于"适应"，或者说，预先适应。这种适应避免了老舍发生于1949年12月从美国回北京之后的对新的文艺政策不适应的可能，从而将老舍顺理成章地带入新中国时期。这里所说的老舍在抗战时预先适应了的写作方式，指的是为了达到宣传的目的，以宣传任务所要求的内容为内容，运用更加合乎宣传需要的文体，进行尽可能迅速的写作。这一方面包括对自己所不熟悉的题材领域进行一番了解之后即着手创作，如《张自忠》《火葬》即是以这样的方式完成的不很成功的两部作品；另一方面，则包括将极大一部分精力投注于民众所热衷的、能够理解的文艺样式即通俗文艺创作中，并且为此承受"制作通俗文艺的苦痛"。这一套写作方式用老舍的概括来表述，就是"要向民间与军队中取得故事与字汇，以民众的语言道出民众抗敌与建设的牺牲与壮举"[①]，再概言之，就是"文章下乡，文章入伍"。值得注意的是，抗战期间大后方"文章下乡，文章入伍"的写作方式与解放区及新中国成立之后很长一段时间内得到允许、提倡和鼓励的"应从学习群众的言语开始"[②] 的文艺为政治服务的文艺方针无论在精神上、方向上还是具体的策略上都具备一致性，这当然是它们的共同的功利主义特征造

---

① 老舍:《文章下乡，文章入伍》，1941年7月25日《中苏文化》第9卷第1期，《老舍文集》第15卷第469页。
② 毛泽东:《在延安文艺座谈会上的讲话》，1943年10月19日《解放日报》，《中国新文学大系1937—1949》第1集第11页。按这句话经过修订后成为："就应当认真学习群众的语言。"（《毛泽东论文艺（增订本）》，北京：人民文学出版社1992年6月版）

成的。在这个意义上,抗战时期老舍的功利化只是一次预演。尽管它已是一次很重要的预演,但是真正引起严重后果的正式演出还要推延到1949年12月之后。

第二,抗战时期自由主义的轻易弃守传达出这样的信息:在类似的政治空气之中老舍将会再次以功利主义易自由主义。这里"类似的政治空气"是指以国家至上主义为旨归的老舍认为自己必须服从的大局面。后来新中国的成立造就了这样的局面,自由作家瞬即从文坛消失。老舍的身份也在那时从自由作家转变为中国作协、文联、北京市文联等单位的领导人,不但个性化的创作无从继续,而且由于负有一定的政治身份,在绝大部分时间,必须作为文坛的一个重要零件而发挥他的政治作用。新中国时期,老舍有文章《为人民写作最光荣》(1951年9月21日《人民日报》)、《要为目前的政治任务写作》(1951年10月27日《新民报(日刊)》)、《更好地发挥文学艺术的战斗作用》(1963年3月4日《北京文艺》3月号),仅从题目上就可见出仅属于那个时代的功利主义特征。这种功利主义倾向当然首先是因了权威理论的倡导、扶持和客观的政治需要才形成的,但也与作家本人的入世特质、对政治力量的依附性有关。老舍抗战时期之所以轻易地就放弃了山东时期坚守的自由主义立场,一个很重要的原因在于,老舍山东时期的自由主义在很大程度上本就是由于对政治的失望而造就的。既然如此,那么,当这种失望有所解除的时候,当老舍认为自己所处的环境中有一股政治力量确实有利于江山社稷的时候,他的转向也就顺理成章了。在标志老舍抗战初期重要转向的散文《三个月来的济南》中,老舍有言:"政治的力量或者大于文艺。"① 这是很可分析的一句话。从中透露出老舍的立场是如何因为家国之忧从文学本位移向政治本位的。这种明白的以实用为趋赴的政治本位立场又在很大程度上得到中国传统固有的臣民意识的襄助。抗战时期,老舍的鼓词里有"服从最高好领导,万众一心义感天"②"得道者多助,证实了 委员长的苦心孤诣"③ 这样的句子。对于蒋介石作为最高统帅领导全民抗战的成绩和作用,老舍不但赞成,而且由衷地服膺。上引鼓词里的两句话固然由于通俗文艺的宣传特性而不免有着以古语比附今义的牵强,但是这种比附又透露出深藏在老舍人格心理深处的臣民意识。小说《四世同堂》多处出现的祁瑞宣家国之思的内心独白更是将这种意识的因缘情由表述得纤悉无遗。中国古代有"阴虽有美,含之以从王事,弗敢成矣。地道也,妻道也,臣道也。"(《文言·地卦》)的说法,"五四"以来"自主的而非奴隶的"④ 的新人格理想的倡扬对于破除这种依附心理起过很好的作用,老舍山东时期的自由主义倾向即显示了这种叛逆的自

---

① 老舍:《三个月来的济南(续)》,1937年12月6日《大公报》。
② 老舍:《二期抗战》,1938年5月20日《抗战日报》,《老舍文集》第13卷第17页。
③ 老舍:《贺新约》,1943年2月5日《中央日报·扫荡报》联合版。
④ 陈独秀:《敬告青年》,1915年9月15日《青年杂志》第1卷第1号。

主性。然而老舍毕竟与他的祁瑞宣一样，是个新旧两个时代之间的人物、理想和世俗之间的人物，并且，传统性和世俗性在早期教育中构成了他的人格底色。因此，当"国家至上"成为一种无可抗辩的理由主宰了他的身心的时候，对自由主义的离弃竟成了老舍唯一可能的选择。无论是抗战时期还是新中国时期，老舍都是在这个理由之下离弃自由主义的。

第三，老舍的抗战时期与他的中年时期（38岁至46岁）重合，浓重的中年意识很恰当地佐助了他的使命意识的高扬。老舍正是在中年立身、中年立言的心态之下把自己和自己的创作牢牢地维系于时代之旗，并且以此为基础过渡到他的老年时期。1942年夏老舍致梁实秋的信中附了他作的六首七律，诗中的这些句子集中地反映了他当时强烈的中年感——

> 中年喜到故人家，挥汗频频索好茶，
> ……
> 中年喜静非全懒，坐待鹃声午夜收！
> 半老无官诚快事，文章为命酒为魂！
> 中年无望返青春，且作江湖流浪人！①

这样的中年情绪是老舍40岁以前没有流露过的。这样集中地、

---

① 舒济编：《老舍书信集》第139页，第143页。

不加掩饰地表现更是充分说明了老舍当时的身心正充溢着这样一种情绪。中年感对于抗战时期的老舍,主要的作用在于激励。正如他在一些文章和书信中表白的:"我们四十多岁的人,一点也不比他们年轻的气弱,专凭我们这股热烈劲儿,正直劲儿,就使他们无法不尊敬。"① "白发就是白旗,从古至今还没有一个人能不向时间投降的呀!……时间要我们投降给'死',可是我们还没等到时间拔去我们的牙,封闭了我们的耳目,我们自己就先把腿迈到地狱去,这才真可悲哀!"② 即使在剧作中,老舍也借人物之口道出:"别教岁数卡住我们,我们得吓住岁数!"③ 以上所引,言辞之间充满了对生活与事业的热爱和抓紧时间、有所成就的自我鼓舞。很难想象,这就是山东时期那个对周遭的世界满怀忧郁和失望的老舍。而这样的振奋却是与抗战的时代情绪相一致的,也与新中国时期的昂扬相衔接。确切地说,正是抗战时期老舍对自己中年人身份的确认辅助了老舍的自我激励,而这种激励在很大程度上影响了老舍的新中国时期。

第四,由于中华全国文艺界抗敌协会负责人身份的确

---

① 1940年1月20日致郁达夫信,1940年2月21日《星洲日报》,《老舍书信集》第90页。
② 老舍:《给茅盾兄祝寿》,1945年6月24日《大公报》,《老舍文集》第14卷第275页。
③ 老舍:《大地龙蛇》第3幕,1942年1月至2月《文艺杂志》第1期、第2期,《老舍剧作全集》第1卷第356页,中国戏剧出版社1982年9月版。

认,抗战时期才可以被认作是老舍真正进入"文坛"的时期——这个"文坛"的所指有点类似于梁实秋在《编者的话》中的所指。这一次的凭实际工作的努力为"文坛"服务,为"文坛"承认和拥戴,使得老舍有可能并有机会卸去自己山东时期"文坛"旁观者的暧昧身份——差不多仅借幽默作品发言,而有所发言便说明并不是决无发言的欲望——真正站在"文坛"制高点上看"文坛"内部的林林总总、明枪暗箭(唇枪舌剑?)。老舍抗战时期不少文章中对团结问题的强调便应从这一角度进行解读。老舍亲历又不直接参与几次论争的态度也只有从这个角度上看才可以理解得更为透彻一些。"文协"对于全国文艺界团结御侮的功绩有目共睹,因而抗战时期问题的论争之多、之频繁、之激烈,并由此导致的文坛分化之剧更是众所周知。老舍就是在投入对文坛团结事业的热情建设的同时被卷入某些论争的。我们也不可能想象身为"文协"负责人的老舍对抗战文坛的许多意气之争、宗派之争、人身攻击居然会毫无觉察或者无动于衷。由于老舍特殊的身份,从老舍的文章中,我们固然更多地读到他对文协团结气象的赞美[①],但在字里行间我们同样可以读

[①] 见《关于文协的工作——致周扬》(1940年2月16日《文艺战线》第1卷第6期)、《抗战以来文艺发展的情形》(1942年7月、8月《国文月刊》第14、15期)、《五年来的文协》(1943年3月27日《抗战文艺》文协成立五周年纪念特刊)等文。

到老舍对某些无谓的文坛争斗或吹毛求疵、有碍于精诚团结的文坛现象的不满。如1940年5月致郁达夫的信中,老舍语气激烈地说:"我希望海外各地的文人也都能这样,把私心与疑心去掉,不说别的,只谋抗日!假若今日说东,明日说西,早上疑神,晚上疑鬼,必至一事无成,而根本耽误了抗日!认清了敌人,消灭敌人,别的都是多事!"[1] 1943年初,老舍在总结1942年文艺界现象时更明确地指出,当时有"一二有名无实的作家,因妒忌与无聊曾经写出诟骂别人以抬高自己身价的小文"[2] 的不和谐音的存在。抗战时期,老舍身处文坛要津,又与文坛论争的几个焦点人物如梁实秋、胡风关系莫逆,对京派文人如沈从文等则保持着不错的印象,并有着良好的私交。鉴于这样的情形,老舍对于后来严重影响中国文学走向的宗派问题不会不有所发觉。二十世纪中国文学的宗派问题发端于二三十年代,又分别在1936年前后、抗战后期形成了两个高潮,并终于在五六十年代酿成灾难性的后果。宗派问题的存在固然是中国现代文学和中国现代作家不成熟的直接表征,也与这一时期中国文学的过于政治化和功利化有着密切的关系。老舍是个自始至终自觉地居于宗派之外的作家,但是宗

---

[1] 老舍:《国内文人的团结——致郁达夫》,1940年6月19日《星洲日报》,《老舍文集》第15卷第582页。
[2] 老舍:《对三十二年文艺界的希望》,1943年1月4日《中央日报》,《老舍文集》第15卷第584页。

派的以及类似的缺乏理性的文坛内耗也在老舍逐渐政治化的过程中对老舍的思想、行为乃至创作构成了一定的副作用。新中国时期，老舍对团结问题的强调就是建立在他对宗派问题的意识之上的，而这一意识同样必须追溯到抗战时期。

第五，"文协"负责人的身份同时把老舍带入了这样一个情境——用他自己的话说——"事忙，文章写不出"[①]；"越忙越写不出东西来"[②]。一个"忙"字道尽了一切。由于杂多的日常事务，老舍无法作为"写家"安心从事文学创作，这是抗战带给老舍的又一大困惑。老舍固然本着"国家至上"的原则和宗旨，以他的勤勉至少在表面上克服了这一难题，但难题事实上并未解决，并且将在新中国时期继续困扰他。老舍对于自己的克服有过这样的陈述："军队里唱的歌，街头上演的戏，报纸上的报告文字，宣传的小册子……战地服务团、宣传队、伤兵医院、难民收容所、各地的游击队……那些服务与操作，也许把写作的时间占去，把撰著的精力占用，成全了工作，而耽误了文艺。可是谁去管呢，抗战根本是肉血相拼的事，力量用在手上和用在脚上是一样的"[③]。老舍当时的忙碌情状，最真实的记录莫过于那些署名"总务部"的《会务报告》《总务

[①] 1938年10月19日致胡风信，《老舍书信集》第80页。
[②] 老舍：《未成熟的谷粒》，1942年2月5日、9日、14日《新蜀报》，《老舍文集》第14卷第169页。
[③] 老舍：《保卫武汉与文艺工作》，1938年7月9日《抗战文艺》第12期，《老舍文集》第15卷第340页。

部报告》《总务部账目公布》了。从那些琐碎的账目、会务报告、会刊通讯、活动简述中,老舍的勤勉历历在目;而从另一面看,确实正是这些事务占用了老舍大量的创作时间和精力。我十分同意陈思和先生关于知识分子"岗位意识"的阐述:"知识分子的岗位也就是他的精神家园。……现代社会知识分子道统与学统分离以后仍然会有他的安身立命之处。"[①] 老舍抗战时期并新中国时期的大量岗位之外的琐碎劳作自然不是没有意义的,恰恰相反,它们明白地传达出老舍的爱国心和公益心。但是,老舍为这些劳作殚精竭虑的热忱同时对他以作家的身份建设二十世纪中国文学的事业形成了冲击,这是更可顾虑的。这种冲击在抗战时期已经有了非常明显的征兆,到新中国时期更是极大地阻滞了作家创作潜能的发挥。在这个问题上,历史确是给我们提供了深刻的教训。徐城北先生撰文说,梅兰芳建国后担任了包括全国人大代表、全国政协常委在内的许多重要社会工作,身不由己,终于死于心力交瘁。噩耗传来,盖叫天说:"我总以为,一个唱戏的,如果累死在台上,那是他的本分。如果累死在总结自身艺术经验当中,也很好,或者更好。梅大爷累死在开会一类不是他能适应的活路儿当中,还值

---

① 陈思和:《关于人文精神的独白》,《犬耕集》,上海:上海远东出版社1996年2月版。

得吗?"① 新中国时期,梅兰芳和老舍成为好友,二人经常一起参加各种社会活动。以上轶事充分证明老舍的因参与政务、公务影响创作决不是孤立现象。又唯因其不是孤立现象,才更值得我们深长思之。

第六,老舍抗战时期开始熟悉了一种"命题作文"式的写作方式,这种写作方式也可以被认作对新中国时期写作的"预习"。老舍成名于三十年代前期,山东时期即有为约稿而改变写作路数的经历。例如他曾经这样说明自己大量创作短篇小说的动机:"《五九》最早,是为给《齐大月刊》凑字数的。《热包子》是写给《益世报》的《语林》,因为不准写长,所以故意写了那么短。……赶到'一二八'以后,我才觉得非写短篇不可了,因为新起的刊物多了,大家都要稿子,短篇自然方便一些。"② 从这陈述可以看出,影响老舍山东时期创作的外来约稿主要地是在篇幅上和数量上对老舍提出要求,并不涉及内容。正因为这些稿约不涉及内容,约稿的刺激对作家创作的主要作用是正面的。例如上面引文中老舍自陈正式创作短篇小说是为了满足为刊物"凑字数"的要求;再如老舍接着又说:"工夫不易找到,而索要短篇的越来越多;我这才收起'写

---

① 徐城北:《梅兰芳百年祭》,引自《"文化领衔"——梅兰芳晚年的悲剧》,1996年12月2日《报刊文摘》。
② 老舍:《我怎样写短篇小说》,1936年1月1日《宇宙风》第8期,《老舍文集》第15卷第195页。

着玩',不能老写笑话啊!"老舍自己指出,这样为刊物认真创作的短篇小说包括《大悲寺外》《微神》《柳家大院》《歪毛儿》等17篇。① 抗战时期老舍面临约稿的情形却不同,不但在量上远远超过山东时期,而且更多地是从题目到内容都作了规定的。老舍对此有一句值得玩味的牢骚,叫"文章作我"②,一语道尽了写这类作品和文章的被动感。抗战初起,老舍本着难以抑止的爱国激情,"人家要什么,我写什么。"③但是"慢慢的,要求越来越多了,你要鼓书,他要旧剧",他便"强迫自己""把出力与实用放在最前面"④。这种倾全力投效抗战事业的热忱和牺牲精神促使老舍在最大限度上放弃了自我。为此,老舍甚至说:"我的作品已被凌迟,不错;可是,我究竟没有闲着:写鼓词也好,写旧剧也好,有人要我就写,有用于抗战我就写。"⑤ 以这种"命题作文"的方式,老舍不但写作了大量鼓词、旧剧、短文,而且创作了话剧《残雾》《国家至上》《张自忠》《大地龙蛇》等。这些作

---

① 老舍:《我怎样写短篇小说》,1936年1月1日《宇宙风》第8期,《老舍文集》第15卷第195页至196页。
② 老舍:《最难写的文章——多鼠斋杂谈之五》,1944年11月5日《新民报晚刊》,《老舍文集》第14卷第587页。
③ 老舍:《这一年的笔》,1938年7月7日《大公报》,《老舍文集》第14卷第135页。
④ 老舍:《制作通俗文艺的苦痛》,1938年10月15日《抗战文艺》第2卷第6期,《老舍文集》第15卷352页。
⑤ 老舍:《又一封信》,1940年2月《宇宙风》第21期,《老舍文集》第14卷第165页。

品无不以宣传性、时效性为它们的首要特征。仅从出题——调查——写作的操作程序看，它们无疑正是老舍新中国时期的应命之作《龙须沟》《柳树井》《春华秋实》《青年突击队》《西望长安》《红大院》等的前奏。老舍说："为稍稍尽力于抗战的宣传，人家给我出什么题，我便写什么，好坏不管，只求尽力"①。"好坏不管"的功利主义倾向正是这种"命题作文"的方式注定了要导致的一个结果。

第七，抗战时期是老舍的政治态度明朗化的重要时期，这是一个对于老舍新中国时期的文艺态度影响攸关的事件。抗战以前，政治一直是老舍关心的一个维度。他主要是以民生问题为着眼点表示他的政治关怀的。这十分明显地体现于老舍山东时期的代表作《骆驼祥子》《月牙儿》《我这一辈子》中。然而由于老舍无党派自由文化人的身份，这种关怀表达得远不如左翼作家那么强烈和执著，尽管从"出身"看，老舍堪称二十世纪中国作家中最为"苦大仇深"的之一。（正因为此，即使上面列举的体现老舍民生关怀最明显的三部代表作中依然同时体现出老舍在命运问题上的某种玄思。）抗战时期则大不相同。当老舍一进入抗战文坛这个环境，先前借以疏离政治的无党派自由文化人身份就被恰如其分地用作了各种政治力量借助的最佳原

---

① 老舍：《〈火葬〉序》，1944年1月9日《扫荡报》，《老舍文集》第3卷第339页。

因。老舍同时与周恩来、冯玉祥建立的亲密友谊和因此确立的老舍"文协"负责人的身份①使老舍在"国家至上"的大前提之下初次为政治所用,而老舍也就此开始逐渐"向左转"。这八年多与中共领袖人物(主要是周恩来,也包括一些文艺界首脑)的近距离接触是老舍"向左转"的直接原因,而隐匿于这直接原因之后,尚有一些须要查究的间接原因。首先,老舍对国民党政府轻视民瘼的反感固已有之。除了上述山东时期老舍借作品表述这种反感,抗战时期老舍继续关心着这一问题,并且时常诉诸笔端尖锐的批评和指嘲。例如《吊济南》:"人家以经济吸尽我们的血,我们只会加捐添税再抽断老百姓的筋。对外将亲善,故无抵制;对内讲爱民,所以大家不出声为感戴。"② 批评之余,老舍同时怀着美好的愿望进行规劝:"得民者昌,失民者亡;事尚可为,过勿惮改。"③ 这种批评、指嘲和规劝在抗战初期更多一些,渐渐地随着国民党政府抗日的坚决而淡化,或由对政府的笼统批判改作对个别腐败官僚的指责。即便如此,像《残雾》这样的作品仍撞上"暴露和讽刺"的暗礁并终于被

---

① 于志恭:"恩来同志在二月十四日的一次与冯先生会晤中,请冯支持成立'文抗',并推老舍负责筹建工作,冯先生慨然应允。"(《新文学史料》1983年第2期)吴组缃:"据我所知,当初'文协'在筹备中,总理就说,'要老舍来主持,别人都不如他合适。'这个建议不只考虑了'天时',也考虑了'人和'。"(《〈老舍幽默文集〉序》)以上均转引张桂兴:《老舍年谱(修订本)》(上册)第224页,上海:上海文艺出版社2005年5月版。
② 1938年1月《大时代》第3号,《老舍文集》第14卷第99页。
③ 老舍:《〈泰山石刻〉序》,《老舍文集》第15卷第324页。

取缔。① 其次，抗战时期，老舍身处"陪都"，接近权力中心，目睹耳闻种种"怪现状"，尤其亲身感知人身、言论的不自由，不民主，这大大激发了老舍的左倾情绪。当局的文禁政策在山东时期就给老舍带来过深深的苦恼。为此，他曾借《一天》（1933年1与1日《论语》第8期）、《钢笔与粉笔》（1935年12月15日《益世报》）、《理想的文学月刊》（1937年5月25日《谈风》第15期）等予以嘲讽。而在抗战时期中共与战、全民总动员的情势之下，尤其是抗战后期民主声浪日渐高涨的时候，国民党的思想箝制更是变本加厉。上述包括《残雾》在内的116种剧本的取缔即是表征之一。在高压政策下，身为"文协"负责人的老舍曾带头抗议当局对鲁迅纪念会的冲击，曾出面为营救被捕的进步作家而奔走，曾在文章的开篇义正辞严地宣告："我盼望总会有那么一天，我可以随便到世界任何地方去，而没有人偷偷的跟在我的背后，没有人盘问我哪里去和干什么去，也没有人检查我的行李。那就是我的理想世界！在那个世界里，我爱写什么便写什么，正如同我爱到何处去便到何处那样。"② 这样环环相扣的民主祈望的必然结果

---

① 1943年9月《新民报》、1944年1月24日《新华日报》消息：国民党中央图书审查委员会公布《取缔剧本一览表》，禁止上演和出版116种剧本，包括老舍的《残雾》。因而，1944年8月1日，老舍在致苏联作家协会阿波列金和苏契科夫的信里写道："很遗憾，我没能给你们寄去我的作品《残雾》，因为第一版已经售完，而第二版又被当局封为禁书。"（《老舍书信集》第149页）
② 老舍：《梦想的文艺》，1944年12月《抗战文艺》第9卷第5、6期合刊，《老舍文集》第14卷第595页。

就是，老舍"喊出了他早已埋在心里的话：/'你们要是不想要，我就扛着"文协"的牌子上延安！'"① 再次，与此同时，中国作家贫病交加的生存现状强化了老舍对腐败政治的失望。"文协"八年，老舍几乎是在会务报告、各种关于"文协"的公文和自己的散文中连续不断地重复着一个话题，即"文协"经费的拮据和作家们的困窘。极而言之的，有这样的发言："有的写家生病，一家断炊；有的写家死亡，全家也跟着饿死；有的写家自前线或沦陷区域逃来，无衣无食；有的写家惨遭不幸，家破人亡；这些，都应当救济，而文协无钱，爱莫能助。"② 而这竟是对当时中国作家窘迫生活情状的直叙而已。叶紫、江村的早殇（叶：1939 年 10 月 5 日；江：1940 年 5 月 23 日），沈西苓、缪崇群的夭折（沈：1940 年 12 月 17 日；缪：1945 年 1 月 18 日），洪深一家的服毒自杀（未遂，时间是 1941 年 2 月 5 日），万迪鹤、王鲁彦的逝世（万：1943 年 1 月 12 日；王：1944 年 8 月 20 日）……关乎中国作家身家性命的一出出惨剧接连发生，"文协"在《新华日报》等单位的协助下不断发起援助活动，老舍成为当然的组织者和参与者。这些事件和活动构成老舍"向左转"的又一层背景。1959 年，在建国十周年大庆之际，老舍写道："您看，由旧社会过来的作家多不多？不多。为什么不多？因为国民党当局对作家格外'优待'，几乎每个

---

① 舒乙：《老舍》第 99 页，北京：人民出版社 1986 年 8 月版。
② 老舍：《怎样维持写家们的生活》，1940 年 2 月 20 日《星洲日报》，《老舍文集》第 15 卷第 404 页。

作家都有个特务'保护'着。一来二去，作家就被'护送'到监狱或集中营去，'享受'毒刑与杀戮。那幸而没有被'护送'进去的，生活有没办法。国民党当局原意略施小惠，以低价收买作家的灵魂。可是作家不肯接受嗟来之食。他们宁愿忍饥受冻，也得保住灵魂的纯洁。在这种无情的迫害下，作家怎会多起来呢？"① 这基本上是老舍在抗战八年身处文坛要津亲闻亲历的事实。由这些事实反衬出老舍投身新中国新事业的发自肺腑的真诚。最后，老舍战时对于困顿生活的感受同时出自自身对窘迫生计的体认，这种体认至少是强化了老舍对国民党政府文化政策和经济政策的反感。抗战时期的大多数时间，都是老舍独自一人漂流在外，以勤奋为自己解决生计问题。对于战时生计的窘迫，老舍在《生日》（1939年4月1日《弹花》第2卷第5期）、《成绩欠佳，收入更欠佳》（1942年5月1日《文风》创刊号）、《在乡下》（1942年5月25日《大公报》）、《文牛》（1944年11月《华声》创刊号）和《多鼠斋杂谈》系列小品（1944的9月1日至12月24日《新民报晚刊》）等文章以及致胡风（1938年10月19日）、郁达夫（1940年6月19日）等友人的书信中屡次谈及。可以说，这一苦恼是贯穿老舍抗战时期始终的，而在1940年之后日渐烦剧起来。老舍在战后回忆说："从二十九年开始，大家开始感觉到生活的压迫。四川的东西不再便宜了，而是一涨就涨一倍的天天往上

---

① 老舍：《十年百花荣》，1959年9月2日《光明日报》，《老舍全集》第15卷第41页。

涨。我只好经常穿着斯文扫地的衣服了。我的香烟由使馆降为小大英,降为刀牌,降为船牌,再降为四川土产的卷烟——也可美其名曰雪茄。别的日用品及饮食也都随着香烟而降格。"① 这样细致的陈述若不是亲身经历是难以作出的。类似的陈述还见于《何容先生的戒烟》(1942年6月25日《新民报晚刊》)中。系列小品《多鼠斋杂谈》更是从"戒酒""戒烟"一直写到"戒茶""戒荤"。战时的艰苦生活,当然首先须归于敌方的干扰和封锁,但也不可避免地关乎政府的无能。这种无能主要体现于一种灾难性的通货膨胀②,并且类似的货币贬值和物价飞涨一直持续到抗战之后。这样的经济政策、同时(因此?)发生的官僚腐败、人民负担日益沉重、知识阶层贫困化,逐渐将国民党政府推入绝境。二十世纪的中国历史地选择了中国共产党,老舍就是在这样的历史契机中"向左转",走入新中国时期的。更开阔地看,这个历史的转折应归属于整整一代中国现代知识分子:中国文学就是在这样的情境之下整个儿地为政治覆盖的。

---

① 老舍:《八方风雨·九 由川到滇》,《老舍文集》第14卷第300页。
② 这是《剑桥中华民国史》第2部第11章(易劳逸)中的一个小标题。此节对抗战期间扶摇直上的通货膨胀率有一个注解:"零售价格年增长率为:1938年,49%;1939年,83%;1940年,124%;1941年,173%;1942年,235%;1943年,245%;1944年,231%;1945年1—8月,251%。"又,同书第13章(苏珊娜·佩珀):"从1937年到1945年8月,平均价格上涨了2000倍。"([美]费正清主编:《剑桥中华民国史·第二部》第638页,第805页,章建刚等译,上海:上海人民出版社1992年9月版)我想这一系列数字可以更直观地说明老舍面临的经济困扰。

第八，抗战时期的话剧创作实践为老舍新中国时期以剧作家身份立足于中国文坛作了准备。这几乎是一个极端陈旧的话题。但是话题的陈旧同时意味着它的不可忽略，而且这中间并不是没有不可再分析的问题。老舍由小说家主动转变成剧作家，这种身份的转变首先是策略的，同时更是功利的，这就决定了老舍的话剧作品在总体上并不具备与曹禺那样的剧作家相比论的实力。老舍首先是一个小说家，并且主要以小说的成功在二十世纪中国文学史占据不可动摇的地位。正因为此，即使在建国后作为一位有着突出成就的剧作家的老舍依然会为回归小说而心驰神往。与此相参阅的事实是，老舍最成功的话剧创作，同样也是"十七年"中国话剧的巅峰之作《茶馆》只有在新时期复排公演的时候才得到了公正的评价。

第二节 作为潜伏期：因抗战时期论老舍之死

以上从八方面评述了老舍抗战时期对于他的新中国时期在文艺思想、政治理念、文学身份等方面的适应性影响。抗战时期之理解对于老舍之死之理解的影响则至少可以从以下五方面予以体认。

第一，抗战时期是老舍心之深处浓重的绝望情绪空前消解的时期。这种绝望的消解和释放由于带有一定的盲目性，故而承受不起实际存在于二十世纪中国历史内部、难以祛除的否定因素的重压。而一旦当否定因素层层积郁，终于在六十年代后半期以"文化大革命"的异常形态全面展露时，老舍几乎来不及作一个抵御的姿势便被击倒。新中国时期，老舍对于大部分时间占上风的极左政策、对于自己的迷失不是没有过检讨和清理；而且，正如上文分析过的那样，类似的检讨、清理和回归实际上从抗战时期的1941年前后就开始了。但即便是这样，老舍的质疑依旧是一种已经在根本上解除了戒备之后的质疑。正因为如此，1966年8月23日，尽管已经敏感地说出："欧洲历史上的'文化革命'，实际上，对文化和文物的破坏都是极为严重的，"甚至预言："又要死人啦，特别是烈性的人和清白的人"[1]，但还是一出院即"急着要上班参加运动"[2]；而此前，老舍亦曾与茅盾等老作家讨论，并由老舍执笔，联名致信毛泽东，表示要积极参加"文化大革命"运动，并主动要求降薪三分之一到一半[3]。这些事件的发生使接踵而至的"八·二三"殴斗、"八·二四"老舍之死不折不扣地成为一个不可挽

---

[1] 舒乙：《老舍最后的两天》，《老舍最后的两天》第234页，广东广州：花城出版社1987年10月版。
[2] 舒乙：《老舍》第178页至第179页，北京：人民出版社1986年8月版。参见曹菲亚：《国之瑰宝》，《北京文学》1986年第9期；谭谊：《老舍先生蒙难目击记》，《北国风》1992年第8期。
[3] 胡絜青：《党的阳光温暖着文艺界》，转引张桂兴：《老舍年谱修订本（下册）》第1121页，上海：上海文艺出版社2005年5月第2版。

回的冤案，从事件与事件的反差之巨即可揣测作家心态的落差之巨。这就是老舍最后的绝望随着二十世纪中国历史进入疯狂年代如期而至的过程。老舍之死，首先是一个历史事件，是二十世纪中国作家因脆弱、轻信、背负之使命感过重、经历和感受之时势过艰、解除负担和绝望之期望过切而导致的宿命的一个缩影。这宿命在不同背景、不同性格、不同处境的作家身上有不同的表现。表现于老舍，则是义无反顾的"舍身"，是在他的文学世界里早已预演过多次的决然自杀。老舍之死的直接原因固然在于"文革"，在于"八·二三"殴斗，但是从心理因素考虑，追溯到山东时期的绝望情绪和从抗战开始的绝望情绪的消解正是非常必要的。

第二，抗战时期是老舍把基督教的牺牲精神、儒家"有杀身以成仁"（《论语·卫灵公》）的气节观念切实贯彻到一切日常言行的重要时期。老舍是基督徒，同时是个士大夫气相当重的人，这些都得自他受的早期教育。不可否认，牺牲精神和气节观念是需要条件才得以实践的人格原则。这里所谓的条件即是须面临某些需要义利抉择、得失抉择，乃至生死抉择的时刻。战争中大后方的环境虽鲜有生命之虞，然而相对于和平年代，确是面临诸多新的挑战和考验。从抗战时期的文字及具体言行都可分析出，抗战时期正是老舍刻意强调牺牲精神和气节观念并履践之的重要时期，又正是这种强调与实践为老舍的最后抉择提供了实在的心理准备。在战事初起时，老舍即抱着

"尽忠就难以尽孝""成仁取义，难以面面俱到"① 的信念弃妇抛雏，自动地奔赴国难，同时激励他必须出走的是这样的念头："一个读书人最珍贵的东西是他的一点气节。我不能等待敌人进来，把我的那点珍宝劫夺了去。"② 对于战争期间的弃自由主义就功利主义、弃小说写戏剧、弃新文艺写通俗文艺以及忍受种种贫与病的煎熬，老舍每每只用"牺牲"二字加以解释："牺牲了文艺是多么狠心的事呢？"然而却能"因着鼓励而感到牺牲是必要的"③；"四年来，我已没有了私生活"，但认定"至少须消极的把受苦视为当然"④。只有在对这种琐屑的牺牲习以为常，甚至将它们视为理所当然的条件下，只有在对牺牲和气节深思熟虑的前提下，才有可能发生如下事件，即1944年日寇兵临城下之际老舍坦然道出"滔滔江水便是我的归宿""跳江之计是句实谈，也是句实话"⑤。我们也只有理解了1944年老舍的这一次生死抉择，才可以谈得上去分析1966年老舍的最终抉择。抗战时期，老舍有言："把自己牺牲了，以求民族的永远独立自由"⑥；"凡是为抗战舍掉自己的性命

---

① 老舍：《答友人书》（1938年初），《老舍书信集》第68页、第69页。
② 老舍：《八方风雨·二 开始流亡》，《老舍文集》第14卷第280页。
③ 老舍：《制作通俗文艺的苦痛》，《老舍文集》第15卷第352页。
④ 老舍：《自述》，1941年7月7日《大公报》，《老舍文集》第14卷第183页。
⑤ 萧伯青：《老舍在北碚》，《新文学史料》1979年第2辑；老舍：致王冶秋信，《老舍书信集》第156页。
⑥ 《抗战以来文艺的展望》，1938年5月10日《自由中国》第1卷第2期，《中国抗日战争时期大后方文学书系·第一编 文学运动》第184—185页。

的，便是延续了国家的生命"①；"凡是要救世的都须忘了自己，丧掉了自己的生命"②，并留下小说《蜕》《一块猪肝》《浴奴》《人同此心》《火葬》《四世同堂》、话剧《国家至上》《张自忠》《大地龙蛇》《谁先到了重庆》《桃李春风》等一批弘扬牺牲精神、标举民族气节的作品。这都有助于我们体悟老舍最后的话："又要死人啦，特别是烈性的人和清白的人。"

第三，抗战时期是老舍全面强调文学之重的时期。这一方面是因为抗战时期的自由主义与功利主义的撕扯迫使老舍深化了山东时期已有过的文艺理论思辨，继而痛感文学在他生命中所占的重要位置；另一方面是因为，战时生活的艰辛和创作的艰辛从反面激励了以牺牲为荣的老舍努力精进的信心和决心；同时还因其时老舍已过中年，对自己的创作有了相当程度的自信——老舍曾经以一种自谦的形态表述这种自信："除了写作，我不会干别的"③——因此更有一种已经把人生胶着于文学，彼此相依为命的感怀。抗战时期，老舍发自肺腑地说出："我是干文艺的人，只要在文艺上有所获得，便是获得了生命中最

---

① 老舍：《悼赵玉三司机师》，1942年1月12日《中央日报》，《老舍文集》第14卷第215页。
② 老舍：《大智若愚》，1945年3月《抗战文艺》第10卷第1期，《老舍文集》第14卷第271页。
③ 老舍：《文艺与木匠》，1942年8月16日《时事新报》，《老舍文集》第14卷第228页。

善的努力与成就,虽死不怨。"①"文艺是一辈子的事,是玩命的事,是硬碰硬的事,用不着手段,更不准取巧!"②"文艺决不是我的浮桥,而是我的生命。"③这感怀和誓言来自20年的辛勤笔耕、流徙动荡、覃思苦撑,它们支持老舍度过了充满困顿的抗战时期,却在新中国时期极"左"的文艺政策的碰撞下黯然搁浅。抗战中,老舍说:"文艺——不管是写出来的还是口传的——老不会死亡。文艺出丧的日子,也就是文化死亡的时候。"④老舍对文艺事业的这一理解有助于我们进一步破解老舍之死的原因。

第四,抗战时期是老舍以"国家至上"的信念指导自己一切行为的时期。对这一点似乎已没有必要作更多的阐述。唯一须再次强调的是,正是在1966年8月23日的恐怖遭遇中,老舍的国家至上主义受到最无情的嘲弄,他的最强烈的自尊被所谓"卖国"的罪名⑤与毫无人性的殴打摧毁,老舍正是在这样

---

① 老舍:《自述》,1941年7月7日《大公报》,《老舍文集》第14卷第183页。
② 老舍:《参加郭沫若先生创作二十五年纪念会感言》,1941年11月21日《时事新报》,《老舍文集》第14卷第194页。
③ 老舍:《自谴》,1941年7月7日《新蜀报》,曾广灿、吴怀斌编:《老舍研究资料(上)》第165页。
④ 老舍:《我有一个志愿》,1944年2月15日《新民报晚刊》,《老舍文集》第14卷第255页。
⑤ 参见杨沫:1966年11月16日日记,《自白——我的日记》,广东广州:花城出版社1985年4月版;张林琪、白瑜:《宁折不弯——追记老舍死前的一幕》,1986年8月20日《文汇报》;林斤澜:《"红八月"的"八·二三"》,《随缘随笔》,北京:群众出版社1993年11月版。

的恐怖之后径直奔向他的生命终点的。

第五,抗战时期是老舍的自由主义文学理念第一次受到严峻考验的时期。对于这一时期老舍在自由主义问题上的波折与回归的艰难,上文已一再述及。这种艰难的回归使得以后可能的回归更其艰难(阻力更大,因为又来自自身和来自既往),同时回归之前轻易的迷失也兆示了以后的再次迷失的可能性。可以说,老舍之死同时是文学自由主义在笼罩于二十世纪中国文学上空久久不散的文化环境与社会环境阴霾下被压抑、被扭曲、被扼杀的一个个例。以《文学概论讲义》为标识,自由主义作为山东时期老舍文学观念的显在特征,已经通过一批成功之作为世界所认可。与此同时,与老舍关系不错的京派作家群以及他们的作品的存在证实了自由主义作为一种具备个性和支撑力的文学观念已经在二十世纪中国文坛占据一席之地。自由主义在二十世纪中国文学史的全面崩溃与抗战的全面爆发同步,自此以后直至八十年代仅在少数理论家和作家的坚守中存在。"京派"的灵魂人物之一朱光潜四十年代的《文学上的低级趣味》《自由主义与文艺》等就是这种坚守的精彩发言——

……自由是文艺的本性,所以问题并不在文艺应该不应该自由,而在我们是否真正要文艺。是文艺就必有它的创造性,这就无异于说它的自由性;没有创造性或自由性底文艺根本不成其为文艺。文艺以外底某一种力量(无论是哲学底,宗教底，道德底或政治底）奴使文艺，强迫它走这个方向不走那个方向；因为如果创造所必需底灵感缺乏，我们纵然用尽思考和意志力，也决定创造不出文艺作品，而奴使文艺是要凭思考和意志力来炮制文艺。①

朱光潜的发言当然是有所针对的，为此他同样理所当然地受到了来自左翼的声色俱厉的批判，并随着文学功利性、工具性步步升级的强调而被湮没。第二次世界大战被乔治·奥威尔称为"党同伐异的时代，而不是超脱的时代"，"独立自主的个人已开始不再存在的时代"②，可见类似的政治对文学的侵入并不限于中国（甚至中国在奥威尔的理解中还是个可以寄予"虔诚的希望"③的国度），老舍的顿挫在这样的背景之中甚至显得过于微不足道。但通过对老舍的抗战时期生命历程的解读，我想我们确实可以在分析作家坎坷的生之旅和心之旅的一个重要阶段的同时，也可以为二十世纪中国文学史的走向提供一个更为生动的理解。

在追问并试图回答过老舍抗战时期与新中国时期，尤其是

---

① 朱光潜：《自由主义与文艺》1948年8月6日《周论》第2卷第4期，《中国新文学大系1937—1949》第2集第775页。
② [英]奥威尔：《文学和极权主义》，董乐山译，董乐山编：《奥威尔文集》第134页、第137页，北京：中国广播电视出版社1997年6月版。
③ [英]奥威尔：《文学和极权主义》，董乐山译，董乐山编：《奥威尔文集》第134页、第137页，北京：中国广播电视出版社1997年6月版。

最后抉择的关系之后,关于老舍山东时期的梳理与问答也可以告一段落了。正如上文曾一再指出的,老舍的抗战时期与他的新中国时期、老舍的抗战时期与二十世纪中国文学经历的同一时期,它们的关系是互动互融的,是一体的。将"老舍"、将"抗战时期"单独拆离出来,只是为了从局部入手或许可以更清晰地解析全体。我希望这一程烦琐的工作基本上讲清楚了这一个局部,并揭示了局部与全体的一些基础关联。

西望长安：新中国时期论

> 一为迁客去长沙，西望长安不见家。
> 黄鹤楼中吹玉笛，江城五月落梅花。①

这是李白因李璘案流放途中留下的伤情之作：报国无路，壮志难酬，西望帝都，不见归途，只有悠悠笛声里的五月寒梅替诗人诉说着满腹委屈。

李白大概没有想到，"西望长安不见家"，是因为家本来就不在长安。中国文人，因为太习惯于当附庸、为幕僚，以至于常常把那工具的角色当成了自己的本分，把长安当成了自己的家，到头来，则往往政事文事两不遂意，人生的失败似早于冥冥中注定。李白当然更不会想到，千余年之后，有一位中国文人把他这行诗句用作了一出肃反话剧的名字②，而且，并不完全是自谦，作者"以'西望长安'四字表示不好——不佳"③。背

---

① 李白：《与史郎中钦听黄鹤楼上吹笛》。
② 老舍曾声明反对把《西望长安》当肃反剧本看，"我是要写讽刺剧"（《有关〈西望长安〉的两封信》，《人民文学》1956年5月号），但由于时代的原因，《西》剧终于还是写成了一出仅仅是有些讽刺意味的肃反剧。
③ 老舍：《有关〈西望长安〉的两封信》，1956年5月8日《人民文学》5月号，《老舍全集》第16卷。

景事实是,老舍在把自己的整个身心与政治任务结合起来,以宣传任务为己任时,已经失落了他赖以安身立命的文学家园。贾谊迁谪长沙,李白坐罪夜郎,屈子抱憾汨罗江,老舍沉冤太平湖,一千年又一千年,中国知识分子在道与势之间挣扎,总脱不开"迩之事父,远之事君"(《论语·阳货》)这个死扣。

老舍的新中国时期与文学史上被称为"十七年"的1949年至1966年的时间段基本上相重合。略微有所区别的是,老舍的新中国时期开始于1949年12月9日他从美国辗转回到故土的时候,这时中华人民共和国已经成立;而老舍新中国时期的结束是在1966年8月24日他自杀的日子,这时候"十七年"已经遁入"文革"。

对于由国统区的臣民突转为新中国的主人的大多数现代作家,1949年的确是个可记念的年头:从此他们的人生被纳入了一个全新的生活环境与意识形态,被恭奉为作文新的圭臬的则还是那句被改头换面后的"文章合为时而著,歌诗合为事而作"(白居易:《与元九书》),在大气候的要求和作家士意识的重新萌发的共同作用下,作为新中国的主人的新文学作家在很长一个历史时期却很难成为文学的主人——一个个都是西望长安,难觅家园。

我相信老舍之死还是一个可以继续开掘的课题,他的死因中,新中国时期失落文学家园的苦楚迄未受到充分注意;我也相信老舍最后十七年里"西望长安不见家"的迷惘,因为具有特别的代表性,有必要引起我们更多的重视。

○第十章 狂喜中的改造

还是得从头来看起。创作的迷失也好，修正也好，文艺思想的急转也好，回溯也好，自诘自询中寻找出路也好，都连着那个把他带迷了路的由头。作家的创作思想是其文艺思想的具体化现实化，梳理一个作家的创作历程，首先要分析他的文艺思想，而文艺思想则导因于作家的社会思想与人生态度。就老舍来说，新中国时期，他的思想首先经历的是彻底改造的狂热冲动。

第一节 激动

诚如老舍自己谈到的——那时也叫"表态"——回国后的思想巨变"来自对新社会的观察与热爱"，是因为"确是亲眼看见，亲耳听见了革命的事实"，因为"亲手摸到了革命"①。没有理由怀疑这一表态的真实程度。曾经在童年饱经忧患，在中年颠沛流离的老舍，随着生命历程踏入50岁（进入老年），终于回到了阔别14年的故乡，有了切实的生活保障；在白色恐怖下没法写出心腹话来的老舍，"得到了一个文艺工作者应得的

---

① 老舍：《为人民写作最光荣》，1951年9月21日《人民日报》，《老舍全集》第14卷。

尊敬与重视",受到政府从生活到疾痛到心灵的无微不至的照顾①;以故乡北京为代表,城市乡村百废俱兴,经受过旧秩序伤害的老舍便理所当然地认为终于是"见到了良好的社会秩序,与幸福生活的开端"②了。一时间,他的精神状态变得分外亢奋。并不完全是由于这样那样的外来要求,他逢人便说新社会好,新政府好,共产党好。感激与狂喜充填了老舍整个的心灵,又从内心深处汩汩涌出,流淌成一篇又一篇虽艺术价值不高却一定是豪情万丈的文字。老舍也不惜为了一项又一项政治任务投入(有时毋宁说是抵押进)自己的整个艺术生命,理由出奇地简洁明了:"政治热情激动了创作热情,我非写不可,不管我会写不会"③;"我必须拿出些思想教育,加强文艺的影响,不这样,我就觉得有点对不起社会"④。

理智的缺席预酿了苦酒,老舍却不大觉察,有时是偶有觉察也轻轻放过了。其实,提倡"双百方针"的年月,老舍对自己五十年代初的政治幼稚已经有所发现,比如,在杂文《三言两语》(1957年4月21日《文艺报》第2期)和《有理讲倒

---

① 老舍:《感谢共产党和毛主席》,1951年6月26日《光明日报》,《老舍全集》第14卷。
② 与曹禺联名:《致美国朋友信》(1952年9月),舒济编:《老舍书信集》,天津:百花文艺出版社1992年6月版。
③ 老舍:《生活,学习,工作》,1954年9月20日《北京日报》,《老舍全集》第14卷。
④ 老舍:《学习当先》,1951年3月4日《人民日报》,《老舍全集》第14卷。

人》(1957年5月13日《中国青年报》)中,他就曾反复陈言"我们的民主生活还没有很长的历史",要求青年为造成民主社会应有的风气而努力。这样的理智深度是解放初热血沸腾的当口无法企及的。如果他把这份清醒不间断地葆有下去,恐怕最后的悲剧也不会来得如此迅雷不及掩耳。可叹惋的是,"反右"的错误并没有及时提醒老舍,反而,他在"反右"运动中还一度表现得相当积极(老舍后来对"反右"的政策错误是有所认识的,我这里指的是运动的"当时"),更有甚者,一波未平一波又起,他很快又陷入"大跃进"的海市蜃楼难以抽身。这后一次的狂喜又是来得无可救药地痴,所以当终于意识到这只是一场大梦后,跌得也格外地痛。

"大跃进"的狂涛中,老舍多少是有些走火入魔。除了与北京人艺一起赶制《红大院》这样全然是图解政策的观念戏、"运动戏",离开《茶馆》之路再次蹈了《青年突击队》的覆辙之外,在散文、杂文、曲艺作品里,"跃进"一词几乎成了他的口头禅,然而,在读惯了老舍话语的人看来,老舍这样不为语言所役的人如此不得法地频繁使用这种新兴语汇,多少有些可悲。比建国初的狂热更加狂热,这次是不等亲眼看到事实他就自顾自地激动起来:不但在运动之初相信了"西瓜大,大如缸"①,

---

① 老舍:《"五一"快板》,1958年5月1日《北京晚报》,《老舍全集》第13卷。

"粮食如山遍地流铁水"①的现代神话,兴致勃勃地为钢产量翻番与人民公社里吃饭不要钱高唱颂歌②,而且在饥馑年代已经到来之际还在喜孜孜地鼓吹"解放十年一天更比一天好"③,乐观勇敢地宣称"我们天天戴起新的跃进花冠"④。1958年10月,刚刚完成《红大院》的老舍发表文章《写人民公社》(1958年10月15日《戏剧报》第19期),说:"我们不是在幻想空中楼阁的乌托邦,而是结结实实地按照共产主义的崇高理想建设我们的理想国。"老舍这话说得很认真,他一点儿也不知道自己其实已经和全国人民一起,在乌托邦的幻境里陷得很深了。

第二节 "难道捕老鼠不对吗?"

文艺思想上的走火入魔就是在这种全身心的不计后果的投入的前提下产生的。因为由衷地认同了这个新社会,——"我爱,我热爱,这个新社会啊!"⑤他迷狂得有些无措手足——所以二话不说地认同于新的文艺政策(开初他准定没有料到那

---

① 老舍:快板《今年好》,1958年10月1日《北京日报》,《老舍全集》第13卷。
② 老舍:相声《钢帅报捷》,1958年12月22日《中国青年报》,《老舍全集》第13卷;散文《过新年》,1958年12月31日《北京晚报》,《老舍全集》第14卷。
③ 老舍:快板《第十个春天来到了》,1959年2月12日《北京日报》,《老舍全集》第13卷。
④ 老舍:《新春之歌》,1960年2月25日《诗刊》2月号,《老舍全集》第13卷。
⑤ 老舍:《新社会就是一座大学校》,1951年10月1日《人民日报》,《老舍全集》第16卷。

政策也是有阴晴圆缺的,更想不到它们还会导致人间没来由的悲欢离合吧),所以真诚地检讨既往的文艺观点,以求彻底迅速地改造思想,终于理直气壮地宣告:"应声吗?应党之声,应人民之声,有什么不好呢?"① 对比大约30年前所说的,"以文学为工具的,文艺便成为奴性的;以文艺为奴仆的,文艺也不会真诚的伺候他"②(《文学概论讲义》),他的确是完完全全地"把立足点移过来"了。

老舍曾经用简单但不失准确的语言表述他的转变:"解放以前,我写东西,最注意写得好不好。……现在,……我最注意写得对不对";"对而且好,才算真好;不对,就不好"③。这正是"政治标准第一艺术标准第二"的指示的立竿见影的翻版。这一标准在新中国时期不时地困扰过他,也最终让他在剪不断理还乱的迷雾中有所觉悟。但是,在刚刚开始时,在读到《讲话》如得指路明灯的"狂喜"且"手足失措"④的状态下,老舍确曾不折不扣地把它奉为了创作的唯一指南。

---

① 老舍:《〈老舍剧作选〉序》,《老舍剧作选》,北京:人民文学出版社1959年9月版,《老舍全集》第18卷。
② 老舍:《文学概论讲义》第三讲,《老舍文集》第15卷第37页。
③ 老舍:《为人民写作最光荣》,1951年9月21日《人民日报》,《老舍全集》第14卷。
④ 老舍:《毛主席给了我新的文艺生命》,1952年5月21日《人民日报》,《老舍全集》第14卷。

于是有了对既往作品（除了抗战前期，多是"最注意写得好不好"的）与既往文艺观点（《论创作》："活的文学，以生命为根，真实作干，开着爱美之花。"）的不失真诚但多少是有点不自然的检讨。真诚者，昭然可鉴：老舍从一回国就投身了轰轰烈烈的新时代，洗心革面首先是发自内心的热烈吁请，其次才是对政治需要的回应；不自然，则因既往的创作中实不乏杰作与精品，不少是自己的得意之作，真要一刀两断，实在是谈何容易！为了与文艺政策紧密配合，也为了说服自己，他从倾心崇拜的毛主席的《在延安文艺座谈会上的讲话》入手改造思想和灵魂。他检讨了自己年轻时代对普罗文艺的看法，反复说自己不该把文艺看成自我表现，自己的幽默是向黑暗妥协，为自己不能描写造反连声道歉，不断说后悔写了《猫城记》，并立誓把笔变成大家的，把洁身自好改成为人民服务，把文艺变成革命武器与宣传工具[1]。耐人寻味的却是，就在不停宣称"几乎不敢再看自己解放前所发表过的作品"[2]的同时，他又对自己的小说被允准再版表现出格外的关切——他的秘书回忆，当他在朝鲜战场上得

---

[1] 如《〈老舍选集〉自序》（1950年8月20日《人民日报》），《挑起新担子》（1951年10月1日《新观察》第3卷第5期），《认真检查自己的思想》（1951年12月10日《文艺报》第5卷第4期），《〈离婚〉新序》（1952年2月晨光《离婚》修订重排本）等篇。
[2] 老舍：《生活，学习，工作》，1954年9月20日《北京日报》，《老舍全集》第14卷。

知《骆驼祥子》的删节本《大杂院里的人们》已经出版时，"写信来详细地问：'此书哪家出版社出版的？究竟是从哪部作品中摘选的？选取的又是哪些章节？内容提要是怎么写的？'"殷殷之情溢于言表①。同样，在老作家拆改旧作之风刮得甚猛之时，老舍对自己的旧作的态度也显得有些暧昧：立场倾向有问题的坚决删去，"不大洁净的语言和枝冗的叙述"②悉数清理，余者，则因"古董也有古董的某一些好处"③一概不改。还有，老舍早在抗战后期就开始着手出全集的准备工作，到了1959年出版社提出编选《老舍文集》的请求时，他先是坚决拒绝，又找了许多理由企图说服编辑，而广州会议之后口气却有所松动④……这些事情单摆浮搁也许并看不出什么来，串到一起就说明了一个问题：老舍虽然在"文艺的特质"问题上已经完成了相当彻底的思想改造，在情感上却仍难割舍那些倾注了他半世心血又为他制造了无限风光的旧作，不同意出版只是怕惹麻烦，是避让而不是毁弃。赵家璧先生的回忆多少证实了这一点：1959年冬，老舍说："老巴的旧作，还算是革命的，尚且遭到这帮人的批判；我的旧作，例如《猫城记》之类，如

---

① 葛翠琳：《魂系何处——老舍的悲剧》，《北京文学》1994年第8期。
② 老舍：《〈骆驼祥子〉后记》，《骆驼祥子》，人民文学出版社1955年1月版。
③ 老舍：《〈老舍短篇小说选〉后记》，《老舍短篇小说选》，北京：人民文学出版社1956年10月版。
④ 赵家璧：《老舍和我》，《文坛故旧录》，北京：生活·读书·新知三联书店1991年6月版。

果编入文集，我还过得了安稳日子吗？"①

老舍对待旧作的这一矛盾态度来自历来坚持的文艺自由观与毛主席"给"的文艺新生命在艺术观点上的相左。遗憾的是，在这种矛盾的苗头最初显露的时候，老舍并没有警醒到它们不但不会很快和解，反而将不停地纠缠冲突下去以至你死我活的地步。而老舍对党和毛主席感恩戴德的心情又是那么不可救药地热切。这种热切在最初时是足以麻痹一根只是略有警觉的神经的。于是，他居然像陈述一个不须证明的公理一般，反复说："文艺工作是必须配合政治运动的"②，仿佛是大感不解地质问"即使是赶任务，又有什么不好呢"③，且颇有几分自豪地宣告"解放后，我的作品（且先不管写得好坏）几乎没有一篇不是配合着政治任务写成的"④。很难想象这样的诡辩居然出自老舍之口，但在有人对"逮老鼠文学"提出异议时，确确实实是老舍这样反问："难道捕老鼠不对吗？"⑤

---

① 赵家璧：《老舍和我》，《文坛故旧录》，北京：生活·读书·新知三联书店1991年6月版。
② 老舍：《在捷克斯洛伐克观剧》，1953年7月20日《说说唱唱》7月号，《老舍全集》第14卷。
③ 老舍：《关于业余曲艺创作的几个问题》，《曲艺的创作和表演》，北京：工人出版社1956年12月版，《老舍全集》第17卷。
④ 老舍：《和平与文艺》，1952年9月10日《文艺报》第17期，《老舍全集》第14卷。
⑤ 老舍：《曲艺和曲艺写作》，1956年4月19日《北京日报》。

"难道捕老鼠不对吗?"这天真的质问到了今天已可以作为一种笑谈了。它是文学功利主义发展到极致的表现。老舍作为一个有过三十多年艺术实践经验、有过大量成功作品的作家、艺术家,以这样的话为文学功利主义作辩解,更说明内中蕴藏的问题的严重性。

第三节 原因何在

但是,毕竟老舍是一位深谙艺术之真谛要义的大作家。"赶任务"一旦离了格,到了明显违背艺术规律的程度,他立时就会有反应。也就是老舍,一面"高兴的'赶任务'",声言"任务就是灵感,任务也是责任"[①],一面发现自己的作品"因临时赶任务,成了新闻翻版",尴尬地询问"赶任务即是凑数儿,如何是好!"[②] 创作的尴尬是理论幼稚和政治幼稚的必然结果。正因为老舍一开始把什么都太当真,接踵而至的苦恼也比旁人更多。对于我们,搞清楚老舍在最初时为什么会不问后果地倾心投入,则成为把握他这最后十七年曲折心路的一大关键。

---

① 老舍:《感谢共产党和毛主席》,1951年6月26日《光明日报》,《老舍全集》第14卷。
② 致胡乔木信(1953年1月6日),舒济编:《老舍书信集》。

一、再论抗战作为纽结点

诚如杨义先生在《茅盾、巴金、老舍的文化类型比较》（《文艺研究》1987年4月）一文中指出，老舍是一个风俗文化型的作家，他从一开始进入文坛，字里行间就带着鲜明的民俗烙印，并渗透着浓厚的文化意识。幼年京都底层文化的薰沐使他一辈子也脱不了"俗人"的底色，这不仅指他带着俗人的身份写俗世绘俗景雕俗生像，也指他素来擅长以一种超脱俗人的眼光反思他生于斯长于斯的民间。感同身受的民俗体验与沉痛悲哀的文化批判在他的文学世界中共在。当二者相激相荡时，往往碰撞出意想不到的精彩：伴着恨铁不成钢的苦痛，耳熟能详的京城叫卖声更加清晰可闻；深深地陶醉与摩玩一回后，又猛省其中蕴含了必须革除的民族劣根性。可以说，老舍的每一次成功都源于这种既来自俗人又高于俗人的特殊定位，一旦他离开了这种定位，比如说，离开了他对之知根知底的人群去写抽象出来的假想空间，并滔滔不绝地发表并不一定十分到位的议论；或者抛弃了批判意识而以大众为师，把自己降格到民众一切思想意识的学生位置，任何一种情况下他的创作都会出现偏差。滥觞于抗战，在建国后达到积重难返的程度的思维偏差首先就是老舍个人定位的失当造成的。从抗战初为了宣传而日益离开文化批判的立场开始，老舍逐步学着把自己还原为一个最初时候的"俗人",虽然当中也有反复,但毕竟是在赴国难时已经熟悉了"配合""赶任务""下生活"(当时叫"文章下乡,文章入伍")这些以后长时期占领文学界的重要操作步骤,到捧读《讲话》,从理论上服膺"为什么人的问题,是一个根本的问题,原则的问题";为人民服务,"就必须站在无产阶级的立场上,而不能站在小资产阶级的立场上"——这种提法强调了工农兵方向的调整却导致了非知识分子化倾向的泛滥——时,老舍的"立足点"便自自然然地移过来了。站在"俗人"的位置上考虑问题,的确轻松了许多,脱了许多沉重的负担,却也丧失了启蒙者的思想立场与在形上意义上引导民众的可能性。

值得深思的是,启蒙立场的放弃在现代作家中不是个别现象,不论是"革命文学"时期,"红色三十年代",抗战,解放区,还是"十七年",都不断有作家因解决不好救亡(革命、斗争、服务政治)与启蒙的关系而丧失方位感。共同的迷津要从共同的时代因素与文化背景上寻找原因。中国文人从来就是不能超脱于世俗的群体,现代中国又内忧外患频仍,一直处在动荡不宁之中,两者的一拍即合使现代文学注定了成为一种入世的文学形态,这就是老舍思想巨变的心理背景。其实,自幼研习桐城古文,深慕陆放翁、杜子美的老舍又何尝真的"出世"过呢?如果出世,他又何必留下《猫城记》那样的冒险之作;如果出世,他也不会面对这悲惨世界连连苦笑,只为掩盖内心深处无法言传的焦虑与绝望，结果把自己打磨成了一个幽默作家。

抗战是承前启后的纽结点。全民抗敌的信心荡涤了老舍的绝望，他显得生机盎然，意气风发。除了上述抗战期间文学观念上的转向外，也是在抗战中，老舍的政治立场明显左倾。在周公的引领下，他第一次亲近了中共，这为他日后无牵无挂地投身红色巨浪埋下了伏笔。友朋的记述中，"他的桌上由《大公报》换上了《新华日报》"；老舍说"共产党的话，就是老百姓的话"，又在延安对毛主席说"主席身后有几万万呀"；老舍也对各处报刊的约稿"无不迅速应命"；在写过《国家至上》后，老舍由衷地说"谁说文艺不应当负起宣传的任务呢"……[1]而混合剧《大地龙蛇》里对"大中华民国50年"和平自由生活的遐想，既透露出他当时对黑暗政治的失望，更是他不灭的新中华幻梦。这梦做得久了，就越急切地巴望它能成为现实，更何况他是打小就"爱读乌托邦与君子国之类的故事"[2]的呢？抗战中培养起来的激进情绪历美国之行得到强化，从而为五十年代的猛然调头准备了足够的势能。在美国，他接受了王莹、谢和赓、史沫特莱等人的红

---

[1] 李长之：《这就是老舍》，吴组缃：《老舍的为人》，臧克家：《老舍永在》，楼适夷：《忆老舍》，马小弥：《没完成的童话》，舒济编：《老舍和朋友们》，北京：生活·读书·新知三联书店1991年10月版。

[2] 老舍：《酒家饭馆有文章》，1960年3月11日《文艺报》第5期，《老舍全集》第16卷。

色宣传，对时局有了一个清楚准确的估计："蒋介石完全失去了民众的信赖"，"中国不久将获新生了"①。并且，更为难得的是，他由衷地说——"我过去写坏了《猫城记》，对共产党缺乏认识，真是太遗憾了！"②这是一种得自实践的无欺的真诚，新中国时期的开始是老舍自己意志的抉择，这是毫无疑义的。混和着思乡的哀愁，老舍越来越觉得美利坚这片国土上有许多令他难以容忍的事物：好莱坞、肥皂剧、诈骗、"禁止黑人进餐"的牌子，好端端的小说被翻译篡改③，于是，茫茫然"就像一条丧家之犬"④。他毅然拒绝了发自台湾与英国的邀请函⑤，回到朝思暮想的新北京。一半是受着这新人新事新景象的感动，一半是苦闷太久盼望太久思念太久之后的急切，老舍对这个新政权从还没开始时就存了深深的好感。这成为他接受其领导，听从其指挥、为之敢死效命的先决条件。

---

① ［日］石垣绫子：《老舍——在美国生活的时期》，夏姬翔译，《新文学史料》1985年第3期。
② 李润新：《洁白的明星——王莹》第285页，北京：中国青年出版社1987年12月版。
③ 参见：克莹、侯堉中：《老舍在美国——曹禺访问记》，1985年1月《新文学史料》第1期；马小弥：《老舍〈鼓书艺人〉和〈四世同堂〉（部分）从英译本到中译本》，1998年11月25日《中华读书报》第5版；舒乙：《老舍在美国》，1999年5月1日《文艺报》第4版。
④ 致吴青信，转引冰心：《老舍和孩子们》，《人民戏剧》1978年7月号。
⑤ 舒乙：《跨越了半个世纪的友情》，《世纪》1994年第6期；邓友梅：《琐忆老舍先生》，《文学自由谈》1994年第3期。

二、"感情老走在理智前面"

这时老舍的政治热情确如他自己所说的，已经成为一股推动着他使他欲罢不能的强大力量①。全民建设新国家的热情使他无法抵御。既然当年抗战爆发时他就曾那么积极主动地投入过，那么如今对于这个新政权的这种态度也没有什么不可理解的。问题是，老舍直到抗战前一直是个所有时髦潮流之外的冷眼旁观者，在内心深处既孤独又自尊，他在小说里设计的人物结局则往往是悲观得一塌糊涂的走投无路，虽不曾刻意钻研过文艺理论，却也毫不含糊地讲过"文学本身是文学特质的唯一的寄存处"（《文学概论讲义》），何以竟会变得既功利又乐观，的确是深可玩味的。一个合理的解释是，压抑过重导致了后来的释放过开（当然也就隐含了再以后更沉的巨石压顶时的难以招架，以至于转瞬之间灰飞烟灭），而这正是老舍性格上相对脆弱的一面造成的。三十年代的过分抑郁与五十年代的占主导地位的狂热看似两个极端，实则一件事的两个侧面而已。老舍在很多时候情绪极易受波动——就像他自述的，"感情老走在理智前面"（《我怎样写〈老张的哲学〉》）——从而易走极端。

---

① 老舍：《我当选为全国人民代表大会代表的感想——我还要努力学写剧本》，1954 年 9 月 20 日《戏剧报》9 月号，《老舍全集》第 14 卷。

我们都记得1944年日寇兵临城下时老舍讲过的一句惊天地泣鬼神的豪语:"我早已下定决心,如果日寇从南边打来,我就向北边走,那里有嘉陵江,滔滔江水便是我的归宿!"① 这固然显示了老舍的崇高气节,却也是他易走极端性格的具体流露。到了五十年代,这种性格又表现为易激动、易冲动,动不动就"狂喜":拿到人代会选票,他"心差不多要跳了出来""手心上出了汗""不知道怎样才好"②;读到第一个五年计划草案,他心里是"那样的不安,快活极了的不安"③;苏联人造卫星上天,他"兴奋与狂喜"④;即或读到一篇新闻报道,他也会被感动得"屡屡要落泪"⑤……不羁的情感对于造就一个文思飞扬的优秀作家往往是一种助力,但过分放任,没有理性的明睿作引导则不免会导致无可挽回的艺术失败乃至人生失败。

三、"万岁"声里十七年

老舍这一时期常常放任得过度的情感每次都是在提到一个

---

① 萧伯青:《老舍在北碚》,《新文学史料》1979年第2辑。
② 老舍:《毛主席,我选举了您!》,1954年8月24日《人民日报》,《老舍全集》第14卷。
③ 老舍:《幸福保证书》,1955年8月1日《北京日报》,《老舍全集》第14卷。
④ 老舍:《〈福星集〉序》,《福星集》,北京:北京出版社1958年8月版。
⑤ 老舍:《出色的报道》,1962年2月11日《文艺报》第3期,《老舍全集》第18卷。

名字时达到最高点的,这个名字就是毛泽东——在当时也是全中国人民热烈情感的聚集点,现代神话中一个最牵魂摄魄的名字。我们民族自远古以来就孕育发展了一种对圣贤的崇拜传统,这种国民心理期待与"君君臣臣父父子子"的严密等级秩序达成天然的默契,从而在每次政权易主之初——也就是动乱甫定之时——格外地崇拜起新的君主来,现代人格神毛泽东的造就即是裹含了诸多文化深因的。民谚"学成文武艺,售与帝王家"与知识分子从来认为是天经地义的"非礼无以辨君臣、上下、长幼之位"(《礼记·哀公问》),"良禽择木而栖,贤臣择主而事"的观念同时在民间与庙堂两个层面上达成了对君王崇拜的方法论共识,保证了华夏文化中那种根深柢固的奴性。这种奴性在"十七年"充分膨胀,迄"文革"衍化为不可收拾的全民悲剧。从某种意义上说,老舍即是死于他曾真诚投入过的这种貌似激进实则古朽的领袖崇拜。抗战中,他曾沉郁地检讨国民的奴性人格,喻之为"三期梅毒"(《四世同堂》),但随着"立足点"的转移,很长一个历史时期,他不但放弃了这种检讨与反思,反而身不由己地被裹挟进去,一心一意当个好臣民,为受到重视而感恩戴德,把歌功颂德当作自己最重要的责任,口口声声的"拥护""感激""恩人""救星""万岁""英明"则在实际效果上把由衷之语也变得类乎诡谀之词,因为这些语句,不管老舍本意如何,都从骨子里透着奴性的谦卑。写到这里我感到有些不知所措,因为那时候不知道有多少人和老舍一样,饱含着感激崇拜的热泪,由衷地说过:"我们的方向是一个,已由毛主席给我们指示出来……"① "我要听毛主席话,跟着毛主席走!听从毛主席的话是光荣的!"② "真理,光明,政治地位,都是谁给我的?伟大的毛主席!"③……

就是在这样发自内心的欢呼声中,老舍开始了他的最后十七年的曲折路途,这狂喜的情感之浪将老舍带向了一个离家很远很远的地方。

---

① 老舍:《充实我们的学识》,1951年10月18日《人民日报》,《老舍全集》第17卷。
② 老舍:《毛主席给了我新的文艺生命》,1952年5月21日《人民日报》,《老舍全集》第14卷。
③ 老舍:《毛主席,我选举了您!》,1954年8月24日《人民日报》,《老舍全集》第14卷。

第十一章　迷途中的坚执

同样深烙着时势变迁的印记，又不离他的思维习惯和个性特征，老舍已然完成了全方位改造的文艺思想不时迎来新的质询。作为一个深深知道何为艺术成功的作家，老舍的文艺观点在新中国时期经历了不断修正，不断调整，渐次回归的山重水复。虽然是走得太远了不一定回得了家，但他回归和挣扎的苦痛却不由我们不肃然直面。

第一节　月迷津渡

"我理会到：当今的文艺活动是以毛主席在延安文艺座谈会上的讲演为准则的。那就是说，文艺须为工农兵大众去服务。"[①] 老舍经过改造后的基本文艺思想准确无误地围绕着毛主席《讲话》的宗旨"为人民服务"展开，内中涉及的问题亦"基本上是一个为群众的问题和一个如何为群众的问题"。

[①] 老舍：《人民政协第一届全国委员会第二次会议上的发言》，1950年6月24日《人民日报》。

一、迷津之一:"为群众的问题"

"为群众的问题"就是端正思想、转变"立足点"的问题,要求"去接近工农兵群众,去参加工农兵群众的实际斗争,去表现工农兵群众,去教育工农兵群众"(《讲话》)。老舍生于底层长于底层,表现平民本是拿手好戏,但要既表现群众(比"平民"的外延要窄,而且在一段不平常的历史时期,"十七年"加上后续十年,越来越窄)又教育群众,对于老舍,虽曾于抗战时略试深浅,却终究是个新课题,更何况既有的纪录亦并不十分成功。说到底,表现群众也是为了教育群众,因为文艺是"作为团结人民、教育人民、打击敌人、消灭敌人的有力武器"(《讲话》)的,对此,老舍就更外行了。然而,老舍硬是凭借着那股常人无法企及的政治热情,极快地适应了新气候,理解了新理论倡导者对文艺寄托的厚望,带头写起了几乎是仅仅具备宣传一项功能的曲艺作品来。他这样做的理由日后由他自己归结为"曲艺是文艺战线上的尖兵""又是表演艺术中的轻骑兵","是对广大人民群众进行宣传教育最锐利有力的武器之一"[①]。这些话后来广为传诵,一直是人们称誉老舍时所

---

① 老舍:《积极发挥文艺尖兵的战斗作用——祝贺北京市现代剧目观摩演出》,1964年4月4日《北京文艺》第4期,《老舍全集》第18卷。

引用的,却很少有人析离出内中所含的悲凉意味。

为教育民众宣传民众而向通俗文艺求救,是整个现代文艺界时不时钻入的一个牛角尖。三十年代为文艺大众化争得面红耳赤过,抗战时又重提了这一问题,到"民族形式"争论时,像林冰等人干脆就视一切"五四"新文艺为敝屣,独尊"民间形式为民族形式的中心源泉"(《论"民族形式"的中心源泉》),而由延安直贯"十七年"的"通俗文艺热"则又是前一次争论未得到彻底解决之后的旧话重提。接着评书体小说、新章回体小说、民歌体叙事诗、民族新歌剧的余音,相声、鼓曲、快板、评书这些短小轻便的文艺样式极一时之盛,成为文艺的中流砥柱。这一切,对自幼热爱民间曲艺、从抗战就领会了利用旧形式为宣传服务的重要意义、真心诚意拥护毛主席领导下的新政权从而对《讲话》奉若圣谕、又本来就爱走极端的老舍,无疑是很具有诱惑力的。

因而,在老舍建国后的文艺论创作论里,曲艺艺术论占了相当的比例。这时期老舍的曲艺论篇目占其全部文艺论文的百分之二十以上。这些曲艺论文里,有纯粹的普及性写作技巧解说,也有潮流之上的应时发言,有十分内行的,也有相当不到位的。对曲艺定位的不到位是当时文艺界的通病,表现是以艺术没有高低贵贱为由,把民间文艺与新文学创作相提并论,这是以"宣传""服务"为艺术唯一旨归导致的理解偏差。老舍不但未能幸免,而且因为血液里的一点钟爱成为这一理论的积极鼓吹者。他常常说:"一个作家不应当有对文艺作品分出等级的看法。……曲艺这种形式,劳动人民都喜欢,怎能说它低级呢?"①他也锲而不舍地企图说服作家们把新文艺和民间文艺结合起来,因此经常津津有味地探讨新诗和鼓词快板的差异与共性。在这个问题上,老舍似乎格外地固执。直到1961年他的文字处于新中国时期最为安详平静的状态时,他还在号召"诗人们把他们的热情带到戏曲与曲艺中来,给戏曲与曲艺以有力的支持"②,足显精诚,亦足显迂阔。

曲艺来自民间又归于民间,与新文学是两根蔓上的两枝花,"分出等级"不是政治问题,而是必须的文化归类,相提并论既不利于曲艺艺术的正常发展提高,也损害了新文艺的品格,所谓评书体小说即是二者嫁接之后长出的畸形果实。在这样的"结晶体"中,除了人物与事件是新的,骨子里的经营思想、建构方针无不是旧的,即便它宣传的新思想,多半也只是旧思想翻新而已。老舍曾说,"老一套往往是宣传封建道德的,如忠孝节义等等。说新书,不掌握正确的政治思想就说不好,说不出人物的精神面貌来。"③他其实是没有想到——或者是根本忘记了(1938年

---

① 老舍:《关于业余曲艺创作的几个问题》,《曲艺的创作和表演》,北京:工人出版社1956年12月版,《老舍全集》第17卷。
② 老舍:《看宽一点》,1961年7月10日《诗刊》第4期,《老舍全集》第16卷。
③ 老舍:《说好新书》,1963年4月18日《曲艺》第2期,《老舍全集》第18卷。

他在《制作通俗文艺的苦痛》一文中对这个问题有完全相反的、然而是清醒得多的论述）——在封建思想并未肃清的时候大举倡扬起来的民间文艺是不可能离开忠孝节义之类的旧思想的，而新书宣扬的"正确的政治思想"中相当一部分，比如个人崇拜，却正是换了包装后的忠孝节义。

二、迷津之二："如何为群众的问题"

封建思想的难以肃清已是许多新悲剧的肇因，更兼提高与普及的二律背反难以解决，这就使得老舍在第二个问题——"如何为群众的问题"上也陷入了迷津。

"如何为群众"，说到底，就是抗战时期曾经争辩过的"旧瓶装新酒问题""民族形式问题"的再次提出，是要求用群众能够、可以接受的艺术形式进行创作。《在延安文艺座谈会上的讲话》辩证地在提高与普及相统一的高度提出这个问题，这是相当正确的。但是，我们今天必须充分认识到这样一点，即一旦把旧形式的利用和运用提到一切文艺样式的统率的地位，一个最直接的偏差就是捡了芝麻，丢了西瓜，顾了普及，忘了提高。

在这个问题上，起初老舍对《讲话》论述的提高与普及的辩证统一关系是深信不疑的。他言及这个问题时俨然《讲话》的拷贝："我们必须知道先求普及、由普及逐渐提高，以便达到真正普遍的提高,是我们必经之路。"① 而且在普及与提高的权衡上,他更看重的是提高:"我们不可小看今天的工作,也不可忘了明天重大的发展。"② 然而,与老舍对这一问题的最初领会相违,不久他就意识到,"当前的急务是先顾普及"③。因为是写给大众看的,"今天我们应该关切的是人民满意了现在的快板与评剧没有"④。这就暗藏了把提高的任务搁置起来,为迎合大众不计代价的苗头。这样,宣传必须通俗,提高先要普及,老舍并非愿意立时三刻忘情于支撑了自己半世生命的新文学(要这样就不会言必称"提高"),结果却是沿着普及之路越走越远。对比抗战时期他对于通俗文艺看法的改变,可以帮助我们认识新中国时期老舍走得有多远。1938年,老舍在通俗文艺制作上初试身手即深感"牺牲了自己的趣味,暂时离开文艺的正轨"的苦痛(《制作通俗文艺的苦痛》);1941年前后,经历过三年抗战文艺实践的老舍,更认识到了实用的宣传与深湛的文学难以并提,终于领悟到:"那些宣传为主,文艺为副的通俗读品,自然还有它的效用,那么,就由

---

① 老舍:《大众文艺怎样写》,1950年3月26日《新建设》第2卷第3期,《老舍全集》第12卷。
② 老舍:《大众文艺怎样写》,1950年3月26日《新建设》第2卷第3期,《老舍全集》第12卷。
③ 老舍:《曲艺改进在北京》,1950年10月《文艺报》等5种期刊"庆祝开国周年特刊",《老舍全集》第12卷。
④ 老舍:《学习民间文艺》,1952年10月7日《北京日报》,《老舍全集》第17卷。

专家和机关去作好了。至于抗战文艺的主流,便应跟着抗战的艰苦,生活的困难,而更加深刻。"① 可惜新中国时期,老舍对通俗文艺的看法从来没有达到过抗战时的理智深度。我们倒只是常常听他这么说:有人"以为'普及'的工作有几个人照应着就够了,……这不对。"② "在今天,文艺工作者的团结是越来越好了,可是……我们不由地感到仿佛在这里还有一条界限:有的专搞提高,对普及工作可以不大过问;有的专搞普及,孤立无援。"③ 我找不到别的理由解释他的这种反复——难道他真的是全然忘记了自己抗战时从实践中得出的写作教训?——除了用他那句很显牵强的自辩之言:"我有政治热情。"④

第二节 人物·语言·生活:迷途中的坚执

走入通俗文艺的迷宫是老舍文艺思想变异的一个重要信息,在这样的状态中,很难指望一个作家再会把文学的纯洁

---

① 《一九四一年文学趋向的展望·会报座谈会》(1940 年 11 月 23 日),《中华全国文艺界抗敌协会史料选编》。
② 老舍:《学习民间文艺》,1952 年 10 月 7 日《北京日报》,《老舍全集》第 17 卷。
③ 老舍:《请多注意通俗文艺》,1953 年 10 月 13 日《人民日报》,《老舍全集》第 17 卷。
④ 老舍:《前进,前进,再前进!》,1956 年 5 月 9 日《光明日报》,《老舍全集》第 14 卷。

度、自足性看得有多重了。然而老舍的迷乱是有限度的，不论后人将怎样评价他，也不论他因为何种原因在迷途上确确实实走了很远，至少有一点他是做到了的，那就是生命不止，追求不息。他在狂热中追求过文艺与政治结合的新途径，虽然后来为历史证实了此路不通，但探求的精诚不容抹煞；他也在每一阵狂热过去之时不间断地追问过真正的文艺的个性何在，直到幡然猛省后成为一位沉默的智者，个中苦痛更值得我们深思。

王行之先生在《我论老舍》（1989年1月21日《文艺报》）一文中提出一个观点：老舍在解放后"把极其可贵的独立批判精神以及作家的历史责任感轻易泯灭或异化了"，我认为这个提法是可以再讨论的。细察老舍新中国时期的文艺思想，其真实形态显得意想不到地复杂，以"异化"或"进步"作笼统概括都不解决问题。事实上，老舍在"追悔和感激"（《我论老舍》）的同时，从未放弃过他的"极其可贵的独立批判精神以及作家的历史责任感"，否则，他就不会有这么多痛苦，有这么多解不开的结，也不会有最后的愤然一跃，他只是在激情澎湃时把感情用事当成过至理真知，无可奈何地迷过路。

"十七年"间，政策方向好似黄梅季节的天气——我们小时候常比之为娃娃脸的那种天。位处风口浪尖，身为全国作协副主席、北京市文联主席，一开始就对新中国的一切表现出近乎盲目的信赖与推崇，又不愿轻易放弃完成一个自我所应据有的一切，老舍不由自主。他只能让他的思维状态常常处于情与理的冲突之中，时而被裹挟着不容分说地冲向最前方，时而又被卷到半空再狠狠地摔在礁石上。

二十世纪中国文学史上自文学与政治结合的试验开始以来，文学就被结合论者当成一种为政治服务的工具和武器。在这一点上，有不少作家前仆后继地为之努力，但取得两全之效的凤毛麟角，普遍的弊病是：因为情感虚假，造成人物虚假；为赶时效，未经充分酝酿提炼，表现为作品描绘的生活浮面浅薄；因为以宣传为出发点与依归，语言也是空洞生硬。老舍的文艺论文越来越频繁地冠以这样的题目：《人物、语言及其他》（1959年《解放军文艺》1月号），《语言、人物、戏剧》（1963年1月20日《剧本》1月号），《人，物，语言》（1963年《北方文学》2月号），《语言与生活》（1963年5月20日《剧本》5月号），《人物，生活和语言》（1963年11月《河北文学·戏剧增刊》第1期），如此等等，正是他充分思考了人物、生活、语言对于文学作品的三位一体的重要关联后得出确定无疑结论的表现。在清楚地意识到文艺政策、舆论导向、文学批评与讨论方法上的种种弊端的前提下，老舍曾不止一次不满地批评过新创作的质量问题。新中国时期，老舍的文艺观点更多地显出变动性（这多与政策有关，后文将详细讨论），但在批评作品的创作质量上却是从不含糊，虽然他对于国家的现状与前途往往受外界影响而盲目乐观,但对作品现状却没有不顾事实地乐观过。早在解放之初,他就敏锐地指出,"新的作品,在质上,有的很不错,有的并不很好"①,到五十年代末六十年代初长篇小说热中他还在说,"我们的文字还嫌粗糙","我们写的对话往往软弱无力","我们的某些小说似乎还缺乏艺术的控制"②……甚至提出《林海雪原》"起码可以删减几万字"③,这在当时也可算是空谷足音了。老舍对新作品的不满主要针对两类对象。一是通俗文学——主要是曲艺作品。他在政治热情最高的时候对曲艺的关注也最多,这以五十年代初与"大跃进"为两大高峰,如五十年代初谈及曲艺创作时,他就曾经不客气地指出,"一年来的曲艺创作量上虽然不少,可是在质上还差得多"(1950年10月)④,新曲艺作品"文字难免粗糙……故事性不强,思想性也薄弱"(1952年6月)⑤,甚而干脆说新段子里"坏的很多,艺人不愿唱,群众不爱听"(1953

---

① 老舍:《让我们团结起来——在北京市文学艺术工作者联合会发起人大会上的讲话》,1950年5月18日《人民日报》,《老舍全集》第18卷。
② 老舍:《一点印象》,1960年7月10日《新港》7,8月号合刊,《老舍全集》第16卷。
③ 老舍:《谈谈文艺创作的提高问题——老舍同志在中国作家协会内蒙古分会召开文艺座谈会上的讲话》,1961年10月1日《草原》9,10月号合刊,《老舍全集》第18卷。
④ 老舍:《曲艺改进在北京》,1950年10月《文艺报》等5种期刊"庆祝开国周年特刊",《老舍全集》第12卷。
⑤ 老舍:《新曲艺应更进一步》,1952年6月20日《新民报》,《老舍全集》第17卷。

年10月)①。随着时间的推后,对曲艺的关注虽仍不时牵动他的心魂,但他的主要关心点却明显地偏转到另一类对象——新文学(也就是我们现在说的纯文学)这一边,评论文字也越来越讲技巧。总体表现是建设多于批评,立多于破,正面鼓励多于反面责备。在这方面我们不必苛求老舍,情势使然,环境使然,一味埋怨他没做到什么无济于事,在考察他"做到"了什么上,我们还做得太少。

老舍新中国时期的文艺思想虽然常受时势左右,但有一些基本思想是始终不变的。虽无系统框架,但围绕"人物、生活、语言"三大中心点,老舍还是提出了一系列互相有机联系着的文学建设论点,它们都是针对当时的文学现状有感而发,成为歌舞升平中几声宝贵的不和谐音。因为老舍谈"人物,生活,语言"的文章实在太多了,其基本思想也不难领会,所以这里仅就其中一点举例说明老舍所持的基本态度。

这就是把文学的功利作用无限夸大时必然遇到的一个突出的问题,经典作家曾概述为"莎士比亚化"与"席勒式"的冲突([德]马克思:《致斐·拉萨尔》)。文学作为一种独立的意识形态,虽然与政治有着密切联系,但决非政治之附属物;文艺也确有干预生活的作用,但即使是起最功利的社会功能,也必

---

① 老舍:《请多注意通俗文艺》,1953年10月13日《人民日报》,《老舍全集》第17卷。

须通过审美,通过形象,通过情感——恩格斯明确表述为,"倾向应当从场面和情节中自然而然地流露出来,而不应当特别把它指点出来"(《致敏·考茨基》)。在这一点上,老舍显示了一个作家的卓识。他不遗余力地捍卫着这个真理,在数不清的场合公开表示对传声筒式的文学作品的否定。这一方面是出自对于认真经营好可以更好地完成宣传任务的文学作品的殷切期待,一方面却正表明了作家捍卫文学自性(哪怕是下意识地)时的坦荡胸怀。"我们不能只扯着脖子喊口号"[1];"话剧中的对话是依照一定的剧情而产生的,不是绕着圈子把所有的口号与宣传大纲都放在里边的。对话离开剧情便成为讲演"[2];"文学有它本身的规律性。名为文学作品,而全由政治术语堆砌而成,是谁也不愿意看的"[3];"不由人物性格与生活出发,而专凭词藻支持门面,必定成为'八股对话'"[4]……这些议论,虽然有的还是针对通俗文艺而发的,但连通俗文艺都不允许充填以标语口号说教,不正证明了老舍在某些方面的严苛吗?

---

[1] 老舍:《大众文艺怎样写》,1950年3月26日《新建设》第2卷第3期,《老舍全集》第12卷。
[2] 老舍:《对于观摩演出节目的意见》,1951年6月15日《北京文艺》第2卷第4期,《老舍全集》第17卷。
[3] 老舍:《自由与作家》,1957年1月16日《人民中国》(英文版)第1期,转引舒乙:《老舍》第147至148页,北京:人民出版社1986年8月版。按,本文原题 Freedom and the Writer,又译作《自由和作家》,收入《老舍全集》第14卷。
[4] 老舍:《对话浅论》,1961年2月15日《电影艺术》第1期,《老舍全集》第16卷。

第三节　柳暗花明

也正因为如此,在一贯的坚守中蹦出的一句上不着天下不着地的话就更可琢磨,虽然那句话能汇入文坛的大合唱,在老舍的文论里却是个不折不扣的不谐和音——1957年10月1日发表于《新观察》第19期上的散文《八年所得》中,老舍竟义正辞严地说:"有人说,我们今天的作品只是政治标语口号。这是诬蔑作家,而自己不肯改弦更张的胡话。"虽然老舍有不少文章是奉命而写,但既然我们无从知道究竟哪几篇是奉命而写,压力究竟有多大,我们就只能就事而事以文章的确署着老舍的名字来作为立论的依据。确确实实是对标语口号样式的文学作品深恶痛绝之的老舍,在"反右"之风刮得甚劲的时候说了有人"诬蔑""今天的作品只是政治标语口号",难道这还不够说明问题吗?

只好重复我刚才在无可奈何中写下的八个字:情势使然,环境使然,即使不是奉命,他也必须表态,没有别的理由可以解释这一席话出口时老舍的真实心态,尽管这也只不过是我的臆测。在易变的政策前,就是这样,只好这样。风向顺一点,就心情畅快一点,说的话也渐渐没遮没拦起来,风声一紧,只好试着步儿来。这在老舍,开初时可能不习惯,但慢慢地,也就成了生活常识。"十七年"风向最顺的时候有两次,一是

"双百方针"大力提倡的 1956 年、1957 年间,再是后来被称为"小阳春"的六十年代初文艺政策略呈宽松状态时期。老舍在这两个时期就格外敢说话,而在这两个时期当中的"反右"与"大跃进"时期,他却仿佛换了个人似的,甚至对文艺讲了许多不着边际的外行话。

一、峰回路转

为了更明白地说明问题,即老舍在急变的政策风向之中摇摆得如何厉害,我把他在这三个时期的一些观点列成了一个粗略的表格,尚不足完全说明问题,但已可因之对老舍随时势转徙的情形觑个大概其。

	"鸣放"时期	"反右·跃进"时期	政策调整时期*
关于风格	1956 年 10 月:"要写出一个风格来。"①	1957 年 7 月:"我们必须克服个人主义。"②	1960 年 12 月:"一个作家的文字应有独特的风格。"③

---

① 老舍:《关于文学创作中的语言问题——鞍山业余文学报告会上的讲演记录》,1956 年 10 月 1 日《文学月刊》10 月号,《老舍全集》第 17 卷。
② 老舍:《创作的自由》,1957 年 7 月 22 日《文汇报》,《老舍全集》第 14 卷。
③ 老舍:《〈新生〉简评》,1960 年 12 月 26 日《文艺报》第 24 期,《老舍全集》第 16 卷。

(续表)

	"鸣放"时期	"反右·跃进"时期	政策调整时期*
关于创作自由	1957年1月:"文学有它本身的规律性。"①	1957年9月:"右派分子反对文学事业应当有领导。他们要的是'创作自由','出版自由'与一切'自由'……"②	1959年3月:"文学创作自有它本身的规律性。"③
关于艺术积累	1956年10月:"习作不要太心急。"④	1958年10月:"在全国大跃进的形势下,还不是逐步提高,而是突飞猛进。"⑤	1962年1月:"我们应当勤学苦练。"⑥

* 指1958年11月郑州会议之后1959年7月庐山会议之前的政策调整期和1960年冬"八字方针"提出之后1962年9月八届十中全会之前的"小阳春"。

当然,文学现象也好,一个人的思想也好,都不是打入框

---

① 老舍:《自由与作家》,1957年1月16日《人民中国》(英文版)第1期,转引舒乙:《老舍》第147页至第148页。
② 老舍:《祝贺〈收获〉创刊》,1957年9月8日《文艺报》第22期,《老舍全集》第14卷。
③ 老舍:《规律与干劲——在中国作家协会创作工作座谈会上的发言》,1959年3月11日《文艺报》第5期,《老舍全集》第18卷。
④ 老舍:《关于文学创作中的语言问题——鞍山业余文学报告会上的讲演记录》,1956年10月1日《文学月刊》10月号,《老舍全集》第17卷。
⑤ 老舍:《答友问》,1958年10月20日《北京文艺》10月号,《老舍全集》第17卷。
⑥ 老舍:《勤学苦练,提高作品质量——老舍同志在大同市一个文艺报告会上的讲话》,1962年1月1日《火花》1月号,《老舍全集》第18卷。

框列成表格就可以说得清的，但此表至少可以说明在急促转变的政策风向中，一个作家要把稳舵是如何艰难了。所幸的是，老舍虽然也走弯路，有时也难免言不由衷，但第一，在政策宽松时毕竟提出过不少金玉良言；第二，在走过了这个之字形之后，无论文艺政策如何向"左"倾斜，也没有再跟过去。如果说50岁的老舍狂热过，急躁过，摇摆不定过，那么，60岁的老舍在相当的程度上恢复了他年轻时代的冷静与镇定。到最后，他宁可以沉默对之，也不发违心之论了，更遑言那些虽出自内心却浅薄无根的趋时之议。

"鸣放"（"百花年代"）与"小阳春"是老舍在两次狂热之后的两次向家的回归，每一次都带着重新找回自我的喜悦。尤其后一次，再度迷失后的返航，谁得到这样的机会能不喜泪满腮呢？因而，在这期间，老舍不但重提作家的个人风格问题，文艺规律性问题，而且从基本功、生活深度等作家自身修养的角度向作者们提出了一系列的意见与要求。更为难能的是，一反自己曾经有过的"最注意写得对不对"（《为人民写作最光荣》）的矫枉过正，他重新把文艺形式提到了很高的地位，一定意义上与三十年代以《文学概论讲义》为代表的文艺思想形成了呼应。例如，老舍明确指出"说什么固然要紧，怎么说却更重要"①，并且进而提出"内容决定形式，但形式亦足左右

---

① 老舍：《话剧的语言》，1962年1月10日《剧本》1月号，《老舍全集》第16卷。

内容"①,他当时自信的程度可见一斑。出于同样原因,满心欢喜以为这次终于找到家了,却又兜头被浇上了一盆凉水,这个时候其沉重的失落感亦不言而喻。1963年之后的老舍就常常被这种欲言说难言说,想排解无从解的烦闷困扰。当是时也,八届十中全会刚刚开过,"千万不要忘记阶级斗争"的口号已响彻神州,"四清"运动紧锣密鼓地展开,柯庆施等正大力鼓吹"写十三年"的创作口号,越来越多的作品被扣上各种各样的帽子打成"毒草",一言以蔽之,恰是山雨欲来风满楼。而老舍,在新时代中走过了十三个春秋,该经的该见的已经见了不少,创作上理论上都碰过钉子,冲动已不再如斗志旺盛的1950年或1958年那样可以轻易左右他,他终于在最后的四年里把握住了自我。

二、沉默

老舍最后四年里关于文学的发言,虽不能说完全剔除了天真,却不再有1958年那样随风倒的毛病。紧紧地捉捕住"小阳春"里好不容易寻回的那个自我,在愈来愈多的文艺禁令的地雷阵里小心翼翼地移步,甚至有时为捍卫真知不惮抗声反

---

① 老舍:《谈叙述与描写——对北京大学中文系同学的讲话(摘要)》,1962年2月2月4日《北京文艺》2月号,《老舍全集》第16卷。

击。例如在1963年3月北京市第三次文代会上的发言中,老舍反复坚持说,"要求文艺表现新时代,反映现实生活,并不排斥其他题材,应该丰富多样。作家完全有选择和处理题材的充分自由。"①"历史题材不但可以写,而且应当写。"②这很明显是与是年1月初柯庆施张春桥提出的"写十三年"的口号唱反调。如果说当时这个口号还没有叫响,对它有意见尚不足为怪,那么,到次年4月,题材决定论已被推到顶点时,老舍还能理直气壮地说"我们并不排斥历史戏"③,就足见其挚诚了——虽然他这篇文章总的意思无非是为《龙江颂》等现代题材话剧的出笼唱颂歌。当然,毕竟他和当时的大多数文人一样,"原本是处在这个大变动的时代的一个平常的知识分子罢了,话是想说的,勇气是有限的"④。所以,尽管当年在"双百"春风里他曾经冲破禁区提出过社会主义社会悲剧能否存在的问题(《论悲剧》),今天却只好说,"在我们的社会里,对于人民内部的问题……要通过批评、通过思想改造,达到团结,

---

① 老舍:《更好地发挥文学艺术的战斗作用——在北京市文学艺术工作者第三次代表大会上的报告摘要》,1963年3月4日《北京文艺》3月号,《老舍全集》第18卷。
② 老舍:《创作的繁荣与提高——在北京市第三次文代会上的发言摘要》,1963年4月4日《北京文艺》4月号,《老舍全集》第18卷。
③ 老舍:《祝贺话剧的新胜利》,1964年4月1日《北京晚报》,《老舍全集》第18卷。
④ 费孝通:《〈早春〉前后》,1957年5月31日《光明日报》。

使它不成为悲剧"①。坚持不能抛弃历史题材与公开声明社会主义社会不能有悲剧,同是老舍在1964年春夏间的议论,巨大的反差足以见出老舍当时的心态正处于极度矛盾之中。

既不愿轻易滑走,又不能岿然坚守,在文艺与政治的心理夹板中,老舍进退维谷。他越来越熟稔于这样的讲话方式——如谈话剧问题,他说,"我没有专重语言,不顾其他的意思"②,谈文艺书的选择鉴别问题,则一定不忘声明"我并没有验看别种著作,说别种著作不需要选择与鉴别的意思,请勿误会"③,等等。他左一遍右一遍有意无意地提醒读者(听众),我说要这样,并不是说不要那样,说多了这种进一步退两步的话,这种讲话方式已变成了他的习惯,久之,竟有"盼望话剧丰收,并非愿见戏曲歉收,绝对不是"④,"这次我来参加会议,实在是为向青年剧作家们学习。这并不是说,我不愿意向老剧作家们学习"⑤ 此等现在看来可以说毫无必要的声明。"仅供参考""以免误会"这样的词组在他的文章、发言里出现的次数越来

---

① 老舍:《深入生活,大胆创作——在〈新建设〉编辑部召开的话剧问题座谈会上的发言》,1964年6月20日《新建设》第5、6期合刊,《老舍全集》第18卷。
② 老舍:《情文并茂》,1960年10月3日《剧本》10月号,《老舍全集》第18卷。
③ 老舍:《选择与鉴别——怎样阅读文艺书籍》,1961年1月11日《解放军战士》1月号,《老舍全集》第18卷。
④ 老舍:《祝话剧丰收》,1962年2月7日《人民日报》,《老舍全集》第18卷。
⑤ 老舍:《戏剧语言——在全国话剧、歌剧、儿童剧座谈会上的发言》,1962年4月10日《人民日报》,《老舍全集》第16卷。

越多，这自然是当时说话难的客观情势的一点曲折反映，也在一定程度上反映了老舍本人的某些性格特征。顾虑太多，矛盾太重，被拖到一定时候自然就走不动了。创作论经验谈这样的文章越来越难写，写真实想法，多半犯忌，写应时套语，于心有愧，于是就不大写了，直到1964年6月在一次座谈会上冒出一句原本可能写成悲剧的戏要"使它不成为悲剧"（《深入生活，大胆创造》）。我刚才说这是他因胆怯而发的违心之论，现在细思量下来，这可能更是句经验之谈，是劝告青年作家们谨慎行事，免涉雷区罢？

也正是从1964年下半年起，老舍一反常态，基本上不谈文艺了。据统计，自1964年7月至1966年4月，老舍留下的文字中，除书信外共61篇（首），其中旧体诗占了51首，文论共计仅6篇，这足征荒唐的文艺政策已经把一个活跃热情，曾经以最热烈的情怀、最端正的姿态呼应政策、配合时势的作家变成了一个沉默寡言，只能借风月聊寄情志的诗人。

第十二章　西望长安不见"佳"

第一节　西望长安

　　1989年前后,学界曾经就老舍解放后是否存在创作大滑坡这一问题展开过争论,有的同志为捍卫老舍先生的名誉对滑坡论者义愤填膺,其理由不外是:老舍解放后写了那么多作品,是文艺界的劳模,又有《茶馆》《正红旗下》,这能算滑坡吗?现在看来,当时的某些研究者,恰如新中国时期时常处于亢奋状态的老舍先生一样,是"感情走在理智前面"了。

　　新中国时期老舍创作的大滑坡,不是我们说是即是说非即非的,因为这是老舍自己承认的。老舍向有阶段性地总结创作情况的习惯,翻开新中国时期老舍的阶段性自述,则见:

　　这二年来我所写的东西……并不怎么好。(《毛主席给了我新的文艺生命》,1952年5月21日《人民日报》)

　　五年来所写的剧本都没有很高的艺术价值。(《生活,学习,工作》,1954年9月20日《北京日报》)

近几年来,我写了大大小小不少的作品。可是,写得好不好呢?肯定地说,不怎么好!(《当作家并无捷径》,1956年2月1日《中国青年》第5期)

从写作上来说,解放八年来,我虽不肯偷闲,但并未得到什么令人满意的成绩。(《八年所得》,1957年10月1日《新观察》第19期)

从1950年到现在,我写了不少东西。光说剧本,就有十几部。其中,没有一本出色的。(《生活与读书》,1962年5月25日《戏剧报》第5期)

类似的总结还有一些,总数在20篇左右,时间跨度贯穿了整个"十七年"。我相信老舍说这些话时魂灵里是满贮着痛苦的,我们不能仅仅认为它们全是自谦之词——自然自谦之词是有的,如上面抄出的1962年5月的说法,就不一定是他的真心所想(因为另外有资料表明老舍至少对《茶馆》是非常满意的)——而更多地,应视之为老舍创作陷入前所未有的困境时一次又一次的检讨。这检讨不是如他说《猫城记》是犯了思想错误那样必须为之,所以它们多半是向着自我的。热情投入那么多,结果却极不理想,他不得不一回又一回痛苦地询问这是为什么,这就是他写下这些文字的动因。我觉得,正因为有了这些自我检讨，老舍在这"十七年"里的形象才真实起来，因为不论"十七年"中有多少文字是他奉命或迫于压力所写，这些自谴之词却一定不是谁让他写的。于中我们可以确切地感觉到他在追赶时代的同时却远离了家园的那一份不知所措，屡战屡败复屡败屡战的锲而不舍，进而可以推想当这种锲而不舍并不十分奏效时他的欲说还休的苦涩心情。

第二节　滑坡探因

"我这几年学写戏，老是写不好。……我可是相当努力，没闲着"①，这话也可以反过来这么说，"我相当努力，可是老是写不好"。虽然这么说很有些扫兴，但前一种说法不也是对后一种说法的一点挣脱吗？在不断的扫兴中老舍不断地总结着经验教训，探索着创作新路，并不因已经"相当努力"轻易放松对自己的要求，这就使得他的滑坡因这不懈的努力不像另一些作家那样显得溃不成军。相反，滑中有持，降里有升，成为老舍大滑坡的重要特色。但滑坡既然不容置疑地存在着，就有必要分析一下个中原委。

---

① 老舍：《我的几句话》，1959年4月15日《戏剧报》第7期，《老舍全集》第18卷。

一、"生活不够"的背后

对于创作滑坡,老舍不仅时刻觉察,也在时刻反省。据他总结,"写不好"的原因主要是:(一)生活不够,(二)思想贫乏,(三)技巧不高①。这三点老舍自己归纳的原因中,第三点一望可知是谦词,第二点是当时的套话,虽然老舍说时可能是满怀赤诚的,对于我们总结历史却也并不重要,唯有第一点是关键。从一开始便以"把社会的真面目加以正视"为公认"长处"②的老舍,何至于动不动就为"生活不够"大伤脑筋,这个问题引人深思。

在远离"十七年"的今天细说从头,可叹惋的是,老舍为宣传,为赶任务,为配合新政策,放弃的东西实在太多了。他毫不犹豫地应命而行,抛开了熟悉的题材,撇下了惯用的体裁,也时不时失落着(拾起又丢,丢了又拾)独到的风格,自觉自愿地让自己的笔成了大街上刷标语工人手里的刷子和为突击宣

---

① 《我的经验》,1959年10月3日《剧本》10月号。另,《当作家并无捷径》(1956年2月1日《中国青年》第5期),《答某青年》(1958年2月8日《人民文学》2月号),《生活与读书》(1962年5月18日《戏剧报》第5期),《深入生活,大胆创作——在〈新建设〉编辑部召开的话剧问题座谈会上的发言》(1964年6月20日《新建设》第5、6期合刊)等文亦有类似说法。
② 长之(李长之):《〈离婚〉》,1934年1月《文学季刊》创刊号,《老舍研究资料》下册第742页。

讲婚姻法临时架起的麦克风。每当这种时候,"文艺界劳动模范"这个称谓①就带上了一层无可奈何的反讽意味。"劳动模范"之谓,当时是个至高无上的荣誉称号,要成就一个劳动模范,必须政治可靠,工作勤奋,业务过硬。老舍被称为"文艺界劳动模范",即言,他在文艺为政治服务上从不懈怠,兢兢业业,其产品基本上能满足宣传教育的需要。老舍也从不讳言自己是这么要求自己的:"艺术应该为政治服务,而且非此不可"②;"我的劳动纪律很强,不管行政上的事务和社会活动有多少,我总设法天天写一点,连星期天也不休息"③;"我不甘落后,也要'增产'"④。但创造与生产不可兼容,二者的矛盾既难成就老舍昔日的风采,也使他在努力以文艺服务于政治时总是力不从心。新中国时期,为实现创造与生产的两全,也为了更好地完成宣传的义务,老舍尝试了几乎所有的文学样式,并格外地致力于话剧与曲艺,却为成全宣传一度放弃了小说这种得心应手的文体(话说回来,当时流行的小说他也写不来)。然而,赶制出来的运动戏观念戏多半不得不以表面的热闹掩住了内里的空洞,生活实感的

---

① "劳动模范"的提法初见周扬:《建设社会主义文学的任务》,1956年《文艺报》第5、6期。
② 老舍:《八年所得》,1957年10月1日《新观察》第19期,《老舍全集》第16卷。
③ 老舍:《"将军"》,1956年3月3日《光明日报》,《老舍全集》第14卷。
④ 老舍:《提高质量》,1954年9月30日《文艺报》第18期,《老舍全集》第16卷。

阙如使得很多作品成为仅靠政策骨骼支撑起来的空架子。同时，由于是"生产"一件合格的产品，写作内容乃至写作程序都从外部打没开始前就规定好了，这就造成不单他熟悉的生活常常用不上，而且偶尔用上且效果不错也会招致无端非议的怪现象——《茶馆》上演之际就有文化部领导人质问"《茶馆》第一幕为什么搞得那么红火热闹?"① 很长一段时期，每一项新政策的出台老舍都有份，国际国内每一个重大事件都和他有关，他写了许多与文学没有多大关系的诗歌话剧，写了许多与文学差不多风马牛不相及的通俗文艺，甚至还写了许多连通俗文艺这样的"边缘文学"也算不上的火药味极浓的政论。这些作品，很少是需要丰厚的生活底蕴作后盾的，因为向老舍要求这些作品的人更看重——差不多是只看重——它们的宣传作用，在这个前提之下，"没有生活"不就顺理成章了吗？

而且就在老舍为"生活不够"大发其愁的光景，这种只重宣教、过分实用的文艺观继续发挥着它的"多米诺效应"，摧枯拉朽般地从语言上改造着这位语言艺术家。"鸣放"中，老舍曾经很反感地描述当时很多人作文的通病："现在许多人被语言管住了，它倒成了主人，一篇文章末了必须'为××而奋斗!'不写奋斗行不行呢?"② 想来他在自己的许多文章不得已而用三呼万岁这样的格

---

① 于是之：《老舍先生和他的两出戏》，《北京文学》1994年第8期。
② 老舍：《文学语言问题》，1957年2月25日《新闻与出版》第10期，《老舍全集》第17卷。

式煞尾时心里恐怕不会太好受。公式化的作文法甚至让老舍连散文都不大会写了:《北京的春节》(1951年1月25日《新观察》第2卷第2期)在描绘了旧京的过年风习后刻意加上了与全文风格极不协调的反迷信的内容,《金黛莱》(1958年11月25日《大公报》)满贮深情地叙写了朝鲜人物风光的美丽之后,结尾却是"我们一齐向美丽的英雄的朝鲜人民致敬吧!"最叫人啼笑皆非的是名篇《猫》(1959年8月16日《新观察》第16期),先用神来之笔将猫儿们的习性活现纸上,随后一本正经地讨论起来"老鼠已差不多被消灭了,猫还有什么用处呢"和"谁能因耽忧驴马没有事作而放弃了机械化呢"这样的奇怪问题来。然而此类奇事只要放入背景就不奇怪了,谁叫这篇奇文出自"大跃进"高潮虽过、天气稍晴忽又转阴的1959年8月这种奇特年月呢?这时的老舍,已不仅是"生活不够",而且也处在渐渐失去自己的思维方式与语言风格的危险之中。我这样说不是危言耸听,自有老舍自己的文章为证。在1959年初古巴刚果民族独立运动之时,老舍有两篇涂满惊叹号的文章《谁抗拒时代谁注定灭亡》(1月26日《北京日报》)和《正义斗争必将胜利》(2月1日《世界文学》第2期),其中就有这样的句子:"人类历史正在改变面貌:全世界受压迫的民族都在为反对帝国主义,争取民族独立,进行斗争。这是一个极大极大的时代洪流,无可抗拒!谁敢妄想抗拒,谁失败,谁死亡!"此外,1964年为越南战争写的声讨文章,全文如下:

越南民主共和国的人民,是中国人民最亲密的战友,一向是同甘苦、共患难的。美帝侵略越南,中国人民不能、绝对不能坐视不救!我们永远是怎么说,就怎么办!美帝若敢继续扩大侵略,我们一定与越南人民站在一起,给敌人以致命的打击!

中国作家们也和中国人民一样,全力支援越南人民,以笔杆为枪杆,声讨敌人的罪行,伸张正义。我们将瞄准敌人射击,歼灭敌人!我们高呼:越南人民必胜!美帝必败!①

立意行文,遣词命句,全然新华社电文的翻版,不看署名,谁会知道这是老舍亲笔呢?1930年,在归国后的第一篇文论《论创作》里,他就一针见血地看出了当时革命文学的某些弊端:"伟大的创作,由感动渐次地宣传了主义。粗劣的宣传,由标语而毁坏了主义",并将创作定义为"抛开旧势力的重负,抱着批评的态度,有了自己的思想,用着活的文字,看着一切的问题"这一系列精神活动的成果。那时他做梦也不会想到终于有一天他自己的文字也堕落到了"粗劣的宣传"的地步。

尽管老舍不止一次地提醒文艺工作者们注意文艺与标语口号的区别,却难以控制自己落进标语口号阵的凌乱脚步。因为那时那步履已不是他自己的了,他的语言,他的风格,随之,他的积累了一生的生活,也都不仅仅是——很多时候可以说主要不

---

① 老舍:《越南人民必胜》,1964年8月13日《安徽日报》,《老舍全集》第15卷。

是——属于他自己的。套用《骆驼祥子》中的一句名言,"生活不够"是这里的一些现象,所以"生活不够"却另有原因。而这原因中,首当其冲的就是,老舍在狂喜中以为文艺与宣传,创作与生产可以是一回事。为了"有生活",老舍下过工厂,走过街道,上过战场,扛着铺盖卷去过三次乡里,诚心可嘉,收效甚惨。其实老舍第一次下乡(1964年夏赴密云)之前早已经从写政策戏的屡屡失败以及写《茶馆》《正红旗下》的成功中悟到了有才能的作家应当"写他亲手掘成的那口'井'"①,"作家的生活经验积累是一辈子的事"② 这样关于"生活"的基本原理,再做出这样的极端行动而且一而再,再而三,可见是被某些"新政策"逼得走投无路了,由此也可领悟老舍心底难诉的悲凉。

二、忙与盲

在友朋的讲述中,老舍是个格外急公好义的人。抗战时,即有"要他卖力的时候他卖力,要他挺身而出的时候他挺身而

---

① 老舍:《青年作家应有的修养——在全国青年文学创作者会议上的发言》,1956年3月16日《中国青年报》,《老舍全集》第16卷。
② 老舍:《谈谈文艺创作的提高问题——老舍同志在中国作家协会内蒙古分会召开文艺座谈会上的讲话》,1961年10月1日《草原》9,10月号合刊,《老舍全集》第18卷。

出,要他委曲求全的时候他委曲求全"①的公议,解放后更是当仁不让地以主人翁自许。据李长之回忆,他曾在故宫的绘画馆入口向一个吸烟的游客提出劝告:"我顶喜欢抽烟,我都不抽了。你把烟掐了。"(《这就是老舍》)这种热心肠、公益心当然是一个公民的懿行美德,但作为一个作家,热衷公益亦当有一个度的把握问题。曩者曾有杨顒谏武侯"为治有体,上下不可相侵"(《三国志卷四十五》裴注引《襄阳记》),虽不可与老舍同日而语,却也是千古一理:岗位意识的薄弱,加上特殊时代里整个大环境对"士"的特殊的超高要求,在中华国土上不断地制造着一出出沉重的悲剧。但若说武侯事烦而夭尚在一个政治家的本分之内,老舍们管了许多闲事却耽误了大好的创作光阴,则不管怎么说都有点儿冤。自然,我们中国作家不安本分是有传统的,就拿那位写下"西望长安不见家"的李青莲来说吧,好好的诗人不做,偏要去济苍生,结果反而越不得志时诗写得越好。中国文人群体只要存在,其报国劝世的使命感就永远不灭。在这个问题上,"十七年"既是一个高峰亦是一个低谷。由于把宣讲政策当成了"五四"启蒙传统的赓续,中国作家就走进了一个越想启蒙越难实现启蒙的怪圈;同时,千年积淀的士心理在这些遭了半个世纪冷待、一旦感受知遇之恩又

---

① 胡风:《在文协第六届年会的时候祝老舍先生创作二十年》,1944年4月17日《新华日报》"新华副刊",曾广灿、吴怀斌编:《老舍研究资料》。

很容易在运思行事上偏于理想主义的人们心里极度膨胀开来。老舍说"中国作家今天所受到的党与政府的关怀,和人民的敬爱,是史无前例的"[①]时是深怀着满心的感激之意的,可能也有"当时笑我微贱者,却来请谒为交欢"(李白《赠从弟南平太守之遥》)的几分得意在。在这个心理背景下,老舍当仁不让地担起来一大堆社会工作。

责任感也好,荣誉感(甚至一点点虚荣心)也好,知恩报德也好,为人民服务也好,总之,这么多职务无疑时刻牵扯着他的精力,这也是他创作出现滑坡的原因之一。老舍三十年代前期曾经为做成一个职业作家煞费苦心过,虽然后来没有成功,却也尝尽了甜酸苦辣。正是因为有过这段经历,老舍解放后能为旁的事投入那么多,并不计较自身得失,才更显示出他的巨大的勇气。他写过一篇《高高兴兴的活着》(1951年9月26日《光明日报》),表示:"我并没管自己愿意干什么。有事我就办事,而且没忘了写文章。说真的,这么'两头忙'教我的腿疾有增无减,头也有时候发昏。但是,我并没因顾虑身体,而放下'两头忙'的一头儿。"这足可证明他的热情之高。但越到后来,沉重的社会任务就越是困扰他折磨他,终于成了一种负累——其实完全没有必要这样,其实许多职务只是虚

---

① 老舍:《反对文人无行》,1955年2月18日《人民日报》,《老舍全集》第14卷。

衔,其实许多委员会只是借他一个名就够了,可偏偏他凡事都那么认真——"我的职务不比别人少;连政府的带群众团体的,我有二十个'头衔'。但是,我想出一个办法,使我手不离笔。办法很简单:坚持每天上午写作,下午才去开会、办公。""全国文协及北京市文联布置的各种学习,我必参加。各方面组织的报告,只要约我,我必去听……上半天写作,下半天办公,平均每日工作十个钟头,到了晚上我已精疲力尽,我吃不消。"① 附加的负担终于使他无法"高高兴兴的忙"(《高高兴兴的活着》)了。牢骚越来越多,发到了全国人民代表大会上(《在第一届全国人民代表大会第一次会议上代表们关于宪法草案和报告的发言·舒舍予代表的发言》,1954年9月18日《人民日报》),发到了全国性的文艺会议上(《戏剧语言——在全国话剧、歌剧、儿童剧作者座谈会上的发言》,1962年4月10日《人民日报》),发给了《北京日报》的记者听(刘波泳:《老舍先生的创作劳动》,1956年3月27日《北京日报》),也发给了共和国的总理听(胡絜青口述,舒乙整理:《巨人的风格》,《周总理和艺术家们》,北京:中央文献出版社1992年版)——"我是写东西的,我要继续写东西!一

---

① 老舍:《咱们今年都要拿起笔来》,1953年2月25日《人民日报》,《老舍全集》第16卷。

天不摸笔，我心里难受！"① "我到底是作家……时间，时间，给我时间！……我的确爱写、能写一点，而且多写了，可能写出一两部像点样子的。我已经五十八岁了，现在还不加劲写作，要等到何时呢？我又要下跪了！"②……压力过重，抱怨已变作不折不扣的抗议了。糟糕的是，抗议归抗议，那份无法或离的公益心还是领着他勇往直前。李宗盛有个歌，叫《忙与盲》，歌中唱道："忙忙忙，盲盲盲，忙得已经没有了主张忙得已经失去了方向"，在"十七年"的大多数时间，老舍就是这样不无盲目地忙碌着，忙得失去了方向。

三、批评空气

对老舍创作状态发生影响的还有一个外来的重要因素，那就是随着时势急转的风向忽而晴空丽日忽而雨雪霏霏的批评空气。前文提及，老舍写作"生活不够"即与此有关，而进一步看，粗暴批评与外行建议对老舍创作（制造？）不少次品废品（老舍说，"尽管我劳动甚勤，还是免不了出次品、废品"③）要负直接责任。

---

① 老舍：《咱们今年都要拿起笔来》，1953年2月25日《人民日报》，《老舍全集》第16卷。
② 老舍：《闲谈》，1956年11月30日《文艺报》第22期，《老舍全集》第15卷。
③ 老舍：《〈老舍剧作选〉序》，《老舍剧作选》，《老舍全集》第18卷。

"十七年"的中国文坛，与创作的相对岑寂相反，文艺批评倒是一贯处于畸形的活跃状态，抛开《武训传》《红楼梦研究》这样的大事不说，小的烽烟也是隔三岔五常常有。老舍从来是相当重视自己作品的社会反馈的，他以为"……文学批评的功能，在他本身是要作成文学的哲理，在它的宣传是要指导文学与社会"①，也曾经因某些作品反响不佳而迅速调整写作路数，如《猫城记》之后的"返归幽默"与"求救于北平"（《我怎样写〈离婚〉》）。确如他在《文学概论讲义》第十二讲中引述的王尔德《批评家即艺术家》所言："唯有批评，不承认有不易的定理，不肯为任何教门派别的肤浅陈腐之谈所束缚，能养成沉静哲学心境，能为真理而爱真理，虽明知真理不易达到，也一样地爱她。"在"十七年"的大多数时候，恰是因为违背了真理，背弃了批评家的信仰，为种种说不清道不明的目的，仰给于某些伪马克思主义文艺理论的"肤浅陈腐之谈"，本应成为创作家良师诤友的文学批评渐渐蜕变为令创作家闻之毂觫、谈之色变的紧箍咒，随后把中国文学引入长达十年的几近空白的断裂期，这恐怕是领袖与文艺界掌印官们始料未及的。

老舍在新中国时期曾经从善如流猛改《方珍珠》，曾经应声而作痛责所谓"右派"，曾经在风声鹤唳中收回了社会主义社会也有悲剧的"怪论"，曾经在四面楚歌里战战兢兢地搁置

---

① 老舍：《文学概论讲义》第十二讲，《老舍文集》第15卷第131页。

了《正红旗下》,一搁就搁成个覆盆之冤。没有办法,某些批评甚至信口褒贬对作家有生杀予夺之权(老舍满怀热望受毛泽东、周恩来之命写的电影剧本《人同此心》和投入极大热情改写的讽刺话剧《澡堂》,就遭过胎死腹中的厄运[①]),处身火山口的老舍不能不小心提防,结果却常常是小心了又有什么用。在对待批评的问题上,老舍虽也说过糊涂话:"若说不该批评,我们的社会便是不讲真理的社会。好,大家批评了他,难道是因为他的学问不小么?难道是因为他写的对么?"[②]但那是在"反右"时期的应时之言。而无论是在此之前还是之后,老舍在维护文学尊严抵制庸俗主义批评上态度一直相当坚决。从《方珍珠》因听从了七嘴八舌的修改建议而称为一部半失败的作品之后,老舍心中就萌生了对不恰当的外行的文艺批评的警觉。他当下就剀切地连写《暑中写剧记》(1950年8月1日《人民戏剧》第1卷第5期)、《方珍珠的弱点》(1951年1月11日《新民报》)、《谈〈方珍珠〉剧本》(1951年1月25日《文艺报》第3卷第7期)、《学习当先》(1951年3月4日《人民日报》)等一系列文章分析得失,直言"作家并不是一口'意见箱'"(《方珍珠的弱点》),批评者"不要在题外发言","不要用题外的思想与效果来责难作者"(《学习当先》)。按他随

[①] 详参《老舍遗著特辑》(《电影创作》1994年第1期)和高莽:《老舍先生访苏琐记》(《妈妈的手》,北京:中国华侨出版社1994年9月版)。
[②] 老舍:《"祸由口出"》,1958年5月23日《光明日报》,《老舍全集》第14卷。

后幽默地说："作者的主题若是垂柳，而批评者说他没写出来黄花鱼，就一定没有什么好处"，可见他当时还没有意识到这种过分随意的批评方法将会导致何等严重的后果）。之后，他又借各种时机提醒文学批评家和作家们："行政干预，不论动机如何善良，总会妨碍作家创作出真正的艺术作品来。""乱打一通，不能鼓舞人们进行好的创作，反而毁了它。"①（这是写于"双百"春风里的话。）"理论应是作家阔步的指南，而不应是捆绑作家的绳索。"②（这是1958年9月的私下谈话，其时老舍已从"反右""跃进"的昏乱中有所挣脱。）作家自己"不要老是检讨，也不要老是感谢。人家说你写得不好，你可以说明是在什么情况下，为什么要那样写。"③（这是"小阳春"之中所讲，诚如林斤澜先生所言，"好比'促膝谈心'这么个标题，那是错前一年错后一年都不作兴的。须知到了'骨节儿'上，几个字也不容易。"④）"这两年有的人写现代戏出了一点不必要的'事故'，如《洞箫横吹》受到了粗暴的批评……"⑤（当时八届十中全会虽已开过，老

---

① 老舍：《自由与作家》，1957年1月16日《人民中国》（英文版）第1期，转引舒乙：《老舍》第147页至第148页。
② 曲波：《清水流香》，《中国现代文学研究丛刊》1985年第2期。
③ 南村：《促膝谈心——研究林斤澜作品小型座谈会纪要》，1962年6月7日《北京日报》。
④ 林斤澜：《二十多年前的座谈会》，舒济编：《老舍和朋友们》。
⑤ 老舍：《谈现代题材》，1962年10月1日《光明日报》，《老舍全集》第16卷。

舍却还沉浸在广州会议之后终于可以扬一下眉吐一口气的兴奋之中。他特地以《洞箫横吹》受粗暴批评为例子陈明问题,原因除了他确实为海默叫屈,主要恐怕还是由于这是广州会议点名平反的作品。)"必须对作品进行准确的艺术分析";"应当允许批评者应有批评的自由,被批评者有保留意见和进行反批评的自由";"把批评的战斗性和简单粗暴作风严格区别开来。"①(这是1963年在北京市第三次文代会上作的报告中所讲。这一部分的小标题是"准确地开展文艺批评",在这里,虽也例行公事地讲了"以政治标准为第一",侧重点却在"艺术标准"之上。其时,老舍已经九曲十八弯而对文坛上的某些是是非非洞若观火了。)

这一系列对粗暴文学批评的清醒抵制是老舍本人的经验之谈,是在《方珍珠》《春华秋实》《西望长安》等剧失败后痛苦反思得出的结论。以《西望长安》一剧的写作为例。《西望长安》的失败在于老舍为防备某些批评,过于审慎地处理了"李万铭事件"。在完成剧本后,老舍反反复复地讲了一些站在现在的时代背景下看显得难以理喻的话:"我的确知道我们的干部基本上是好的,只是在某些地方有缺点,犯些错误。我只能讽刺这些缺点,而不能一笔抹杀他们的好

---

① 老舍:《更好地发挥文学艺术的战斗作用——在北京市文学艺术工作者第三次代表大会上的报告摘要》,1963年3月4日《北京文艺》3月号,《老舍全集》第18卷。

处,更不能通过他们的某些错误而否定我们的社会制度。"(《有关〈西望长安〉的两封信》)虽然难以理喻,从这些话里我们却不难体会为了体现"我们的干部基本上是好的"这个精神,老舍在创作《西望长安》的过程中如临深渊如履薄冰的紧张心情。怀着这样的紧张心情创作的《西望长安》于是不能不称为一锅夹生饭。即使栗晚成的原形,骗子李万铭亦认为:剧本"只是写了一些现象","现象都写到了,但写得不够……人物形象简单化了,行为都写到了,而支配行为的动机没表现出来。"[1]应当记取的历史教训中,"讽刺干部就是讽刺社会主义"这一奇怪逻辑很久以来一直是悬在作家们头顶上的一柄达摩克利斯之剑,上文提到老舍后来为之鸣冤叫屈的《洞箫横吹》就是因讽刺了官僚主义被扣上"明目张胆地反对社会主义道路"的帽子的[2]。李万铭所谓"只是写了一些现象""支配行为的动机没表现出来",很大程度上是因为对"骗子"形象不允许写,没法写,对干部们的形象则不敢写,不能写。正是因为怕犯一些奇奇怪怪的忌讳,老舍终于把一部讽刺剧写得半生不熟,《西望长安》也和他当时的多数作品一样,"不见佳"了。

---

[1] 白草根:《我曾经是个骗子——李万铭忏悔录》第151页,陕西西安:陕西人民出版社1997年8月版。
[2] 冰宏:《〈洞箫横吹〉的厄运——关于批判〈洞箫横吹〉的情况综述》,《三个剧本廿年论争》,北京:中国戏剧出版社1989年8月版。

更"不佳"的却还不在这里。从维熙先生在回忆录里提及,"老舍在《北京文艺》上著文时竟说:'从维熙写《并不愉快的故事》,意在煽动农民造反。'"① 我找到了老舍的这篇《中苏文学的亲密关系》(1957年11月20日《北京文艺》11月号)。文中,作者义正辞严地批驳了"我们国外的人和国内的右派分子们""假借'干预生活'这个含混的口号,来提倡'描写生活阴暗面'",引证了"刘绍棠的'田野落霞',把农民、党员、干部写得无可再丑;从维熙的'并不愉快的故事',竟煽动农民闹事,反对农业合作化",得出结论:这些作品"只能教育人们去反对共产党、反对社会主义"。受过粗暴批评伤害的老舍也难免落入粗暴批评的迷魂阵。平心而论,老舍在新中国时期这种不负责任的话是说得相当少的,但既然是他说过,我们也没必要为他隐讳,必竟当时大多数义正辞严的批判者(包括老舍)会对好端端的作品提出如此既不合情理又有违作者本意的批评,这现象本身就证明了在极左路线的指导下他们也是受害者。

第三节 溯洄从之

好在,在大多数情况下,老舍没有主动担起也没有受命担

---

① 从维熙:《走向混沌(第一部)》第35页,北京:作家出版社1989年5月版。

当这种尴尬的刀笔吏角色,也好在多数情况下清明的理智经常提醒着他"写得并不怎么好",更好在,虽然是走迷了路,他的灵魂还是常常处在向那个曾经制造过艺术奇迹的老舍回溯的痛苦寻觅中。正是这无边的痛苦最终成全了他,甚至使他创造了"十七年"里罕见的艺术奇迹,这是他顶住了多少外来压力,又克服了怎样的自身弱点换来的文学奇迹呵。

一、十部话剧

老舍新中国时期尝试的主要文学体裁是话剧,这是他为"要为目前的政治任务写作"(这是老舍1951年10月27日在《新民报》上发表的文章的标题)而挑选的形式。虽说抗战时已有尝试,但毕竟也已经走过一条曲曲折折的回归小说之路,可以说,六年之后又捡起搭景造声的话剧时对自己的所长所短心里是有一笔账的,这也显示了老舍迎难而上的勇气与作为一位成功作家的自信。此后,这条他自选的路确是走得艰险异常。由于预设了"为政治任务写作"的出发点,大多数话剧写得苍白而单薄。人物虚假,语言生硬,情节离奇,这样的艺术缺陷与老舍这个名字太不协调,但无论用它们来形容那出从头至尾充斥着"五反"政策的《春华秋实》(1953年5月),那出安排了牵强的阶级斗争情节的《青年突击队》(1955年7月),还是那出只写了两个星期、排了七十个小时,"剧本的创作和排演几乎是一锅煮出来的"①《红大院》（1958年11月），都是名副其实。幸亏老舍是个艺术上相当敏感、创作意识又极强的作家，艺术水准一有降低就会主动反省与调整，所以就总的创作面貌而言，尚能差强人意。

倘若我们根据老舍在新中国时期发表的十部大型话剧的先后顺序扯一根横轴，则可以发现他的这些作品在这根轴上下作不甚规则的正弦曲线运动，每个波谷之后必有上升。具体说，则有《方珍珠》后的《龙须沟》，《春华秋实》《青年突击队》《西望长安》后的《茶馆》，《红大院》后的《女店员》《全家福》《神拳》，显示了老舍摆脱外界约束与自身局限所取得的实绩。然而，严格地说，除了《茶馆》在"百花年代"的自由空气中实现了戏剧结构的革命性探索，从《秦氏三兄弟》失败的教训中总结了经验提炼出符合剧作要求而不是符合政治要求的典型时代背景，于熟稔的环境（就是他老说自己最缺的"生活"）里找到了那些"就连他姥姥爱吃烧饼我都知道"②的人物也就是只属于他一个人的语言与风格，其余哪怕是处在上升曲线上的作品，因为做不到较彻底的放开手脚，总有那么点儿王掌柜改良的意味。形式上讲，《龙须沟》《女店员》里的快板、评剧，《女店员》中用灯光分割舞台的试验再成功也只是

---

① 夏淳：《记〈红大院〉的诞生》，1958年11月3日《剧本》11月号。
② 《夏淳关于排演老舍〈茶馆〉等剧的谈话》，洪忠煌、克莹：《老舍话剧的艺术世界》，北京：学苑出版社1993年8月版。

皮毛；内容上讲，则有原来想为新中国时代讽刺剧造例的《西望长安》因怕触犯官僚主义终于写成了个因为"讽刺得不够"①而稍有些闹剧色彩却又不敢率性放胆"闹"起来的平平之作。当然《西望长安》是个比较极端的例子，我们着重看一下比较成功的作品。《龙须沟》可谓老舍仅次于《茶馆》的上乘剧作了，然而归根到底还是脱不了运动戏的底色。这个剧本不但是在"毛主席万岁"的欢呼声里落幕的，而且不无生硬地添加了赵老头分析"五福临门"众人齐声应和的宣传场面（假若我们把赵老头这个人物的所有语言从《龙须沟》全剧中离析出来，则更可发现这个人物的苍白，几乎是一纯粹"传声筒"），这样的喜形于色、声扬于外从根本上说与《春华秋实》《青年突击队》《红大院》并无二致。王行之先生在《我论老舍》中指出："老舍的艺术修养，老舍一向讲究精雕细刻的艺术追求，可以保证他的'歌颂'能比别人的同类题材作品更带艺术性，却无法改变作品的基本面貌，宣传品到底还是很难称为艺术品。"这话可谓正中要害。老舍何尝不知道这个呢？濮思温先生回忆说，老舍完成《龙须沟》之后——

我倒真是提了一个意见："这个戏都好，就是觉着最后这

---

① 老舍：《有关〈西望长安〉的两封信》，1956年5月8日《人民文学》5月号，《老舍全集》第16卷。

场扭秧歌，不大带劲，我觉着不大像您的手笔啦！可不知道我说这话对不对?"先生正色的说："对，你这算说到病根上啦……"①

虽然在这儿老舍自责的还是所谓"没有生活"，但我们并不难想到"没有生活"而一定要写欢天喜地地扭秧歌，并在秧歌中加上赵老头"五福临门"的宣传和程疯子"人民政府了不起""劳动人民努力又心齐"的快板，正是典型的宣传第一、政治至上的创作思想的体现。痛感失败又努力挽救却常常力不从心，这大概就是最令老舍苦恼的地方。在这个问题上，我们不必苛责老舍，也不必单仗着一部《茶馆》为老舍辩护，倒是老舍极目西望却望不见家乡的迷惘神色应当留在我们心底，永远不要涂抹掉。

二、四条思路

经历过几重花明柳暗，老舍于纷乱的思绪中虽不甚果断却明确无误地抓住了这样四条思路。

1."文学创作应是创作，而不是纪录。"②

---

① 濮思温:《老舍先生和他的〈龙须沟〉》，舒济编:《老舍和朋友们》。
② 老舍:《热爱今天》，1959年10月8日《北京文艺》10月号，《老舍全集》第18卷。

这是他在"死抱住运动过程"①，用自然主义方法写了《春华秋实》《西望长安》等剧之后主动进行的一项改革。"先找矛盾与冲突"②，使得《女店员》与《全家福》稍稍显出了生气。老舍的话剧终于走出了新闻报道剧的死胡同，虽还是为运动服务的，因其精致深入而有别于肤浅热闹，几乎是让外界力量牵着鼻子走到哪儿算哪儿的那些剧作。老舍早在1953年《春华秋实》终于定稿时就分析过这种以交代政策为唯一趋赴的自然主义创作方法是自己"三年来因怕被指为不懂政策而采用的""不大健全的"方法③。何以领悟得如此之早而下决心实践这个领悟却要到整整六年之后，看来在创作话剧时老舍的顾虑重重是破坏其作品艺术性的致命伤。但他的顾虑也不是空穴来风，根源还是在粗暴简单的文艺批评和支持这种批评的文艺政策上。

2. 不能"只顾了擦拳磨掌，而没大管创作规律"④。

这是《红大院》的失败和《全家福》的成功的双重刺激下老舍痛定思痛的肺腑之言。在1959年2月全国作协创作工作

---

① 老舍：《热爱今天》，1959年10月8日《北京文艺》10月号，《老舍全集》第18卷。
② 老舍：《一点小经验》，1960年1月8日《北京文艺》1月号，《老舍全集》第16卷。
③ 老舍：《我怎么写的〈春华秋实〉剧本》，1953年4月11日《光明日报》，《老舍全集》第17卷。
④ 老舍：《规律与干劲——在中国作家协会创作工作座谈会上的发言》，1959年3月11日《文艺报》第5期，《老舍全集》第18卷。

座谈会上的发言《规律与干劲》中老舍讲了上面的话,从时间表看,当时他正处在创作《全家福》的兴奋状态中。《全家福》,正如后来他自己总结的,因为没有"照抄真人真事",动了真情,有了生活①,比起"戏不够,大家凑""只管劲头,不管创作规律"、结果是台词如同小社论的国庆献礼剧《红大院》(《规律与干劲》),自然是高出一大截。正是这时,老舍怦然心动,才道出如是肺腑之言。

3. "那就配合不上了。"

这句话出自野史。据林斤澜先生回忆,人艺导演和演员否决了《秦氏三兄弟》,提议以其中一场戏为基础写成一个剧本时,老舍说:"那就配合不上了。"后来,这个扩写全新剧本的设想激动着他,他仅用三个月时间写成了《茶馆》②。《茶馆》后来倒过几年不大不小的霉,但在指责纷起时老舍坚持说这恰是自己的成功之处——"我的写法多少有点新的尝试,没完全叫老套子捆住"③;后来北京人艺再请老舍改动一二("加红线")以适应形势以便重排上演,老舍拒绝自己修改④;当年

---

① 老舍:《语言、人物、戏剧——与青年剧作者的一次谈话》,1963年1月20日《剧本》1月号,《老舍全集》第16卷。
② 林斤澜:《〈茶馆〉前后》,《读书》1993年第9期。
③ 老舍:《答复有关〈茶馆〉的几个问题》,1958年5月3日《剧本》5月号,《老舍全集》第17卷。
④ 赵起扬:《话剧〈茶馆〉上演的前前后后》,《新剧本》1993年第3期;林斤澜:《〈茶馆〉前后》,《读书》1993年第9期;于是之:《老舍先生和他的两出戏》,《北京文学》1994年第8期。

《龙须沟》被迫改动后老舍是"坚持了两年半，最后还是伤心屈从"①，这次却异常坚决，演员要求加个大傻杨或加一段仨老头撒纸钱的戏无不乐从，外行的批评却一概置若罔闻。如是种种，证明老舍在《茶馆》的无可置疑的成功——不是当时批评家眼中的，而是真正意义上，具有永久性的那种成功——之后，颖悟了艺术独立性、艺术家自主性的崇高意义。"那就配合不上了"，这却也是与自己曾虔心拜从的"艺术工作是必须配合政治运动的"②唱反调，所以，大概也还是有所不甘的缘故，后来他又赶着大跃进的热浪写了《红大院》《女店员》和《全家福》。结果却是，《红大院》乱哄哄不知所云，《女店员》《全家福》有扎挣之势却无突围之力。这一系列尝试反而更坚定了老舍"那就配合不上了"的想法，他从1959年3月放掉《全家福》，就躲开尘嚣，开始了历史剧、神话剧《青霞丹雪》《青蛙骑手》《宝船》《荷珠配》等的写作。

4."所谓语言的地方性，我以为就是对语言熟悉，要熟悉地方上的一切事物，熟悉各阶层人物的语言，才能得心应手，用语精当。"③

---

① 舒乙：《〈龙须沟〉事隔两年半的一次修改》，《人民日报·海外版》1994年4月20日。
② 老舍：《在捷克斯洛伐克观剧》，1953年7月20日《说说唱唱》7月号，《老舍全集》第14卷。
③ 老舍：《语言、人物、戏剧——与青年剧作者的一次谈话》，1963年1月20日《剧本》1月号，《老舍全集》第16卷。

自1955年推广普通话作为国策大力提倡以来，老舍身为中央推普工作委员会副主任自是尽心尽责，兼之他本来对汉语改革就有一些朦朦胧胧的想法——如他1935年2月就曾在上海文化界倡议推行"手头字"（我国第一份公定简体字）的《推行手头字缘起》上签字①，1938年7月，他曾写下："中国字难认，更难写，不设法改掉它，教育便永不易发展。"②——不过，即便是五十年代，他最大的想象力也只不过是驰骋到"五四"文人早就幻想过的"更希望早些把方块汉字改为拼音汉字"③这样的空话而已，对其创作不构成威胁。汉字简化运动和推广普通话运动是在我们国家酝酿了六十多年方才认真做成的，于国于民功莫大焉。但凡事利弊并陈，作家作为语言文字的使用者，如果在意识深处也过分强调自己"写东西必定尽量用普通话，不乱用土语方言"，以作品"配合这个重大的政治任务"④，遣词造句难免就会束手束脚。而不言自明，作家最忌约束过多。老舍有一个时期就是在这方面有些过于慎重了。为了尽自己"在这个运动中应尽与能尽的力量"，

---

① 高天如：《中国现代语言计划的理论和实践》第210至211页，上海：复旦大学出版社1993年10月版。
② 于志恭：《老舍的一幅条屏》，私人剪报。本文大约发表于1992年2月许《北京晚报》。
③ 老舍：《拥护文字改革和推广普通话——汉民族共同语》，1955年10月25日《北京日报》，《老舍全集》第14卷。
④ 老舍：《拥护文字改革和推广普通话——汉民族共同语》，1955年10月25日《北京日报》，《老舍全集》第14卷。

他"开始控制自己,少用土语方言"①,还曾不无自豪地说,"《龙须沟》里土话非常多。《西望长安》里土话就少得多了,而并不见得表现力就薄弱。"②但事实上,《西望长安》一剧,老舍特有的臻于化境的语言特色已很难觅到了,怎能与《龙须沟》作并列论呢?从古至今,语言的独创性才能使文学作品焕发出意想不到的精彩。新闻用语必须规范,文学作品要规范却是从何谈起?老舍曾说"大家怎么说,就是文法"③,推崇的是无拘无束,佳句天成,在推普的风头上却口口声声要让语法"合乎我们语言的规则"④了,这也是为尽到推普的职责而遗落了作家的本分。终于在写过《茶馆》之后,他便不再说要将方块汉字改成拼音文字,而是说"改革汉字不是取消汉字"⑤了;他也不再说土语没用,反而强调起"语言的地方性"来。对语言地方性问题的重提是老舍经历双重否定得到的一个确切答案。老舍在用较纯净的接近普通话的北京话营造新的话剧语言上功不可没,我并无意否定他的这一辛苦努力与取得的宝贵

---

① 老舍:《大力推广普通话》,1955年10月31日《人民日报》,《老舍全集》第14卷。
② 老舍:《关于语言规范化》,《全国青年文学创作者会议报告发言集》,北京:中国青年出版社1956年8月版,《老舍全集》第17卷。
③ 老舍:《大众文艺怎样写》,1950年3月26日《新建设》第2卷第3期,《老舍全集》第12卷。
④ 老舍:《关于业余曲艺创作的几个问题》,《曲艺的创作和表演》,北京:工人出版社1956年12月版,《老舍全集》第17卷。
⑤ 老舍:《文字改革是广大人民的迫切需要》,1957年8月15日《文字改革》8月号,《老舍全集》第14卷。

成果（代表作品当然是《茶馆》），只是想说明，老舍曾经将土语视作洪水猛兽在根本上是有违文学创作的本义的；况且，北京人艺舞台上的《茶馆》，但凡老舍特意用了普通话的，在二度创作时几乎无一例外地改回了生动鲜活的北京土语。《茶馆》长演不衰，从来没有观众因为那不是标准的普通话提出意见，我想这大约可以说明问题了。

三、半本小说

老舍的自我回溯还表现在寻找最适切于自我的文体的成功上，简言之就是在远离小说十余年后终于磨一磨笔锋蓄一蓄锐气开始构思并写作《正红旗下》。

这是老舍第二次返归小说，也是他永远地返归小说。1949年春在给赵家璧先生的信里，他曾"详细讲到了他计划回国后准备以北京旧社会为背景的三部长篇历史小说：他的计划是第一部小说，从八国联军洗劫北京起，写他自己的历史；第二部小说，写旧社会的许多苏州、扬州女子被拐卖到北京来，堕入八大胡同，娼妓火坑的种种悲惨结局；第三部小说，写北京王公贵族，遗老遗少在玩蟋蟀斗蛐蛐中，勾心斗角，以及他们如何欺诈压迫下层平民的故事。他信中还说，这三部长篇，可以放在全集的最初部分陆续出版。那将是第二个十卷中的压轴之作，将和第一个十卷中的第一部分《四世同堂》成为首尾两套重点著作。"① 这个创作计划晚了十年（按据罗常培先生 1944 年的《我与老舍》回忆，则老舍最早考虑写家传起码可追溯到 1934 年之前）才付诸实施，老舍写下《正红旗下》第一句话时，想来定是满怀着把这三部作品按顺序完成的雄心壮志的，但事实却如老舍在辞世前四个月时含泪所说："这三部已有腹稿的书，恐怕永远不能动笔了！……这三部反映北京旧社会变迁、善恶、悲欢的小说，以后也永远无人能动笔了！……"②

四、绝笔

老舍的创作在他自己不断修正并取得一定成效时被外力打断，事情至此，一个结局已经明白地摆在前方不远处了。我们常常因老舍最后发表的作品竟是快板《陈各庄上养猪多》而备感痛心，却很少仔细想过，老舍是在什么情况下写出这个快板的。值其时也，他好不容易寻回来的生活被"左"的禁令隔绝在笔尖能触的范围之外，为了有一点"生活"，也为了还能写——他说过"一天不摸笔，我心里难受"③，甚至 1962 年上半年因为出游没能动笔也会让他感到惭愧④，可见多年以来写

---

① 赵家璧：《老舍和我》，《文坛故旧录》。
② 谢和赓：《老舍最后的作品》，舒济编：《老舍和朋友们》。
③ 老舍：《咱们今年都要拿起笔来》，1953 年 2 月 25 日《人民日报》，《老舍全集》第 16 卷。
④ 老舍：《南游杂感》，1962 年 9 月 14 日《中国新闻》，《老舍全集》第 15 卷。

作已成为他的生活方式,成为他生命赖以存在的依凭——他不顾年老多病,多次下乡采风。小说写不下去了,散文居然有了石沉大海的经历①,连旧戏也难再写(1963、1964 年以降,传统戏剧越来越吃不到好果子,1964 年 8 月 1 日,《红旗》杂志第 15 期发表柯庆施的文章,污蔑戏剧工作者"热中于资产阶级、封建阶级的戏剧,热中于提倡洋的东西,右的东西,大演'死人''鬼戏'",这对于借历史神话题材躲风避雨的老舍无疑又是当头一棒),那么只有重新捡回让自己冷落多年的曲艺段子了。老舍是在走投无路的情况下创作了《陈各庄上养猪多》的。以他本心,他又何尝愿意让自己的笔只派科学养猪宣传品的用场!可是,这竟是他当时唯一能做的事了。而且,这个快板也算得上是个中上水平的段子。老舍是中国新曲艺的辛勤拓荒者之一,建国后的曲艺创作总体水平呈上升趋势,无论相声包袱的运用(可对比 1950 年的《铃铛谱》)与 1958 年的《双反》),传统技巧的熟练度(如绕口令手法,可对比发表于 1950 年的《改编绕口令》与 1958 年的《美英要挨揍》),还是快板句式的灵活度(可对比 1951 年的《和平解放西藏》与——不找旁的例子了,就是这段 1966 年的《陈各庄上养猪多》吧),都在不断进步之中。《陈各庄上养猪多》,从曲艺创作角度看,不能算个太差的作品,然而,它成了老舍在精进与

---

① 舒乙:《老舍》第 176 页,北京:人民出版社 1986 年 8 月版。

规避皆告失败之后唯一能写、能发表的作品，又是它稀里糊涂地给老舍一生所有流光溢彩的锦绣文章、平质朴实的坦荡言辞、矫情狂热的应声之作、一本正经的宣教之言打了个不太圆的句号。面对这个事实以及个中包含着的难言况味，我们不能不长久地苦涩地沉思。

第十三章 "百花年代"和《茶馆》的写作

老舍的文学之旅，曲曲折折，走走停停，反反复复地，一直在自由主义和实用主义之间徘徊。如果说老舍二十世纪三十年代的创作理念可以经由《文学概论讲义》定位于自由主义，那么从抗战开始的文学环境和老舍本人的投入完全颠覆了这种自由主义，体现为对通俗文艺和其他实用的文学体裁的痴迷。然而这种痴迷或者说狂热并不是一成不变的，正如文学环境本身也在发生变化一样。由此，我认为厘清出现在1941年前后、1956年前后、1962年前后三次比较重要的折返，对研究老舍的文学理念有着至关重要的意义。这三次折返分别应和了中国现当代文学史关于文学本体的三次重要讨论，并且分别催生了老舍和同时期文学创作非常异质的三部代表作，《四世同堂》《茶馆》和《正红旗下》残篇。

第一节 《茶馆》之前

进入二十世纪五十年代后老舍的整个心态可以用"狂喜"二字来概括。老舍说，回国后的思想巨变"来自对新社会的观察与热爱"，是因为"确是亲眼看见，亲耳听见了革命的事实","亲手摸到了革命"①。曾经在童年饱经忧患，在中年颠沛流离的老舍，随着生命历程踏入五十岁（进入老年），终于见到久违的故乡风物、亲朋好友，甚至亲眼见到年逾古稀的三位老姐姐"不但活着，而且是劳动着，不辞苦的活着"②；自身也终于完全摆脱了战争和贫困的阴影，"得到了一个文艺工作者应得的尊敬与重视"③。在这样的心态指导下，老舍第二次（抗战伊始是第一次）放弃了小说家的身份，投入到各种宣传文体的写作中。他说："政治热情激动了创作热情，我非写不可，不管我会写不会"④；"在新社会里，我有了写作的自由，我必须拿出些思想教育，加强文艺的影响；不这样，我就觉得有点对不起社会"⑤。

写作"前《茶馆》"之前，从1950年到1956年，老舍创作的大型话剧有：《方珍珠》（1950年）、《龙须沟》（1950年）、《春华秋实》（1953年）、《青年突击队》（1955年）、《西望长安》（1956年）。七年五出戏，这个量不能算大，但是考虑到

---

① 老舍：《为人民写作最光荣》，1951年9月21日《人民日报》。《老舍全集》第14卷第466页。
② 老舍：《老姐姐们》，1950年3月4日《留美学生通讯》第3卷第7期，《老舍全集》第14卷第419页。
③ 老舍：《感谢共产党和毛主席》，1951年6月26日《光明日报》，《老舍全集》第14卷第463页。
④ 老舍：《生活，学习，工作》，1954年9月20日《北京日报》，《老舍全集》第14卷第545页。
⑤ 老舍：《学习当先》，1951年3月4日《人民日报》，《老舍全集》第14卷第448页。

老舍在同时期写作的大量通俗文艺作品、报告、散文，他担任的各种职务和频繁出席的各种会议，这个量也不能算小了。1956年11月，老舍发表散文《闲谈》，诉苦说："时间，时间，给我时间！……我从去年就打算辞去一切职务，专心写作，可是各有关方面都不点头……我已经五十八岁了，现在还不加劲写作，要等到何时呢？"① 综观从建国到这时候老舍的写作状态，这份自述是完全真实的。在徐德明教授编的《老舍自传》里对老舍建国后的社会兼职作过一个统计，包括了27个团体的30个职务，如中国人民保卫世界和平反对美国侵略委员会北京分会副主席；北京市节约检查委员会委员；中印友好协会理事；政务院华北行政委员会委员；北京市贯彻婚姻法运动委员会委员等②。这当中的绝大多数职务是和老舍的作家身份八竿子打不着的。

但是因为太多的社会兼职耽误了创作的大好时光尚不是老舍当时遭遇的头等问题。最大的问题毋宁在老舍本人的文艺思想在新中国时期发生了逆转。是，如果说抗战时期的转折只是转折而已，那么新中国时期的转折就是颠覆。二十世纪三十年

---

① 老舍：《闲谈》，1956年11月30日《文艺报》第22号，《老舍全集》第15卷第495页。
② 徐德明编：《老舍自传》第283页注①，江苏南京：江苏文艺出版社1995年9月第一版。

代,老舍以《论创作》①为起点,指认"活的文学,以生命为根,真实作干,开着爱美之花"。1937 年 12 月,老舍发表《大时代与写家》②,声称:"行动,行动,只有行动能锻炼我们的人格;有了人格作根,我们的笔才会生花。"这从"生命为根"到"人格作根"的微妙变化映现出老舍在抗战这"大时代"到来之时文学自律原则的改变。从《论创作》和《文学概论讲义》到《大时代与写家》,写作环境变了,环境对作家的要求变了,作家本人的心态和写作状态也变了。但是这种变化比起建国之后的决绝来,还只是渐变而已。对于建国后的转折,老舍自己是这么总结的:"解放以前,我写东西,最注意写得好不好。拿什么去判断好不好呢?文字漂亮就好,故事有趣就好;反之,就不好。现在,经过差一点满二年的观察与学习,拿起笔来,我最注意写得对不对……我必须要求自己写得'对',而后再要求写得'好';道理说错,文字越漂亮,故事越有趣,才为害越大!对而且好,才算真好;不对,就不好。"③ 易言之,"现在",写作首先也是唯一要遵循的原则是:政治标准第一,艺术标准第二。

---

① 老舍:《论创作》,1930 年 10 月 10 日《齐大月刊》创刊号,《老舍全集》第 16 卷。
② 老舍:《大时代与写家》,1937 年 12 月 1 日《宇宙风》第 53 期,《老舍全集》第 16 卷。
③ 老舍:《为人民写作最光荣》,1951 年 9 月 21 日《人民日报》,《老舍全集》第 14 卷第 466—467 页。

综上所述，老舍建国后的"迷失"有两大诱因，一是社会兼职过多，耽误了思考和创作的时间；二是经历了常规的思想改造之后，老舍进行思考和自由创作的空间受到了空前的局限。

第二节 第三次返归幽默

如果以陆定一在1956年5月26日作的《百花齐放，百家争鸣》报告为起点，以1957年6月8日《人民日报》发表社论《这是为什么》为终点界定"百花年代"，继而考察老舍在"百花年代"的言论，不难发现，在这一年间，老舍思维活跃，发言大胆，反思深刻，作为一个爱国知识分子，他对"双百方针"表示了无条件的热诚拥护。

老舍对文学问题的思考集中在作家是否有可能以及如何实现自由写作这个敏感问题上，并且以对于幽默讽刺问题和悲剧问题的探讨为突破口。

众所周知，幽默是伴随老舍创作始终的标识性特征，如果从1933年的"返归幽默"[1]算起，老舍的文学回归和幽默回归总是相偕而至。《离婚》（1933年）、《四世同堂》（1944—

---

[1] 老舍：《我怎样写〈离婚〉》，《老牛破车》，人间书屋1937年4月初版，《老舍全集》第16卷第189页。

1951年)、《茶馆》(1957年)、《正红旗下》残篇(1962年)便是老舍每次重拾幽默之笔的阶段性代表作。同时值得注意的是,这"返归幽默"又和"求救于北平"① 同生共长,不离不弃。

和这一创作现象相关联的首先是幽默写作和自由主义的关系。老舍本人对这个问题有过阐释。他在《"幽默"的危险》中说:"幽默的人,据说,会郑重的去思索,而不会郑重的写出来;他老要嘻嘻哈哈。假若这是真的,幽默写家便只能写实,而不能浪漫。不能浪漫,在这高谈意识正确,与希望革命一下子就能成功的时期,便颇糟心。那意识正确的战士,因为希望革命一下子成功,会把英雄真写成个英雄,从里到外都白热化,一点也不含糊,像块精金。一个幽默的人,反之,从整部人类史中,从全世界上,找不出这么块精金来……"② 这足以证明老舍对幽默的坚持是对反文学的绝对化的创作思想的直接对抗。小说《新爱弥耳》中那个可怕的婴儿"简直的不大会笑",因为他的父亲认为"笑的文艺,笑的故事,只是无聊,只是把郑重的事与该哭

---

① 老舍:《我怎样写〈离婚〉》,《老牛破车》,人间书屋1937年4月初版,《老舍全集》第16卷第189页。
② 老舍:《"幽默"的危险》,1937年5月16日《宇宙风》第41期,《老舍全集》第16卷第525页。

的事变成轻微稀松,好去敷衍"①。这种"把人性连根儿拔去"之后的"革命意识"是老舍所不齿的。在《〈牛天赐传〉广告》中,老舍这样调侃千人一面的文坛现状:"……整好步骤,齐喊一二三——四,这恐怕只能练习摔脚吧?"②不得不承认,老舍从抗战开始经历的数次从自由主义滑向功利主义的文学事实,恰恰印证了他的这一调侃。文学终究是不能"整好步骤,一二三四"的,重新开始思考幽默问题,表明了老舍对"整好步骤,一二三四"的写作程序的反思,这反思是适时的,也是到位的。

不用说,幽默和讽刺作为笑的艺术有着天然的关联,需要进一步说明的是以幽默讽刺为主要艺术手段的喜剧和悲剧也是从源头上便你中有我,我中有你的"血亲"。这首先是因为,"历来诸家解释可笑的特性,都以为它和美是相关联的,也是相冲突的,都以为它是一种丑陋或缺陷。"③同是对"丑陋或缺陷"的反映,这构成了喜剧和悲剧的天然关联,鲁迅曾经以文学家的敏感归纳为"悲剧将人生的有价值的东西毁灭给人看,喜剧

---

① 老舍:《新爱弥耳》,1936年7月《文学》第7卷第1号,《老舍全集》第8卷第193页。
② 老舍:《〈牛天赐传〉广告》,1934年7月16日《论语》第45期,《老舍全集》第15卷第304页。
③ 伽瑞特(Carrit)语,转引自朱光潜:《文艺心理学》第16章,《朱光潜全集》第1卷第476页,安徽合肥:安徽教育出版社1987年8月版。

将那无价值的撕破给人看。"① 而从抗战时期国统区的"暴露与讽刺"论争到解放区对"暴露文学"的口诛笔伐，都是从创作题材和表现手法上对作家"写什么"（不能写什么）和"怎么写"（不能怎么写）作出了干涉和规定，不允许暴露黑暗，写黑暗，这导致了很长的时间段内喜剧和悲剧同时从文学史消失。老舍在建国初的若干年内创作水准下滑和这一困扰密切相关。

老舍在"百花年代"开始重新思考幽默问题，除了来自大气候的轻松语境的感染，同时也由于写作《西望长安》带给他的思考契机。1956年初，老舍完成了话剧《西望长安》的写作，《西望长安》在写作之初，是被寄希望于成为中国的《钦差大臣》的，但是，因为怀着"假若我为写得痛快淋漓，把剧中的那些干部们描画成坏蛋，极其愚蠢可笑，并且可憎，我便是没着良心说话"的顾虑，老舍把一部讽刺剧写得"讽刺得不够"了②。《西望长安》在这一点上的失败是毋庸置疑的，因为骗子栗晚成之所以能够一步步向上爬，光凭他那些雕虫小技是不可能实现的，这当中必然牵扯进很多干部的实际问题。但是老舍却不能那么写，一写就怕要被扣上讽刺社会主义革命和社会主义建设的大帽子，所以这部作品写得"夹生"实在也是

---

① 鲁迅：《再论雷峰塔的倒掉》，1925年2月23日《语丝》第15期，《鲁迅全集》第1卷第192—193页，北京：人民文学出版社1981年版。
② 老舍：《有关〈西望长安〉的两封信》，1956年《人民文学》5月号，《老舍全集》第15卷第759页。

它的宿命罢了。话剧不是很成功，老舍在郁闷之余写了《有关〈西望长安〉的两封信》检讨个中原由。他说："我的确知道我们的干部基本上是好的，只在某些地方有缺点，犯些错误。我只能讽刺这些缺点，而不能一笔抹杀我们的社会制度。"① 这是非常标准的老舍式苦闷。早在抗战时期，老舍写作话剧《张自忠》的时候，就遭遇过类似问题的困扰。作品完成后，他发牢骚说："一谈困难与问题就牵扯到许多事，而我们的社会上是普遍的只准说人人都能成圣成贤，不准说任何人任何事微微有点缺欠。我的手不能自主，因而放弃了许多'戏'。"② "我们的社会上是普遍的只准说好，不准说坏的。因此，我的手既不能自由，到了非有衬托不可的地方，我只好混含。"③ 老舍当时以中庸"混含"的方式避免了暴露过多"不准说"的问题，《张自忠》因此把批评焦点完全集中到虚拟人物墨子庄的身上，也正是这种策略的写法使得作品的质感大打折扣。时隔十六年，光阴荏苒，写作内容和写作环境都天翻地覆地变化了，只有"只好混含"的无奈依然，这次老舍不得不把批评焦点完全集中到大骗子栗晚成身上，而不敢"把剧中的那些干部

---

① 老舍：《有关〈西望长安〉的两封信》，1956 年《人民文学》5 月号，《老舍全集》第 15 卷第 759 页。
② 老舍：《没有"戏"》，1940 年 8 月 6 日《新蜀报》，《老舍全集》第 16 卷 690 页。
③ 老舍：《写给导演者——"声明在案"：为剧本〈张自忠将军〉》，1940 年 9 月 10 日《文艺月刊·战时特刊》第 5 卷第 1 期，《老舍全集》第 9 卷第 204 页。

们描画成坏蛋,极其愚蠢可笑,并且可憎",这便使得作品的讽刺力度受到严重削弱。甚至连栗晚成的原形,骗子李万铭也说:"当人们知道老舍先生要写中国的'钦差大臣'时,寄予厚望,估计他会酿出一瓶'茅台酒',而老舍先生端出的却是一瓶西凤酒。"①

老舍对《西望长安》无法放胆讽刺的失败的反思正踩在"双百方针"的鼓点上,于是我们看到了《什么是幽默》(1956年3月)、《谈讽刺》(1956年7月)、《论悲剧》(1957年3月)这三篇重要文章。这三篇文章构成老舍在"百花年代"关于悲剧和喜剧问题反思的三部曲,也启动了老舍对"自由和作家"问题的又一次终极思考,这一切都为《茶馆》的酝酿和写作作了良好的铺垫。

第三节 "百花年代"的文论探索

本段我们继续讨论老舍在"百花年代"的文论探索。

老舍1956年11月发表散文《闲谈》,讲述自己当时的生活和工作状态。他说因为各种会议和疾病,从1月到9月"前

---

① 白草根:《我曾经是个骗子——李万铭忏悔录》第151页,陕西西安:陕西人民出版社1997年8月版。

前后后一共九个月,我没写一个字!"① 刨去老舍式夸张的成分检视老舍的实际写作情形,发现这段时间老舍的创作确实比较少,基本上处在《西望长安》之后《茶馆》之前的调整期。这多少有点可惜,因为我们窥视老舍"百花年代"真实心态的可能性就此被打了很大的折扣。但即便如此,我们还是能找到老舍积极参与"鸣放"的重要痕迹。

"百花年代"中,关于文学本体的探讨,大致有以下五类:一、针对人性和阶级性问题,主要争鸣作品如巴人的《论人情》、王淑明的《论人情与人性》、钱谷融的《论"文学是人学"》;二、针对创作方法问题,主要是社会主义现实主义问题的考辨,争鸣作品如何直的《现实主义——广阔的道路——对于现实主义的再认识》;三、针对暴露与讽刺问题,主要争论作品如秋耘的《不要在人民的疾苦面前闭上眼睛》、《刺在哪里?》;四、"电影锣鼓"风波,主要涉及《文汇报》复刊后1956年5月到12月的电影问题大讨论,在紧接着的"反右"运动中,大量直接或间接参与了这次论争的电影界人士被错划为"右派";五、少量综述性质的文章,如刘绍棠大胆泼辣的《我对当前文艺问题的一些意见》。在此期间,老舍不多的文论作品中,至少有《论悲剧》和《救救电影》两篇直

---

① 老舍:《闲谈》,1956年11月30日《文艺报》第22号,《老舍全集》第15卷第494页。

接回应了暴露讽刺问题的讨论和电影问题的讨论。

《论悲剧》一文，诚如上述，是老舍1956到1957年关于喜剧——悲剧问题系列思考的产物。老舍的秘书葛翠琳女士曾经在纪念老舍的长文《魂系何处——老舍的悲剧》中，详尽回忆了老舍在建国后遭遇的各种事件，以只言片语的散点形态还原了一个"主旋律"之外孤独的老舍。她谈到了这样一个细节：二十世纪五十年代，老舍曾经至少有两次，分别和欧阳予倩、茅盾谈起社会主义能否有悲剧这个命题。在一次和茅盾的畅谈后，老舍说："茅盾先生讲得好啊！各尽所能。繁荣社会主义文艺，就应该这样！古今中外留下那么多感人肺腑的悲剧剧本，社会主义戏剧，悲剧就灭亡了不能存在？茅盾先生毕竟是作家……"[①] 葛文说，"当时，已经开始整风运动"，但是没有说明是哪一次整风，所以老舍这一系列思考的具体时间不可考。但是，无论如何，这个旁证对于我们理解老舍写作《论悲剧》的心理背景是很重要的。

《什么是幽默》—《谈讽刺》—《论悲剧》的核心内容可概述为：社会主义社会当中的确有必须通过幽默、讽刺、甚至悲剧的形式揭示的黑暗面。老舍大胆陈言："事实上，我们社会里的该讽刺的人与事的毛病要比作家们所揭发过的还更多更不好"，"作家的责任是歌颂光明，揭露黑暗……拥护我们的社

---

① 葛翠琳：《魂系何处——老舍的悲剧》，《北京文学》1994年第8期，第15页。

会制度不等于隐瞒某些人某些事的丑恶与不合理。"① "也许有人说：民主生活越多，悲剧就越少，悲剧本身不久即将死亡，何须多事讨论！对，也许是这样。不过，不幸今天在我们的可爱的社会里而仍然发生了悲剧，那岂不更可痛心，更值得一写，使大家受到教育吗？"② 以上是问题的提出，就是社会主义社会是否可以出现喜剧和悲剧，它和上引葛翠琳女士的回忆相一致。这个话题历经"左联"、抗战、解放区三个阶段的讨论和争鸣，进入新中国时期的一体化时代后，争论消歇，但是作为作家，疑窦尚在，创作欲望更是无法遏止，所以才有了"百花年代"的旧话重提。这个过程事实上是悲剧和喜剧的生存可能性和中国现当代文学史功用至上的一支文学价值评估体系相与纠缠的过程。

相比之下《救救电影》③从写作背景到成文经过都更容易理解一些。老舍在此文中谈到的电影工作者和作家没有能够理顺的互动关系，从他的视角看，其实更多地是谈了自己和话剧工作者互相之间的关系。因为老舍建国后唯一写作的一个电影没有能够开拍，只是一部废稿而已，所以老舍本人并未正式进

---

① 老舍：《谈讽刺》，1956年7月30日《文艺报》第14期，《老舍全集》第17卷第424页。
② 老舍：《论悲剧》，1957年3月18日《人民日报》，《老舍全集》第17卷第468页。
③ 老舍：《救救电影》，1956年12月1日《文汇报》，《老舍全集》第17卷第441页。

入任何一部影片的创作流程——当然仅有的两部改编电影《龙须沟》和《我这一辈子》，对原著的篡改也是显而易见的——但是，话剧从创作到排演的过程和电影从创作到拍摄的过程是很相似的，电影遭遇的种种如老舍《救救电影》中提出的脱离生活、化妆讲演、被强行干涉的现状，在文艺创作的各个环节都存在，因此，我想，也许"电影锣鼓"正好敲在老舍心坎上的某一块憋屈的部位，让他得到了一个宣泄的途径，才有了这篇《救救电影》吧。

如果说以上文论和其他"牢骚"之作都是老舍在"百花年代"关于文学问题的局部思考，那么《自由和作家》（Freedom and the Writer）① 则体现了老舍关于文学自由问题的终极思考。这篇文论从自身写作经验出发，提出了在新中国作为一个作家遭遇的种种困难和失误（difficulties and misdoings）②，诸如巨大的政治热情和生活实感的矛盾、公式化概念化的创作思路以及行政干预对艺术的损害、"打棍子"式的批评对作品本身的损毁，等等，用简明扼要的陈述回应了"百花年代"文艺学争鸣的几个敏感问题：社会主义现实主义、暴露和讽刺、"电影锣鼓"。针对创作方法问题，老舍指出：

---

① 老舍：Freedom and the Writer，1957年1月16日《人民中国》第1期，英文论文原文和胡允桓汉语译文均收入《老舍全集》第14卷。本文摘引多从胡允桓译文，若对胡译有异议在文中会注明。按本文又作《自由与作家》。
② 老舍原文：difficulties and misdoings，胡译"困难和坏事"，把 misdoing 译作"坏事"口气太重了，老舍的本意是"不当之处"。

"社会主义现实主义是公认的进步的写作方法。但这难道是说，所有其他的写作方法都不好吗？"针对暴露和讽刺（悲剧和喜剧）的相关问题，老舍重申："应该允许一位作家用他选择的方式写他爱写的东西。"针对电影问题，老舍说："行政干预无论动机多么好，都必然会妨碍创作真正的艺术。"对这些 difficulties and misdoings 进行一番检视和讨论之后，老舍天真地提出如下建议作为总结："从现在起，我们应该出版一切有道理的东西，而不管作家属于什么思想形态——唯物主义还是唯心主义。"在看过了老舍建国后那么多政治表态和思想汇报之后，我们是不是应该为老舍仍然那么天真而感到庆幸呢？设想，老舍如果如坊间流传的某种说法，一贯世故且矫情，二十世纪的文学史里肯定就不会有《茶馆》和《正红旗下》残篇的身影，老舍之死也不会作为一个话题被人们经年谈论了。

第四节 《茶馆》的诞生

老舍在"百花年代"的文论探索不是兴之所至信口开河，这些问题从二十世纪二十年代老舍进入文坛的时候就存在着。在二十世纪三十年代老舍把它们作为学术问题思考文学定位的时候，在抗战时期老舍成为中华全国文艺界抗敌协会的负责人，对它们从实用主义的角度进行辨析的时候，它们都曾经深深地折磨过老舍，困扰过老舍。何止老舍，这些问题——或者说，这个问题，就是自由主义还是功利主义——折磨和困扰的是整个二十世纪的中国文学，是变幻多姿的中国现当代文学史中贯穿始终的核心问题之一。

现在，借着"百花年代"的"春风"，它们再一次被老舍敏锐地捕捉到，提出来，这至少是证明了老舍又一次自觉的文学回归，正是这次文学回归催生了话剧《茶馆》。

《茶馆》发表于1957年7月，完稿的时间，根据于是之1994年的回忆，可能是1956年的秋天①。《茶馆》的写作过程现在已经很清楚了，大致上说就是老舍先写了个通过秦家三兄弟反映现代中国宪政史的话剧，这个剧是为配合宣传人民代表大会制度的，但是北京人艺的一干导演、演员、领导、群众只看中其中写维新运动失败时候裕泰大茶馆的第一幕第二场，在大家的建议之下老舍心甘情愿地放弃了前稿，写出了现在的《茶馆》。这个事件本身非常有意思，因为它是能且只能在"百花年代"发生的：不论是来自人艺的建议还是老舍的重写。关于这件事，林斤澜提供过一个野史，这么说的：

---

① 于是之：《老舍先生和他的两出戏》，《北京文学》1994年第8期，第30页。完成本文后，我读到张定华口述、辛夷楣执笔的《我所认识的焦菊隐》，征引《北京人艺建院50周年大事记》的记载："1956年10月8日"，老舍采纳了北京人艺的建议，决定推翻"前《茶馆》"，写作《茶馆》，"1956年12月2日，老舍先生到首都剧场向全体演员朗读了他的新作《茶馆》的第一幕"。（辛夷楣、张桐：《记忆深处的"老人艺"》，第90页，北京：生活·读书·新知三联书店，2009年5月第一版。）这个记录明确了老舍写作《茶馆》的具体时间在1956年10月8日到12月2日之间。

五十年代是哪几位艺术家，跟老舍说，他的草稿中有一场戏很好，示意照这一场写一个戏。现在说不清这几位是谁？谈话时都有谁谁在场？老舍怎样思考又怎样回答？几十年过去了，作家和导演作古了。

可是，当年就传出来一句话，这句话不胫而走，到了有心人耳朵里，牢记不忘。确实有过这么句话，老舍听了意见，说：

"那就配合不上了。"①

明知"那就配合不上了"，剧院却无限希望作者重写，作者也非常乐意重写，两厢情愿的"上等婚姻"。《茶馆》1958年上演不久马上遭到封存的命运证明了它确实是什么都"配合不上"，不但"配合不上"，而且完全不搭调，然后老舍就非常"配合"地去写《红大院》了。

现在，我们将进入本文希望阐释的核心问题："配合不上"的《茶馆》和老舍1956年前后的文学回归究竟有什么内在关联。这里我们将通过三个层面来接近这个问题的答案。一、《茶馆》和自由主义的关系；二、《茶馆》和老舍关于暴露讽刺问题的反思的关系；三、《茶馆》和保守主义的关系。

---

① 林斤澜：《〈茶馆〉前后》，《读书》1993年第9期。

先看第一个问题,《茶馆》和自由主义。首先要说的是,我们在这里谈论自由主义的前提是,"自由主义"作为一种文学理念已经被从某些教条僵化的文学史观中解放出来了。其次,正是"百花年代""自由主义"的文学环境赋予了老舍抛却枷锁放胆写自己想写的作品的艺术冲动——自由的文学环境和言论环境加上老舍自由的写作心态才能孕育具有自由不羁灵魂的《茶馆》本文。

《茶馆》不但不是为"配合"生的,它甚至也不是为"话剧"生的。它的构建和完成有太多的偶然因素的介入,诸如老舍、"百花年代"、北京、北京人艺、曹禺、焦菊隐,然后是一长串演员、音效、舞美的名字。不夸张地说,它完完全全是一个"意外",却构成了二十世纪中国话剧舞台上巨大的"奇迹"。别的不说,它的结构之散漫无剧能出其右,完完全全是反话剧的,老舍偏敢那么写,人艺偏敢那么演,这不能不说是自由主义的一个胜利。《茶馆》上演后,遭到过来自剧评界的很多建议和负面意见,老舍一概没有理睬。这在此前老舍新中国时期的剧作中是不可能发生的。他在各方的建议之下一再修改《方珍珠》和《春华秋实》的故事早就家喻户晓。但这次老舍没有再改《茶馆》,甚至在1962年复排上演的时候他也没有同意参与修改。1958年发表的《答复有关〈茶馆〉的几个问题》透露了一些讯息:"我只认识一些小人物",所以不愿意写大人物大事件,改变《茶馆》的既成结构;"有人认为此剧的故事性不强,并且建议:用康顺子的遭遇和康大力的参加革命为主,去发展剧情……我感谢这种建议,可是不能采用";沈处长"那几个'好'字也有根据。没有生活,掌握不了语言。"① 话说到这里,已经非常不客气了。他不是在答复问题,而是在以坚执的态度反驳某些剧评家。应当说,正是这率性为之自行其是的态度成就了《茶馆》,成全了《茶馆》。

第二,《茶馆》和老舍关于暴露讽刺问题的反思的关系。二十世纪八十年代,关于《茶馆》是悲剧还是喜剧的争论成为老舍研究一个饶有兴味的话题。跳出时代对文学研究的局限,联系老舍二十世纪五十年代的相关文论再来看这个问题,这个话题显示出更大的趣味性来。首先,当年关于《茶馆》是悲剧抑或喜剧的争论既然存在,可见对《茶馆》的接受有两重性,两重性接受可能的存在证明了《茶馆》本身的复杂性。但是跳出这个复杂性,我们发现,不管"悲剧"还是"喜剧",都属于建国后"十七年"戏剧创作的禁忌题材。也就是说,无论《茶馆》是悲剧还是喜剧,都是时代的"另类"。这个"另类"的身份是怎么获取的呢?联系本文前述老舍在1956年前后关于悲剧和喜剧(暴露和讽刺)问题的反思,答案就非常显豁了。当然,对于《茶馆》究竟是悲剧还是喜剧,这个问题还可

---

① 老舍:《答复有关〈茶馆〉的几个问题》,《剧本》1958年第5期,《老舍全集》第17卷第541—543页。

以争论下去，本人是倾向于认为文字版的《茶馆》是喜剧性质，焦夏舞台版的《茶馆》是悲剧性质的。1940年，老舍留下语丝，也是他对自己的期许："想写一本戏，名曰最悲剧的悲剧，里面充满了无耻的笑声。"① 此话可为对《茶馆》是悲剧还是喜剧感兴趣的人士提供解读密钥。

第三，《茶馆》和保守主义的关系。《茶馆》1958年3月29日首演，5月27日，张庚发表文章认为："这个戏里的根本之点，在于作者悼念的心情太重。他对旧时代是痛恨的，但对旧时代里的某些旧人却有过多的低徊凭吊之情。"② "悼念的心情"就此成为《茶馆》抬不起头的一个口实。老舍说有人建议"用康顺子的遭遇和康大力的参加革命为主，去发展剧情"，也是因为大家都认为《茶馆》本身写得和时代对戏剧的要求太不合拍了。我认为，张庚的批评虽然刻薄，但确有他的道理。他点到了老舍的软肋，就是"怀旧"，或者说保守主义。老舍1937年就曾经在《小人物自述》中说，"假若私产都是像我们的那所破房与两株枣树，我倒甘心自居一个保守主义者，因为我们所占有的并不帮助我们脱离贫困，可是它给我们的那点安定确乎能使一草一木都活在我们心里，它至少使我自己像一棵

---

① 老舍：《未成熟的谷粒》，1940年2月5日、9日、14日《新蜀报》，《老舍全集》第14卷第241页。
② 张庚：《〈茶馆〉漫谈》，1958年5月27日《人民日报》，吴怀斌、曾广灿编：《老舍研究资料（下）》，第947页，北京：北京十月文艺出版社1985年7月出版。

宿根的小草，老固定的有个托身的一块儿土。我的一切都由此发生，我的性格是在这里铸成的。"① 联系到老舍赞美他的主人公经常使用的语汇"有根"，我们说，"有根""安定"，是老舍判断一个人、一个城市、一件事情的终极标准。"十七年"间的大多数时候，老舍虽然一直在追赶时代、配合政治任务写作，但他从"根儿"上说是一个保守主义者。不唯"十七年"，在整个的生命历程中，老舍都在苦苦维持他的保守主义，保守主义是沙子龙月夜旅店里久久不散的叹息，也是对王掌柜"改良改良越改越凉"的一生的无情评断。1954年末，老舍曾经兴致盎然地参加了京剧界围绕"戏改"进行的一场大讨论，当时他是首当其冲的保守派。他写文《谈"粗暴"和"保守"》指出，"戏改"的中心问题就是"粗暴"和"保守"，对待旧戏，"懂得一些业务的人，不管是内行或'票友'，都容易保守"；而"不懂业务的人就容易粗暴，这是可以想象的。因为他不懂业务，他可能没有对业务的热爱。这样，他就只觉得非改不可，甚至不惜用行政命令的手段。"② 这篇文章后来得到了梅兰芳、吴祖光、叶盛兰、赵树理等人的热烈呼应。后来京剧发展的历史印证了保守主义的必要性和正确性。这篇文章和老舍"百花年代"的主要文论是可以接通的，应当说，作者坚

---

① 老舍：《小人物自述》第三段，《老舍全集》第8卷第289—290页。
② 老舍：《谈"粗暴"和"保守"》，《戏剧报》1954年12月号，《老舍全集》第17卷第408页。

持了和二十世纪三十年代相一致的保守主义的文化反思立场，是《茶馆》获得成功的重要原因之一。

以上本章略述了老舍1956年前后的文学回归和《茶馆》的写作准备的相关问题。《茶馆》的艺术地位和艺术价值现在已经得到了应得的充分评价，但是对它的发生的探讨还有很多功课可以做。本书希望为《茶馆》和老舍在"十七年"间文艺思想的解读再提供一个视点。

第十四章 "小阳春"和《正红旗下》的写作

"五四"以降的中国文学史和文化史,是文化激进主义和文化保守主义左右互搏的历史。文化激进主义一直试图将西方的文化观和价值观嫁接于本土的传统文化,不惜南橘北枳、墙倒屋塌,却因了时势机缘一路摧枯拉朽、豪歌猛进。文化保守主义相对低调、阴柔、稳定、坚忍,始终在相持锋面上对文化激进主义进行劝诫、保持警惕。正因为文化保守主义的存在,中华的文脉在动荡的二十世纪一直没有断绝,每次激进狂潮之后总会有朝向传统的回归和反思。

作为"五四"后第二代文化人,同时是京旗作家,老舍朝向"五四"的态度一向是和激进主义主潮保持距离,甚至相抵触的,这一倾向在二十世纪二十年代萌芽,在二十世纪三十年代酝酿成熟,其后虽经历了抗战与主流文坛的汇合以及二十世纪五十年代的思想改造,但总体上说,老舍对"五四"激进主义的否定态度一直未发生质的变化,并在新中国时期"百花年代"《茶馆》的写作和"广州会议"前后《正红旗下》残篇的写作时达到高峰。文化保守主义应成为我们理解老舍晚年文化心态的重要锁钥。

本章将围绕文化保守主义的论题,探讨《正红旗下》残篇的写作实践及其意义。

第一节 "不传"

老舍在多篇作品中同时体现出文化保守主义的思想，最早可以从二十世纪三十年代的一组短篇小说看出端倪，这就是《断魂枪》《老字号》《黑白李》《新韩穆烈德》系列。本段拟主要以《断魂枪》为例论证这个问题。

在老舍创作初期，如《二马》这样的作品，同样是出诸新老派两种人群的对举，老舍对老派人士如老马是很不客气的，言辞之中充满了调侃甚至鄙薄。他说："民族要是老了，人人生下来就是'出窝儿老'。出窝老是生下来便眼花耳聋痰喘咳嗽的！一国里要有这么四万万出窝老，这个老国便越来越老，直到老得爬也爬不动，便一声不出的呜呼哀哉了！"① 不幸地，"马则仁先生是一点不含糊的'老'民族里的一个'老'分子"，他心眼好，但是无论到哪里都守着老中国千年不变的主张，于是在小说里出尽了洋相，受尽了欺负。而小马则是新派人士，作者对他时有怒其不争的怨念，更多地却是寄托了希望，最终让他一走了之。更新派的李子荣，是老舍笔下的新派

---

① 老舍：《二马》，第二段第8节，《老舍全集》第1卷第423页。北京：人民文学出版社1999年1月第一版。

实干家类型的人物之一,"他只看着事情,眼前的事情,眼前的那一钉点事情,不想别的,于是也就没有烦恼……他的世界里只有工作,没有理想;只有男女,没有爱情;只有物质,没有玄幻;只有颜色,没有艺术!然而他快乐,能快乐的便是豪杰!"① 老舍对这样的新人物(《赵子曰》的李景纯、《二马》的李子荣、《黑白李》的白李、《铁牛与病鸭》的王明远、《不成问题的问题》的尤大兴、《四世同堂》的瑞全等)充满了马威式的敬畏,他们像神一样在他的作品里存在着,是老舍心目中的理想新人的形态。在《二马》里,马则仁和李子荣就是旧和新的两极,老舍当时对这两类人的态度是类似"五四"新文化运动的毫无保留的抑旧扬新。

二十世纪三十年代则不同,在对待"新和旧"这个二十世纪中国的经典问题上,老舍的笔下更多了犹疑。这犹疑一方面来自严酷的事实,"东方的大梦没法子不醒了。"中华民族一直在做"东方的大梦",一直在自我陶醉,自我沉迷,用鲁迅的话说就是"溃烂之处美如乳酪,红肿之处艳若桃花",这样的对"僵尸的乐观"的否定是"五四"一代文人共同的话语指向,也是老舍这样的"五四"后第二代文人对"五四"精神的心领神会之处,并由此导向如"国民性"检讨这样的一生持有的创作主题。另一方面,"东方的大梦"不是自己醒来的,是

---

① 老舍:《二马》,第五段第 3 节,《老舍全集》第 1 卷第 613 页。

坚船利炮轰炸之后醒来的:"炮声压下去马来与印度野林中的虎啸。半醒的人们,揉着眼,祷告着祖先与神灵;不大会儿,失去了国土、自由与主权。门外立着不同面色的人,枪口还热着。"① 对此,"五四"第一代文人(如鲁迅)一方面痛心疾首,一方面引发了他们长久的"球籍"思虑;"五四"后第二代文人(如老舍、沈从文)则更多地以凭吊的方式展开他们的文化图景渲染。

由是,老舍耗尽一生心力凭吊着整个时代的中国文化传统。它先被西方列强的坚船利炮炸平一遍,再由"五四"一代知识分子鄙薄一遍,又在随后的更尖锐的民族矛盾中被各种功利主义的理念蹂躏一遍,最后,在一个叫作"文化大革命"的年代被彻底地砸烂。我们知道,那一天,在国子监被迫看京剧院价值连城的衣箱被焚烧殆尽的次日,老舍本人也奔赴茫茫湖水,从此,再也没有一个热爱中国文化却一生都眼睁睁看着文化传统被锈蚀、摧毁终至万劫不复的满族老人,再在心底里喊出倔强的"不传"的声音。

就这样,作为自己的镜像,老舍塑造了沙子龙(《断魂枪》)、黑李(《黑白李》)、祁天佑(《四世同堂》)这样一批理想的保守主义者的形象。对时代的前进和历史进程的推进,黑李这一群人永远是以拖后腿的面目出现的。他们身上拥有的,

---

① 老舍:《断魂枪》,《老舍全集》第7卷第328页。

不仅是一些已经被时代抛弃了的"本事",还有那些美好的品行和老年间的规矩、礼法。在《黑白李》中,黑李和白李就显示了一组深刻的悖论。老舍从理智上知道这个时代将是白李的时代,但是在感情上,他本人就是一个黑李。《断魂枪》亦然。在理智上,老舍知道东方的大梦没法子不醒,但是,出于对本土文化最深厚的感情,他希望守护住沙子龙最后的一点尊严,所以沙子龙在小说的最后关上院门把六十四路断魂枪一气刺了下来,"而后,挂着枪,望着天上的群星,想起当年在野店荒林的威风。叹一口气,用手指慢慢摸着凉滑的枪身,又微微一笑,'不传!不传!'"这是老舍在二十世纪三十年代通过以《断魂枪》为代表的一系列的作品想表达一个总体的意思。

《断魂枪》有一个后来被删掉的题记:"生命是闹着玩,事事显出如此,从前我这么想过,现在我懂得了。"这个题记来源于英国剧作家约翰·盖伊(John Gay)的墓志铭①。老舍为什么借这样一个墓志铭来做《断魂枪》的题记,他希望通过小说《断魂枪》埋葬什么,感慨什么?我认为这个题记传递出来两重的信息。第一重信息:《断魂枪》的故事显示了一种"看破",就是所谓的看破红尘的看破,传递了老舍的虚无感。生命到最后,大家都是一抔黄土,生命是没有意义的,扩展开去

---

① 参见[美]D. J. 恩莱特:《人的末日》第125页,华进、石香、钟鸣译,上海:上海文化出版社1988年10月版。综合各类文献,原文为:Life is a jest, and all things show it; I thought so once, but now I know it.

看，在更广的意义群上，时代、世界、世象的万端是否确实有意义呢？第二点，老舍通过这个墓志铭透露出一种绝望的情绪。二十世纪的现代文明对于中华民族经过几千年发展渐次成形的各种程式、各种传统、各种心理，都有不需论证的强烈的破坏的作用，这令老舍悲观失望。这也指向了小说中沙子龙一再说的"不传"二字。沙子龙说，这个枪法我是不传的，我带着它进棺材，小说最后，在"对影成三人"的孤寂中，沙子龙又一次对着自己的内心，说，"不传"。"不传"二字在全篇一再出现，直到结尾达到高潮。"不传"显示了沙子龙——也是老舍——当时的一种最深的绝望，他希望这个绝技到此为止，因为它已经和以破坏传统为荣耀的新时代完全南辕北辙了，唯一的守护方式就是"不传"。这是一种极端的绝望情绪，和以墓志铭作的"题记"形成了完整的呼应。

第二节 "宿根"

"不传"构成了老舍二十世纪三十年代文化保守主义的总语境，它生动地勾勒出老舍在文化大变动的时代中死守传统、决不妥协的固执的悲观心态。正是在这个语境中，老舍开始写《小人物自述》，众所周知，这是老舍第一次完整地构思写家传，但是在开篇后不久被战争打断，直到二十世纪六十年代老舍重新聚焦到这个主题，那就是同样没有写完的《正红旗下》。

于是,在《小人物自述》里,出现了这样一段表白。老舍很少利用小说进行这样直接的表白,但是,在这个以第一人称叙事、以童年经历展开的作品中,老舍竟然表白了。他说:

……可是据我看,假若私产都是像我们的那所破房与两株枣树,我倒甘心自居一个保守主义者,因为我们所占有的并不帮助我们脱离贫困,可是它给我们的那点安定确乎能使一草一木都活在我们心里,它至少使我自己像一棵宿根的小草,老固定的有个托身的一块儿土。我的一切都由此发生,我的性格是在这里铸成的。假若我是个最科学化的育婴堂或托儿所成长起来的,或许我的身心的发展都能比在家里好上好几倍,可是我很不放心,我是否能有一段幼年的生活,像母亲、小姐姐,和那几株石榴树所给我的。

当我旅行去的时候,我看见高山大川和奇花异草,但是这些只是一些景物,伟丽吧,幽秀吧,一过眼便各不相干了,它们的伟丽或幽秀到不了我的心里来,不能和我混成一个。反之,我若是看见个绿槐虫儿,我便马上看见那两株老槐,听见小姐姐的笑声,我不能把这些搁在一旁而还找到一个完整的自己;那是我的家,我生在那里,长在那里,那里的一草一砖都是我的生活标记……①

---

① 老舍:《小人物自述》,第三段,《老舍全集》第8卷第289—290页。

和这段话相近的意思，老舍后来表述为："我生在北平，那里的人、事、风景、味道，和卖酸梅汤、杏儿茶的吆喝的声音，我全熟悉。一闭眼我的北平就完整的，像一张彩色鲜明的图画浮立在我的心中。我敢放胆的描画它。它是条清溪，我每一探手，就摸上条活泼泼的鱼儿来。"① 我们通常用这段话来解释老舍的写作状态和写作风格、乡土对于老舍创作的重要性，这些当然都很重要。但是，回归到文化保守主义的语境，我们发现，老舍在创作上的"求救于北平"② 有一个更为深广也更加重要的话语背景，这就是，我们须要看到，老舍的创作题材之回归是和他的文化根脉紧紧关联的，正如《小人物自述》表白的："它给我们的那点安定确乎能使一草一木都活在我们心里，它至少使我自己像一棵宿根的小草，老固定的有个托身的一块儿土。"——在《小人物自述》里，老舍一生的牵挂，被他明白无误地还原为自己在小羊圈胡同的旧居，甚至旧居旁的两棵枣树，甚至胡同里槐树上挂下的槐虫儿，这样的细节在这个表白的时刻已经不是细节，它是一种深入骨髓的眷念，是老舍本人对于自己持有的文化保守主义的立场的最生动的脚注，它拒绝被拆毁、拒绝被迁徙、拒绝"旅行"的状态、

---

① 老舍：《三年写作自述》，《抗战文艺》第 7 卷第 1 期，1941 年 1 月出版。《老舍全集》第 16 卷第 694 页。
② 老舍：《老牛破车·我怎样写〈离婚〉》，《老舍全集》第 16 卷第 189 页。

拒绝一切变化，它就是"不传"的本义。

由此，我们便可以解释为什么老舍在抗战时期离开北平题材这么多年之后，回归之作《四世同堂》再次选取了"那所破房与两株枣树"及其所处的胡同作为叙述背景；也可以解释为什么在新中国时期更长时间地离开北京题材之后，最后的回归之作《正红旗下》第三次选取了同样的地点作为叙述背景。老舍是在用这个选择表明自己对"宿根"的执著，这执著是以多年的自觉或者被迫放弃为代价换来的。

至此，我们也基本上解释清楚了为什么《正红旗下》是作为老舍实践文化保守主义最后的作品出现的，它在艳红色的二十世纪六十年代突兀地出现，又瞬间被吞灭，这都要归因于文化保守主义和激进的时代的恒久矛盾。中国文学整体向着文化本身的回归是老舍身后的事情了，那便是1985年"寻根文学"时代的终于到来。那时，已经千疮百孔的本土文化终于成为文学写作和文艺创作的时尚，老舍对旧京文化的爱情也被"京味作家"群落小心翼翼地承接下来。在文化寻根的意义上，写作于1962年的《正红旗下》是一个太早的尝试者，于是也顺理成章地夭折了，但是，对于老舍的创作生涯来说，这是最后一次挣扎着向他的"那所破房与两株枣树"回归，有着不可替代的文学史意义。

第三节　契机

我曾经花了很大力气思考文学自由主义的弃与守和老舍创作生涯的关联，自以为有一些心得。进一步看，与文学自由主义的弃还是守相关联的，还有一个文化保守主义的弃还是守的问题。单从文学创作的角度看，如上文所论，它关涉到老舍从三十年代一直纠结到六十年代的是否（/能否）"求救于北平"这个问题；更重要地，从文化态度上说，这决定了老舍是否可以在更终极的立场上直面在他深陷于中的二十世纪中国文化史进程，如何应对时事政治、文艺政策的种种变动对作家作品产生的不可逆亦不可防的影响。这两者互为表里，共同作用，最终影响了作家的写作状态和写作质量。

如果说文学自由主义关联于浅层面的文学是否为政治或其他凌驾于文学的力服务（《文学概论讲义》："文学本身是文学特质的唯一的寄存处。"①），文化保守主义则关联于深层面的文化是否可以变、如何变的问题。在"五四"—"红色三十年代"—抗战—"十七年"—"文革"一浪高过一浪的激进主义语境中，以"不传"为信念，坚守传统文化，这本身是以自由

---

① 老舍：《文学概论讲义·第四讲　文学的特质》，《老舍全集》第16卷第51页。

主义理念为精神理想才能实践的。同时，引述自由主义学者刘军宁的意见：现代中国的保守主义者正是守护传统中亲自由成分的，"故又称保守的自由主义者"①，他们的终极信条正是陈寅恪先生撰写并镌刻在王国维先生墓碑上的"独立之精神，自由之思想"。从这一视角看，我们很容易看出同时作用于老舍并相互作用的文化保守主义和文学自由主义的关联。老舍正是对自由精神深有体认又曾经迷失的中国现代文化人的典型代表。

老舍的文化保守主义之坚守和他的文学自由主义之坚守基本上是同步的，因他从抗战起对文学为政治服务这一时代命题执著过甚，因而回归之路顿显艰辛。和时代的主题、老舍的自我反思同步，四十年代的《四世同堂》、五十年代的《茶馆》、六十年代的《正红旗下》构成了老舍在文学创作上向自由主义回归、在文化思想上向保守主义回归的三个重要作品。

《茶馆》起笔于1956年，1957年在《收获》创刊号发表的时候，"反右"运动已经轰轰烈烈地展开。从概念本身说，"左"为激进，"右"为保守，"反右"就是反保守，这是此前的"百花年代"对各种文学禁令和政治禁令放开（"自由"到极限）的灾难性结果。《茶馆》发表之后，老舍本人同时陷入了《茶馆》草草排演马上被禁、参与"反右"的各种批判运动

---

① 刘军宁：《保守主义》，第184页，天津：天津人民出版社2007年8月第一版。

和投入"大跃进"运动、写作《红大院》的三重困境。这三件事同时发生,左右老舍的取舍,终于使他疲惫不堪,在从抗战便开始的"文学为政治服务"的不归路上走到了终点。1959年3月,老舍对写作时事剧第一次表现出逆反,他开始了历史剧、神话剧、民间题材剧的写作,相继创作了《青霞丹雪》《青蛙骑手》《宝船》《荷珠配》等历史和神话题材的作品。

就是在这些作品的延长线上,同时在令老舍欢欣鼓舞的"广州会议"(全称是全国科学工作会议和全国话剧、歌剧和儿童剧创作座谈会)的时间点上,老舍写作了我们现在看到的《正红旗下》的前十一段。

基于以上从三十年代到六十年代对老舍创作生涯的分析,我认为,《正红旗下》残篇是老舍实践文化保守主义的最后的作品。1962年3月15日上午,老舍在"广州会议"作了题为《戏剧语言》的报告,在报告中,老舍表示:"近来,我正在写小说,受罪不小,要什么字都须想很久。"① 根据各方面信息综合分析,老舍"正在"写的这个小说,正是《正红旗下》。老舍夫人回忆,"《正红旗下》的创作日期是一九六一年底和一九六二年。"原因是,"一九六一年老舍写了多幕话剧《神拳》、童话剧《宝船》和多幕话剧《荷珠配》。一九六二年却没有发

---

① 老舍:《戏剧语言》,发表于1962年4月10日《剧本》4月号,同日《人民日报》转载,引文见《老舍全集》第16卷第341页。

表什么大的作品,这一年是个空白年。这在老舍的创作记录中是比较罕见的。"① 这一分析也是完全站得住脚的。老舍正是在"广州会议"为知识分子"脱帽加冕"的气氛中,在副总理陈毅1962年3月6日向全体作家作了推心置腹的重要讲话之后,向整个文艺界透露了自己正在写《正红旗下》的信息。残酷的事实是,《正红旗下》恰因了嗣后不久柯庆施提出"写十三年"的口号而夭折。1963年12月25日,华东地区话剧观摩演出在上海举行。在观摩演出会上,柯庆施断言:"在我们戏剧界,有些人虽然口头上也赞成文艺为工农兵服务的方向,但是实际上他们不去贯彻执行党的文艺方针,他们对于反映社会主义的现实生活和斗争,十五年来成绩寥寥,不知干了些什么事。他们热衷于资产阶级、封建阶级的戏剧,热衷于提倡洋的东西、古的东西,大演'死人'、'鬼戏',指责和非议社会主义的戏剧,企图使社会主义的现代剧不能迅速发展……所有这些,深刻地反映了我们戏剧界、文艺界存在着两条道路、两种方向的斗争。这种两条道路、两种方向的斗争,本质上就是戏剧、文艺为哪一个阶级服务的斗争。"② 这一文学政策风向

---

① 胡絜青:《写在〈正红旗下〉前面——代序》,《新文学史料》1980年第1期249页,北京:人民文学出版社1980年2月出版。
② 柯庆施:《大力发展和繁荣社会主义戏剧,更好地为社会主义的经济基础服务——在一九六三年底到一九六四年初华东地区话剧观摩演出会上的讲话》,《红旗》1964年7月第15期,《中国新文学大系 1949—1976 第十九集 史料·索引卷一》第477页,上海:上海文艺出版社1997年11月第一版。

的再次变化是此前（1963年12月12日）毛泽东关于文学艺术的批示（"各种艺术形式——戏剧、曲艺、音乐、美术、舞蹈、电影、诗和文学等等，问题不少，人数很多，社会主义改造在许多部门中，至今收效甚微。许多部门至今还是'死人'统治着……"①）的具体化和政策化，在事实上成为1964年"现代戏会演"以及"文革"大唱样板戏的前奏。老舍正是在这个时间点上终止了《正红旗下》的写作，以"不传"的方式宣示了他对文化保守主义最后的坚守。

第四节　导因

《正红旗下》的写作原因，上述"广州会议"期间的"小阳春"文艺气候为直接导因，间接导因有二。

一是"十七年"间老舍对文化保守主义的坚执。我们知道，"十七年"间，老舍热烈地拥护社会主义，努力地写作歌颂新社会、配合各种政策和运动的话剧和曲艺，热心公益、身兼数职，是个不折不扣的"歌德派"。但同时，我们也必须看到，对于文化保守主义的立场，老舍即使在最"狂喜"地紧跟时代变化的时候，也未弃置。

---

① 毛泽东：《关于文学艺术的两个批示》，1967年5月28日《人民日报》，《中国新文学大系1949—1976　第一集　文学理论卷一》第70页，上海：上海文艺出版社1997年11月第一版。

发生于1954—1955年的"戏改"大讨论就是其中的典型事件。程永江先生记述："（1954年）11月，中国戏剧家协会召开四次有关戏曲改革问题座谈会，会上就如何正确对待民族文化艺术遗产问题展开了激烈争论，一方是以老舍、吴祖光先生为代表的所谓'保守派'，一方是以当时戏曲改进局副局长马××为代表的'改革派'。梅兰芳先生按照他历来主张的'移步而不换形'的理论指出：京剧的表演艺术是'自成体系的，我们谈到艺术改革，必须在原有基础上仔细研究，慎重处理'。先父（引按：即程砚秋先生）对梅先生的意见是支持的，当然也是被列为保守一派的了。"[①] 老舍正是"戏改"大讨论中的重要的保守派人士，他和梅兰芳、程砚秋、吴祖光、叶盛兰、李少春、赵树理等一起，为捍卫旧戏的尊严作了最后一击，这一击是相当严肃甚至堪称壮烈的，它直接导致了吴祖光、叶盛兰、叶盛章等持"保守"意见的大将在两年后被打成"右派"。

京剧的起落是二十世纪中国文化板块碰撞的晴雨表，最重要的两次碰撞便是"五四"时期和新中国时期。第一次是以胡适、周作人、钱玄同等人为代表的《新青年》群落对京剧（当时称为"旧剧"）的围攻，第二次是在国家利益的驱动和规范

---

① 程永江：《砚秋先生的异见》，蒋锡武主编：《艺坛（第三卷）》第14页，上海：上海教育出版社2004年4月第一版。

下对京剧本体的改革,也就是"戏改"。两者的出发点有差异,但也有重合。十分关键的是,从张厚载的《我的旧戏观》(1918年10月)开端,剧界人士始终坚守着京剧的独特规律——虚拟性、程式化、美感,这在1954—1955年的戏改讨论中有集中体现。老舍写文《谈"粗暴"和"保守"》,开门见山地认为,戏改的中心问题就是"粗暴"和"保守",对待旧戏,"懂得一些业务的人,不管是内行或'票友',都容易保守";而"不懂业务的人就容易粗暴,这是可以想象的。因为他不懂业务,他可能没有对业务的热爱。这样,他就只觉得非改不可,甚至不惜用行政命令的手段。"① 老舍的言论,已经从根柢上否认了"戏改"的必要性和可能性。可以说,正是"戏改"大讨论这个时机,把五十年代的老舍直接拉回到三十年代"不传"的思路上,文化非保守不能可持续发展,这是天经地义的真理。

《正红旗下》写作的间接导因之二,是老舍在"大跃进"年代遭遇了《茶馆》被冷藏、"反右"和《红大院》惨遭失败的三重困境之后,越来越多地遁入怀旧冲动之中。1958年元旦,老舍在《北京日报》发表了题为《元旦试笔》的两首律诗,这是老舍在新中国时期第一次发表旧体诗。这是个值得注

---

① 老舍:《谈"粗暴"和"保守"》,《戏剧报》1954年12月号。《老舍全集》第17卷第408、409页。

意的信息。写旧体诗是一种逃遁，逃遁时尚文体，逃遁官方语言，更是逃遁为"配合"写作的任务心态；写旧体诗也是一种回归，回归到内心，回归到本然，回归到故往，回归北碚乡间"蕉叶清新卷月明，田边苔井晚波生。村姑汲水自来去，坐听青蛙断续鸣"①的畅快，忘却今夕何夕。在自造的不无伤感的怀旧氛围里，在1949年12月回北京后对于自己的旧作不断的自我批评后，老舍第一次谈起了《骆驼祥子》、《月牙儿》、《断魂枪》的种种好处来②；他也开始不厌其详地描述自己苦寒的童年，借着作今昔对比的机会，追寻流年梦影③。对于经过十年戏改已面目全非的戏曲和曲艺，他开始细数刘宝全、白云鹏、德寿山、桂兰友、群信臣的各成一派④，又将汪桂芬、孙菊仙、谭鑫培、刘鸿升、汪笑侬的唱段"街头巷尾，老少争鸣"的情景重现纸上⑤；《敬悼郝寿臣老先生》（1961年11月30日《人民日报》）和《记忆犹新》（1962年10月18日《曲艺》第5期）更是把京剧和曲艺界两位宗师郝寿臣和刘宝全的艺术特

---

① 老舍：《蜀村小景》（1942年），《老舍全集》第13卷第682页。
② 如《北京干净——为北京解放十周年而作》（1959年1月27日《中国工人》第2期）、《人物、语言及其他》（1959年1月《解放军文艺》1月号）、《谈谈文学创作》（1963年10月16日《新湖南报》）等。
③ 如《宝地》（1959年9月30日《北京日报》）、《勤俭持家》（1961年10月12日《北京晚报》）、《吐了一口气》（1961年2月21日《光明日报》）、《春联》（1962年2月3日《北京日报》）、《儿童剧的语言》（1962年6月2日《文汇报》）等。
④ 老舍：《三多》，1961年4月6日《北京日报》，《老舍全集》第18卷第31页。
⑤ 老舍：《看宽一点》，1961年7月10日《诗刊》第4期，《老舍全集》第16卷第396页。

点通过感性的回忆，以"十七年"间老舍散文写作中罕见的沉静回忆的姿态传递出来。这些篇目，单独看不显得突兀，但是因为它们都是集中地出现于1959—1962年，放在一处看，我们能深刻地感知老舍对传统艺术、传统文化的混杂了留恋、失落的复杂情感，甚至和它们同归于尽的决心。

第五节 最后的回归

老舍写作生涯面向文学自由主义（同时也是文化保守主义）的数次回归分别发生于抗战中期（1941年前后开始，以《四世同堂》为代表）、"百花年代"（《茶馆》）和"广州会议"（《正红旗下》）。老舍的文学回归，在风格上指向幽默（"返归幽默"）、在题材上指向北京和满族（"求救于北平"），在文体上则指向小说。1949年以后的绝大多数时间里，由于"暴露文学"被认为是错误的甚至反动的，因而从"不和谐"里产生的"幽默文学"被禁止；北京和满族的主题被社会主义建设和革命斗争的主题完全笼罩；同时，小说写作既难迅速和立竿见影地为社会主义建设服务的要求接通、又被规定了革命战争和时代建设的新内容，因而，老舍的文学创作是完全偏离"幽默风、北京题材、小说文体"这三个密钥的。但是，由于三十年代以来，老舍对文学自由主义和文化保守主义已经进行了非常深刻的思考，前者集中体现于《文学概论讲义》，后者主要出诸《断魂枪》等创作实践。所以,在适当的时候,老舍会毅然向最理想的写作状态折返。因此,恰是在"十七年"的两个文学政策回暖的时段——1956年到1957年上半年的"早春天气"①和1962的"小阳春"②,老舍写作了他晚年的两个代表作《茶馆》和《正红旗下》,这两个作品都是"返归幽默"和"求救于北平"之作,后者甚至是老舍远离长篇小说写作十余年后重又返归小说,所以,《正红旗下》堪称老舍的全面回归之作。不幸地,也是最后的回归之作。

在本文的最后,我们来讨论老舍是怎么通过《正红旗下》(残篇)的写作,完成了自己朝向文化保守主义,亦是文学自由主义的最后回归。

首先,《正红旗下》通过对清末旗人文化、民俗习惯、礼仪的铺排,最后营造了一个"不传"的氛围。在具体的语言表述上,《正红旗下》大量地运用了满族特定的称谓——子爵、佐领、贝勒、马甲……以及诸如"落草儿""打个问心""胯骨上的亲戚""全口人"这样的无法转换成当时的标准语普通话的老北京话,这可以理解为面向三十年代的用北京话写作的写作状态的回归,也可以理解为对语言文字标准化运动的某种逆

---

① 费孝通1957年3月24日在《人民日报》发表《知识分子的早春天气》,后被打成"右派",这个乍暖还寒、转瞬即逝的"知识分子的早春天气"遂很快地宣告终结。
② "小阳春"是作家们对"八字方针"正式提出后,"广州会议"期间体现的尊重知识、尊重知识分子的这段短暂回暖时间的谑称。

反。在内容上,老舍则把写作重点放在旗人的品格和文化没落的关系上。满族作为一个非常讲究礼仪的民族,有各种各样的礼数,比如说小说当中写到福海二哥,他说:"二哥福海到处受欢迎……他请安请得最好看:先看准了人,而后俯首疾行两步,到了人家的身前,双手扶膝,前腿实,后腿虚,一趋一停,毕恭毕敬。安到话到,亲切诚挚地叫出来:'二婶儿,您好!'而后,从容收腿,挺腰敛胸,双臂垂直,两手向后靠拢,两脚并齐'打横儿'。"① 这是一个从小在这样环境当中成长的旗人作家才能写出来的旗人的礼仪规矩。在《正红旗下》的写作中,老舍不但用文字复制、记录了这些礼仪规矩,而且通过这样一种复述,传递出一个悲剧的事实,那就是,经历了二十世纪的大半,种种多年辛苦营建的京旗文化已经遭遇到不可规避的破灭。小说中充满了类似的细节,如母亲在年关为还债的精打细算、光绪十六年出品的杏仁粉,这些细节的再现就是老舍对旗族礼仪的凭吊。

其次,《正红旗下》写了一个婴儿感知的二十世纪之前的岁月烟云,这造成了《正红旗下》和整个"十七年"小说的格格不入与背道而驰。这一背道而驰不仅体现于作品内容,还体现于写作手法——一个世纪婴儿的全知自述,这个不可能的叙述状态使得小说在手法上虽然是传统的全知叙述,在立意上却

---

① 老舍:《正红旗下》第三段,《老舍全集》第8卷第483页。

是现代主义的"不可能"的叙述。老舍在三十年代通过短篇小说的写作尝试过各种现代主义小说的写作方法，但是这一津津有味的尝试过程被抗战粗暴地打断了，全面抗战爆发后的二十多年的时间里，老舍不但没有机会写现代主义小说，连写小说的可能性也被搁置了。其间，除了1941年以后的短暂回归，老舍几乎把整个身心扑在戏剧和曲艺创作上。而通过《正红旗下》，我们看到，老舍不但企图回归写实主义的创作技巧，而且在回归现代主义的写作理想，它提供了至少两种"不可能"的情境——贯穿全篇的婴儿的自述、第十一段在定大爷的安排下，一僧一道、两位喇嘛、一满一汉两位翰林和牛牧师出现在同一时空的奇观，而他的这一回归尝试也恰在此处戛然而止，这给本来已千疮百孔的新中国文学史增添了永久的遗憾。

再次，《正红旗下》通过民俗的展开，还原了老舍作为一个作家、一个小说家的最终身份。因为《正红旗下》这个作品其实只写了一个开头，所以我们无法对它的情节走向、人物设置作更多的猜想，现存的十一段，我们看到最多的，是民俗的展开。对正在走向消逝的旧京民俗，老舍念念不忘，极尽铺排之能事。小说在故事发展上进展极慢，几乎是一大段民俗推动情节往前发展一点点。老舍将旧京祭灶、过年、洗三、迎来送往的各种礼仪，不厌其烦、不厌其详地铺排，细细地、完整地把一个非常久远，已经没有了的历史，通过文本细致地、深情地、绚烂地呈现出来。他似乎知道这将是他的绝笔，于是用白纸黑字尽可能地留驻他回忆中的那个满族寻常人家。这样的写作也在最终意义上还原了老舍的满族作家和北京作家的身份,他不再为政治任务而写作,不再为"必须要求自己写得'对',而后再要求写得'好'"("政治标准第一、艺术标准第二")①而写作,在写《正红旗下》的时候,他甚至也不是中国作家协会的副主席和北京市文联的主席,他只是一个小说家,这是老舍最后的、也是最彻底的文学回归。

最后,《正红旗下》写作的终止,彻底地决绝地捍卫了老舍的保守主义。在以上全部论述的基础上,我们可以认为,《正红旗下》写作的放弃在终极的意义上实现了老舍在三十年代通过《断魂枪》提出的"不传"的理念,老舍在决定终止《正红旗下》的写作的时候,也最坚决地守护住了他坚执一生的文化保守主义。《正红旗下》的写作构想和老舍才展露了冰山一角的纯熟的写作技巧于是和沙子龙在深夜里自我陶醉并自我凭吊的那套枪法一样,永远地"不传"了。我们今天能做的,只是把这"不传"的原因,尽可能地梳理出来。

---

① 老舍:《为人民写作最光荣》,1951年9月21日《人民日报》,《老舍全集》第14卷第466—467页。

第十五章　在运动的夹缝中

老舍就这样走走停停，跌跌绊绊走向了他的宿命。与共和国的历史进程同步，他的整个新中国时期也是在为"文革"初起时那一跃作着准备。

第一节　进退维谷之境

在运动的夹缝中，老舍活得很累很辛苦。一方面，他不计代价地投入新时代，他热烈痴狂地要求进步；一方面，他却从未停止过独立思考，然而有很多问题却是不想还好，越想却越糊涂。比如"三反""五反"，一开始他就不假思索地为配合这项运动动笔写话剧，又随着运动形势的变化大改了十稿，然而越到后来越有一些事逼着他想，使他心理失去了平衡："三五反运动中，有的朋友跳进这条河里了……他没有贪污么！怎么能承认是大老虎呢！"① 新中国时期，老舍的心魂竟常常处在内外两种力量的撕扯之中，无法得到片刻安宁。

这两种力量若要较一较强弱，内心的力量是很难敌过外部的。不是说老舍常常言不由衷，只是他总是身不由己；不是说

---

① 葛翠琳：《魂系何处——老舍的悲剧》，《北京文学》1994 年第 8 期。

老舍也会口是心非，而是他也要顾虑身家性命；不是老舍竟自青红不辨，须知他并非先知先觉。在这个问题上，我们格外须怀一颗平常心，将老舍作为一个平常人看。老舍不是超人，他也无法超越他的时代，我希望我们可以在作好这个心理准备的前提下心平气和地进入下面的论述。

这一方天宇里，首先映入我们眼帘的是老舍在各种运动中写下的许多应时文章，内中不少声色俱厉的批判文章，如写于反胡风运动中的《看穿了胡风的心》（1955年5月20日《光明日报》）、《扫除为人民唾弃的垃圾》（1955年6月12日《北京日报》）等，写于"反右"中的《吴祖光为什么怨气冲天》（1957年8月20日《人民日报》）等，尤其叫人触目惊心。从这些文章看，老舍的确是别人说什么就信什么，报上怎么印他也怎么写，反革命当然要打倒，"右派"决不可以姑息，义愤填膺，理正辞严。虽然胡风吴祖光不可不谓亲密好友，却不得不摆出一派誓与阶级敌人划清界限的架势。然而，正是胡风，1966年2月"充军"前留下了四封信给最难忘的师友，其中最后一封是写给老舍的①；又正是吴祖光，在事后回忆道："我从老舍过去少见到的疾言厉色又夹杂他惯有的幽默讽刺中，却又感到一些异常的温暖"②。这奇特的

---

① 梅志：《胡风沉冤录》第106—107页，北京：科学出版社1989年9月版。
② 吴祖光：《〈老舍剧作全集〉序》，《老舍剧作全集》第1卷，北京：中国戏剧出版社1982年9月版。

反差引发我们重新审视老舍的那些大批判文章和深入了解文章之外的那个真老舍。

吴祖光先生所谓的那些"异常的温暖",可能主要是指那样一些令人一遍遍心移神动的事:在1950年胡风已受冷遇,《时间开始了》遭到猛烈批评之时,老舍娓娓致信胡风:"希望您克服自己,多写点东西,我们都等着看读!""现在来京正好,小白梨正漂亮,螃蟹也肥,喝两杯怪好!"①沈从文境遇极差,却还到文联听报告,报告完毕,老舍叫道:"从文,一块儿走。"②"反右"中,邓友梅被错划后下放劳动,老舍见面时问长问短,最后叹口气说:"好好干吧,你还年轻不是!有出头的日子。"③ 吴祖光被送北大荒劳动,老舍赠新凤霞信封信纸钢笔,嘱她每天给吴写信,又从画店买回吴的藏画留待日后璧还④。1964年冬,黄秋耘因"中间人物"事件株连去山东搞"四清",老舍冒严寒送行⑤。同年正围剿《北国江南》,老舍从外地给阳翰笙写去厚厚的长信⑥……行为表明了态度,这

---

① 1950年8月9日,9月15日致胡风信,舒济编:《老舍书信集》,天津:百花文艺出版社1992年6月版。
② 林斤澜:《两个作家》,转引程治国著:《林斤澜说》,第176页,北京:人民文学出版社2006年12月版。
③ 邓友梅:《琐忆老舍先生》,《文学自由谈》1994年第3期。
④ 吴祖光:《金子做的心》,新凤霞:《我想念老舍先生》,舒济编:《老舍和朋友们》;吴祖光:《〈老舍剧作全集〉序》,《老舍剧作全集》第1卷。
⑤ 黄秋耘:《"不足为外人道也"》,舒济编:《老舍和朋友们》。
⑥ 克莹、侯堉中、蒋瑞:《阳翰笙谈老舍》,《戏剧报》1984年第4期。

对于老舍那封题为《答匿名信》的公开信（1957年9月11日《人民日报》）仿佛是一个自嘲，也许更是省悟后的一点修正。那位匿名者问得好："难道说目前全国成千上万的所谓右派就都不爱国爱民吗？你深深思虑过没有呢？"老舍在挥笔作答时却是过分感情用事，他错就错在没有"深深思虑过"。在这一点上，老舍虽未存过害人之心，却至少是犯了天大的糊涂。现在看来也唯因其糊涂过，后来才看得更清。在1958年春节前后他就说："我们这支文学队伍……本来就不大，再加上一些创伤，就更少了！"① 可见老舍在"反右"的迷魂阵里走得还不算十分远。老舍后来还曾对王莹说："……自从五七年以后，朋友中发生了多少变化！……"② 足征使老舍意识到这全盘大错的正是一个个朋友和后辈的遭遇：吴文藻、焦菊隐、石挥、丁聪、秦兆阳、汪曾祺、吴祖光、赵大年、谢和赓、何迟、邓友梅、葛翠琳……这样的名字太多，致使老舍不得不"深深思虑"一下了。

从老舍的批判文字中，其实也不难窥见他的言外之意，我想这也许是吴祖光在听老舍批判时感到"异常的温暖"的直接原因。不妨重读一遍那篇把吴祖光骂得狗血喷头的《吴祖光为什么怨气冲天》。一点不过分地说，这篇批判文字的

---

① 曲波：《清水流香》，《中国现代文学研究丛刊》1985年第2期。
② 谢和赓：《老舍最后的作品》，舒济编：《老舍和朋友们》。

用语显得颇为恶毒，因为文中居然有这样的话："他的精神世界就是粪坑、蛆虫与牛鬼蛇神。"然而，也正是这篇文章，最后一句话是——"吴祖光，回头吧！"这最后一句话挽回了一切。在当时的批判文章中这样的规劝之词是很少见的，这样写就说明文章作者是把批判对象当成"可挽救者"，也就是把对方的"错误"当成"人民内部矛盾"。可以想象，使吴祖光感到温暖的不会是老舍的"疾言厉色"，而老舍再怎么"幽默"，受批判的人也是笑不出来的，唯有这种深望他作些检讨后便可返归文艺队伍的殷殷之情可令倒运者鼻酸。老舍写批判文章，是不是出于自愿，今天已无从查考。但是，当时对那些必群起而攻之也的"反对派"，不写批判文章就过不了关，这已是众所周知的不成文规矩。深可玩味的是，老舍在不少大批判的节骨眼上耍过这般技巧。除了这句"吴祖光，回头吧"，我们还可发现，反胡风时他说"这颗心要彻底洗干净，这就是胡风今天必须作的"（《看穿了胡风的心》），丁陈事件中他反复说"希望丁玲改过自新"[①]，"反右"运动中他也说过，"斗争右派分子，是为教育他们。他们若肯接受教育，幡然改过，他们还可以立功赎罪"[②]。如此等等，联系起来看，则见出他在运动中一个一贯的思想：

[①] 老舍：《个人与集体》，1957年8月17日《人民日报》，《老舍全集》第14卷。
[②] 老舍：《旁观、温情、斗争》，1957年8月20日《北京文艺》8月号，《老舍全集》第16卷。

批判是要批判的，也许还是出于自愿，但总归于心不忍，决不落井下石，决不雪上加霜，反而，总借一些机会说几句别样的话。受他批判的人，只要能听出那话里的话，恐怕都会如吴祖光一样，"感到一些异常的温暖"罢？

第二节　中心之外

老舍就是这样似是而非地写了不少批判文章。虽说似是而非，但总体上说，跟形势跟得也不可谓不紧，听将令听得也不可谓不勤，而且在国内文艺界，他用功用得实在不可谓不勠，地位当然更不可谓不高，可是，事实上，他却一直在文艺界的中心之外。这是很富讽刺意味的，也确实令人心寒。

葛翠琳先生曾在回忆文章里记述了老舍对每期《文艺报》都认真阅读却居然连向《文艺报》编辑部要一份脱期刊物都得不到的窝囊经历[①]，进而指出："这件事说明，老舍是文艺界的散兵，他不在某些文艺圈子之内"，这是对老舍真实位置的确切描述。老舍在各种文艺运动中从不冲在前面，1957年批判丁玲冯雪峰时他却突然有些兴奋，这也是他受到某些不公正的压制后的感情自然流露。丁玲冯雪峰的道德文章令人钦敬，他们的遭遇，和老舍的一样，是我们永远的警示牌，然而确实

---

① 葛翠琳：《魂系何处——老舍的悲剧》，《北京文学》1994年第8期。

是他们（由于误解？由于性格？由于自己的特殊身份？由于党内的"特殊政策"[①]？）轻视过老舍这样来自国统区、不是党员又过度致力通俗文艺的作家，以至于老舍这样一向与人为善的人带着怨气说出"有一次冯雪峰同志指着我的鼻子，粗暴地批评我的作品"[②]，"丁玲同志，您一向看不起我们，今天依然看不起我们"[③] 这样的话。黎之先生最近在长文《回忆与思考》中谈到，"在作协召开的多次座谈会上许多党外知名作家在认真、诚恳地提出意见时，他们不甚了解作协党内领导层存在的复杂情况"[④]，这也正是老舍一贯紧跟一贯投入却从未受到真正重视与尊敬的原因，这大约是老舍在新中国时期最大的悲哀了。更可悲的是，有时他甚至连表面上的尊重都得不到。黎之先生还回忆过一个细节：1957年3月宣传工作会议期间，老舍向小组会传达毛泽东与文艺界代表座谈的主要内容，正说得眉飞色舞时，"有一两位未参加毛主席接见座谈的名人似乎不愿

[①] 1956年8月9日，丁玲向中宣部党委会提交了一份"辩正书"，在《重大事实的辩正（1956.8.9.）·二、违反党的政策》一节中，第一条就是："1. 康濯说我捧老舍太高。"在小标题之下丁玲的"说明"意见中有"我从来没有说把老舍的地位捧得太高。我曾经对周扬同志的一篇文章有过一点点意见，'我们从《龙须沟》学习什么'，我觉得以周扬同志的身份，这篇文章推崇过份"云云。（周良沛：《丁玲传》第50页，北京：北京十月文艺出版社1993年2月版）
[②] 老舍：《为了团结》，1957年8月18日《文艺报》第20期，《老舍全集》第14卷。
[③] 老舍：《树立新风气——一九五七年九月十七日在中共中国作家协会党组扩大会议上的讲话》，1957年9月29日《文艺报》第25期，《老舍全集》第16卷。
[④] 黎之：《回忆与思考——整风·鸣放·反右》，《新文学史料》1995年第1期。

意听下去，催着开小组会"，老舍发言就此被打断①。这种不尊重还常常借别的形式表现出来，比如某某说一句话就可以把老舍刚刚完成的新作品枪毙掉。这样的次数多了，老舍自然就明白了自己的实际地位，从而许多时候说话行事也要看看别人的眼色了。这真是要命。谁不知道老舍批判了一辈子国民的软弱根性，对苟且偷安尤其无法容忍？可是他也要忍了。不但在理论上创作上一退再退，连平素开会发言也变得十分不安，为防突遭不测，风声最紧的时候老舍的表现明显地异样起来。据艾芜回忆，"1957年北京文艺界在王府大街文联大楼开反右斗争的大会，老舍参加了。在这会上，大家都很紧张，老舍也不例外。他在会上发言，大声地说：'我过去在重庆的活动，艾芜沙汀是知道的，他们可以作证人。'"② 有案可查的还有（我不敢断定，不过这很可能就是艾芜所说的那次会议）1957年8月7日老舍在作协党组扩大会议第13次会议上的发言，8月18日以《为了团结》为题在《文艺报》第20期发表。在这次会上，老舍一反常态极力为自己邀起功来："我情愿作义务党员""我不争待遇""我在重庆团结过作家，我有资格当作协的副主席。"老舍之所以说出这样的惊人之语，一是对于长久受轻视的境况的一点抗议——他说了重庆期间的工作后，有这样的话："来自

---

① 黎之：《回忆与思考——从"知识分子会议"到"宣传工作会议"》，《新文学史料》1994年第4期。
② 艾芜：《回忆老舍》，《新文学史料》1995年第4期。

延安的某些作家也许不知道这些,可是他们应该知道党的团结政策。"二来则也不排除是出于害怕无端的灾殃落到自己头上而采取以攻为守的战术的考虑。总而言之,这是一位始终在中心之外的全国作协副主席为保存自己而留下的惊人之笔,永远在那个特定的时空点上提醒着后来人,怎么做才是真正的尊重作家。令今人深可玩味的是,1960年丁玲从北大荒返京参加文代会时,在异样的孤单冷清中,"只有老舍在休息时与丁玲寒暄过"①。

在这样的情况下,我们当然很难指望老舍能做到什么,可偏偏他又对文艺界的不良现象作了一些力所能及的批评,当然不是刚才提到的批评冯雪峰的那种。与刚才所言老舍所受的最大委屈相对应,这正是老舍最可敬的精神品质的体现。葛翠琳先生在长文《魂系何处——老舍的悲剧》(《北京文学》1994年第8期)中,以老舍秘书的特殊视角,向世人展示了一个孤独的老舍,一个矛盾的老舍,一个在许多问题上想不通的老舍,同时,一个正义感很强,常常直言无隐的老舍。他是"文艺界的散兵",所以孤独;"面对文艺理论和创作实践中的现实,他挣扎得很艰苦",所以矛盾苦闷;他又赞赏花椒树:"它有坚硬的刺,还有青红色麻辣味儿的果实",抱着花椒树的品格,在批《文艺报》时,他却有为《文艺报》申辩的言论,批"士为知己

---

① 林斤澜回忆。转引李辉:《恩怨沧桑——沈从文与丁玲》第160页,天津:百花文艺出版社1992年11月版。

者死",他表态曰"我办不到",还有"于是之是大演员,不会有第二个于是之""我认为,从哪方面看,汪曾祺也是难得的干部""端木是有真才实学的人,没有了他,到哪儿去找这样的创作部长呢"……说这样的话是需要勇气的。或者也因为只是"文艺界的散兵",他才和某些人说了不一样的话?这些话与他在批判吴祖光、刘绍棠、从维熙时说的是那么不同,仿佛是两个人口里说出的话。也许那正是两个人说的,一个是北京市文联主席老舍,另一个才是老舍他自己。在提倡"双百一推"的年代,这一个真正的老舍如鱼得水。《谈讽刺》(1956年7月30日《文艺报》第14期)、《救救电影》(1956年12月1日《文汇报》)、《自由与作家》(1957年1月16日《人民中国(英文版)》第1期)、《论悲剧》(1957年3月18日《人民日报》)、《三言两语》(1957年4月21日《文艺报》第2期)……一篇又一篇带着怨气,含着欣喜,充满期待,亦不无火药味的文章如涌泉喷薄,可叹的是,正是因为"我们的民主生活还没有很长的历史"(《三言两语》),这个"知识分子的早春天气"竟是昙花一现而已。

因而,老舍在更多的情况下是沉默的。对于他不在其中但决定着整个文艺界——当然也决定着他——进退止息的那个圈子里的问题,他也看出了一些端倪。只是有些话实在不大好说,故而不看不说为妙,实在憋不住了,也须尽量说得委婉曲折,以不让人抓住把柄为度。几十年文学创作生涯练就了老舍看人看事的一双慧眼,使他的发言总能切中一些要害。在对文艺界现状的发言中,他强调的中心是团结问题。不论是在对曲艺界的号召里(《向相声小组道喜》,1951年1月19日《新民报》),还是在全国文代会上(《两点意见》,1953年11月1日《文艺月报》10,11月号),也不论是在双百春风吹得最劲的时节(《多民族的新疆必将成为极其美好的百花齐放的园地——在新疆维吾尔自治区作家代表会议的讲话》,1957年7月5日《天山》7月号,按这是是年5月的讲话),还是在"反右"运动的高潮中(《为了团结》),"我们在工作中,很可能在无意中就产生了宗派主义"[1] "我们应该在党的领导下,把一切可以团结的文艺工作者,更加紧密地团结起来,充分调动广大文艺工作者的积极性,更好地为工农兵服务,为社会主义服务"[2],这些话表面无所指实则所指甚确。历史遗留的恩恩怨怨在建国后对各种文艺小宗派小团体的各种人物造成了无法修补的伤害,当他们正在酣战中难以自拔的时候,又有谁能听得到一个本不为他们所十分重视,又从来就在中心之外的"小资产阶级"无党派作家的轻声叹息呢?

---

[1] 老舍:《多民族的新疆必将成为极其美好的百花齐放的园地——在新疆维吾尔自治区作家代表会议上的讲话》,1957年7月5日《天山》7月号,《老舍全集》第17卷。

[2] 老舍:《更好地发挥文学艺术的战斗作用——在北京市文学艺术工作者第三次代表大会上的报告摘要》,1963年3月4日《北京文艺》3月号,《老舍全集》第18卷。

○第十六章　走向宿命：再论老舍之死

在讨论了老舍新中国时期理论、创作、生存的三重苦闷之后，我们终于又来到了"老舍之死"这个话题前。这是一个折磨人的话题。无论如何，要一个没有经历过红色风暴的人重构一位饱经风霜无限苦闷的老人在1966年8月自杀时的心态，请原谅我无法做到。但本书已写到这一步，讨论老舍之死已成为它的宿命，正如老舍在将走完他的"十七年"时，自杀已成为他的宿命，"就是躲过了八月二十三，他也躲不过九月二十三或者十月二十三。"①

我之所以说自杀到了一定时候成为老舍的宿命，从新中国时期的读解中列出以下三大理由。

首先，最后十七年的所感所受为老舍最后的抉择积累了势能，本书既有的所有文字即可证之，试借本段简括之。一、老舍性格上脆弱的一面使他在一开始时意气风发且过于豪情万丈。以领袖崇拜为核心思想，老舍应和着新形势调整了他的人生观世界观却也一度无可挽回地失落了宝贵的理智。故而在重

---

① 舒乙：《老舍最后的两天》，《老舍最后的两天》。广东广州：花城出版社1987年10月版。

新寻回理智、中青年时代尤其是山东时期常常伴随他的悲观情绪突破虚妄之希望的雾障弥漫开来溢满他的身心的时候,他注定了只能被吞没。二、在文艺理论上的迷失、探寻、回归和在多变的政策风向中的不由自主的共同煎熬下,素来极有主见的老舍陷于越来越尴尬的境地。越到后来他越理智,话也越说越少,而一旦到了"深居简出,除了到作协(引按,可能是'文联'之误)办公室独自处理公事外,他几乎没有也不想和任何人多谈话"[1]的程度时,结局也就可想而知了。三、与理论的探寻同步,老舍在创作上也经历了苦痛的摸索:他跋山涉水,寻寻觅觅,找到了症结,也抓住过机遇,终于却抗不过极左的强冷空气,除了宣传科学养猪的快板什么也不敢写写了也是白写,创作走入绝境时老舍也进入了此生中空前的失意状态。四、在此起彼伏的运动的夹缝中,老舍艰难地企图为自己保留一小方立锥之地,表态文章不能不写,违心之论又不愿多讲,于是这人越来越难做,到1966年8月也就做到头了。这一二三四其实用《茶馆》里老王掌柜的几句话就可以概括:"改良,我老没忘了改良,总不肯落在人家后头……为什么不叫我活着呢?我得罪了谁?谁?……"天知道老舍有没有想到过原来老王掌柜就是他自己的化身。

其次,在探讨老舍之死的文化动因上,前辈诸公已经把话

---

[1] 谢和赓:《老舍最后的作品》,舒济编:《老舍和朋友们》。

说得很充分，我没有异议。近来学界常常争论老舍之死是文化殉难是舍生取义还是对"文革"的抗争，我认为这些观点之间并无不可调和的分歧。从老舍一生的爱憎与他的性格来看，文化殉难、舍生取义、激烈抗争、警世谏主都是可以自然推导出的结果，或许参与争论的各方携起手来倒可以得到一个更接近本真的结论。在这个问题上，我更倾向于认为，老舍之死是作家在失去生命价值的依托，并且自认为它极难复得的情况下不愿苟活、以死维护生命尊严的行为。老舍以文学、以国家、以气节、以文化关怀作为生命价值的寄存处，而"文革"恰恰全盘扰乱了这一切。老舍之死可以理解为殉难，也可以理解为身谏，但首先是从作家的生命意义角度出发的一次终极抉择。

再次，越来越强烈的暮年意识直接为老舍之死营造了一个黑色的心理背景。很难说这种意识是何时何地最早萌发的，但它确实是一年比一年更强烈地折磨着老舍。老舍老了。在北碚时就患上的晕眩症、从美国带回来的坐骨神经痛、在新中国时期发作的腰脊神经炎、高血压等各种病痛仿佛是提醒着老舍他的确是老了。而我现在写下的这些病的名字都是从老舍自己的文章里抄来的，足征正是老舍自己不时地在对自己说"我老了"。病痛的搅扰在创作生涯越来越难以为继的时候益发惹得人心烦意乱。一方面是"我已经五十八岁了"① 或者"我们六

---

① 老舍：《闲谈》，1956年11月30日《文艺报》第22期，《老舍全集》第15卷。

十多岁的人"①的紧迫感排山倒海般迎面压来,毛主席给的新的文艺生命却眼睁睁要白白断送;另一方面,亲朋好友洪深、杨今甫、石挥、王统照、程砚秋、罗常培、于非闇、梅兰芳、郝寿臣、欧阳予倩……一个个撒手尘寰,屡写屡频的祭文对敏感的老舍而言不啻一声声尖利刺耳的警报声,也给已经在为"年齿加长"②深深苦恼着的老舍增添着忐忑。随着这种惶惑的与日俱增,他变得越来越爱怀旧。除了《茶馆》和《正红旗下》这两个极端的例子,在日常散文里,我们也发现他日益把自己定位在了垂暮老者的身份上。1958年1月1日在《人民日报》上发表的散文《贺年》是一个较明白的信号:"说起来有点奇怪,回忆往事,特别是幼年与少年时代的事,也不知怎么就觉得分外甜美。"这是老年人才有的感受与口吻。此后,尽管听到了不少评论者指责他写《茶馆》时"悼念心情太重"③"流露了一定程度的感伤情绪"④,也无法遏止自己沉入童年、回味旧事,以寻找一二甜美感觉的冲动了。这以后,以三呼万岁格式结尾的文章日写日少,琐碎的昔年景象却无边无垠地铺展开来。老舍在忆旧中终于找到了他赖以安身立命的那

---

① 老舍:《多编好相声——在相声座谈会上的讲话》,1963年2月18日《曲艺》第1期,《老舍全集》第18卷。
② 老舍:《人长一年,事进千里!》,1957年1月1日《北京日报》,《老舍全集》第14卷。
③ 张庚:《〈茶馆〉漫谈》,1958年5月27日《人民日报》。
④ 梨花白:《也谈〈茶馆〉》,《戏剧报》1958年第11期。

个家园：它不在首都，却在北京，它不在长安城的朝靴响亮里，倒是在长沙郡的玉笛悠扬中。这一次的回家是彻底的回家。这是以老舍最后十七年的生命历程的甜酸苦辣和曾经生气勃勃、精力健旺、被称为"文艺界劳动模范"的老舍的自认衰老为代价的。老舍是个使命意识非常强烈的人，已然"把生命交给文艺事业"①，终于弃文艺事业独自归去，表明他对文艺事业对自己的生命都失去了自信，近十年来越来越强烈的暮年意识就是他为自己最后放弃自己的生命作的又一个长长的铺垫。

老舍之死可能还有其他原因，但以上所言也确是我们任何愿意正视老舍悲剧的人不能轻易规避的。林斤澜先生回忆道："辞世前几天，我听见老舍先生以沉吟口吻，说过一些回顾往日的话……比如老舍先生说，后悔年轻时候，不听人劝他不要搞文学！"② 这一席话出自现代中国仅见的几位大文学家之一老舍先生口中，是透着当时空气中的肃杀之味，滴着艺术家的痛楚之泪的。作为老舍，竟说出这句话，可见他的心已经凉透凉透。哀莫大于心死，既然心已如死灰，对于老舍，余者就更不在话下矣。老舍曾经将检讨会大字报大辩论大鸣大放大批判

---

① 老舍：《当作家并无捷径》，1956年2月1日《中国青年》第5期，《老舍全集》第14卷。
② 林斤澜：《思前想后》，《随缘随笔》，北京：群众出版社1993年11月版。

写进鼓词相声和话剧①，他没有想到自己终于竟是在这些曾经狂热地激动过他心灵的新事物的围攻之下，最后下了死的决心。老舍这些曾有过的狂热使得他最后的悲剧益发显出不可收拾的可悲来。尤其可悲的是，老舍只是这样先经历了狂热又堕入无望深渊的"一个"作家而已。幸而步入新时期的作家们回顾往事时纷纷发出的感叹可以帮助我们更彻底地反思既往。1981年3月22日，弥留之际的茅盾说："建国后我没写过小说，三十多年白活了！"② 1985年2月8日，巴金说："倘使我出席了大会（引按，指中国作协第四次代表大会），倘使我也流了眼泪，那一定是在悲惜白白浪费掉的二三十年的大好时光。"③ 1986年10月18日，曹禺借京剧《八大锤》痛发感慨："明白了，人也残废了，大好的光阴也浪费了。"④ 1993年，病中的曹禺又说，五十年代以后"创作时总感到心里似有什么东西附着，写不畅快"，"可我已经年逾八十，现在才感到这问题的严重"⑤。大师们异口同声，是遗憾，是痛惜，更是忠告，

---

① 如鼓词《覃本秀自述》（1959年11月12日《中国工人》第21期），相声《试验田》（1958年5月24日《曲艺》5月号），电影剧本《人同此心》（《电影创作》1994年第1期）。
② 赵清阁：《与日月兮同光——纪念茅盾文学大师百岁诞辰》，《新文学史料》1996年第2期。
③ 巴金：《无题集·"创作自由"》，《随感录》，北京：生活·读书·新知三联书店1987年9月版。
④ 田本相：《曹禺传》第474页，北京：北京十月文艺出版社1988年8月版。
⑤ 于立霄：《曹禺病中情》，1993年7月17日《新闻出版报》。

是警策。历史无法重来，也不容假设。但设若老舍果真从"文革"浩劫中脱身，在新时期，他也会发出这样的叹息的吧？历经三十年代的争论、自由主义的横遭指责，抗战的烽烟、四十年代自由主义的再次被批判，新中国的整肃、自由主义的彻底被制止，以至于新时期的观念解放、自由主义问题重新被提出——关于文学自由论之是非曲直的争论贯穿了整个二十世纪中国文学史和中国思想史。老舍的悲剧从某种意义上说主要地就是一个自由主义无法也根本不可能坚守的悲剧。在世纪之交，我们反思老舍走过的弯路，再探他的死因，既是为给历史一个交代，更是给我们自己一点警诫。前事不忘，后事之师，我们既已品尝过失落理性失落自我失落文学家园的苦酒，就不能听任这样的悲剧再来一次。

附录

老舍沉思

老舍说过:"文艺决不是我的浮桥,而是我的生命。"(《自谴》)我一直试图从这句话切入破解他的一些人生抉择尤其是最终抉择的导因。为什么把文学事业视作全部生命的老舍在某些外力的推动下非常自然地会离弃文学,如抗战之初、建国之甫、"大跃进"之际再一,再二,又再三有操起通俗之戈、为宣传任务所役的举动,又为什么老舍在辞世之前会说这样的话:"后悔年轻时候,不听人劝他不要搞文学"(林斤澜:《思前想后》):像这些,都是老舍研究和二十世纪中国文学研究绕不开的沉重话题。

刚才我用了"非常自然"这样的表述,是想说明老舍在二十世纪中国历史的某些重要"肯节儿"上心理机制的转易之迅忽、之疾速、之近乎不着痕迹。而事实上,每一次貌似自然的邅转都隐藏了心态的大起大伏,因为它一头牵系着生命的落脚点国家至上主义如骨如血的眷念,另一头却关联了视若生命的文学之舟的载沉载浮,所以总是有触动灵魂的大欣喜与大痛苦。正因为此,在抗战之初的"大众化"热浪和"民族形式问题"论争之后，老舍有《我怎样写通俗文艺》《三年写作自述》《略谈抗战文艺》（均发表于1941年）的真诚反思；在建国初的狂喜难抑、奉命之作的屡屡顿挫之后，老舍有《谈讽刺》《救救电影》《论悲剧》（均发表于"百花年代"）的严肃争鸣和《茶馆》的辛苦经营；在"跃进年代"的短暂迷失之后，老舍又有《规律与干劲》（1959）、《勤学苦练，提高作品质量》（1962）、《创作的繁荣与提高》（1963）的理性阐扬——这篇篇满贮着痛苦又饱含着欢欣的自我回归之作都印证了作家老舍的切实存在。

老舍把生命交付给了文学，又曾经为了国家至上主义的信仰把文学交付给了政治。有所回归，是因为觉察到文学一旦以被动态形式存在时便走向式微，是想找回文学的本根，想挽系住文学这灵魂的方舟。终于"后悔……不听人劝他不要搞文学"，我想，大致地，是因为在多年的流徙辗转，几许月迷津渡又几回柳暗花明之后却依然找不到归途时，于无奈的困顿中一声疲惫的浩叹罢？

前几年到北京旅游，特地去了孔庙。大成殿前寂静而又荒凉，只有伤痕斑驳的棵棵老树默默铭记着不堪回首的某一天。我抚着裎露于外的焦黄粗糙的木质，无言良久。《牛天赐传》中，当看到经营了多年的买卖化成冲天的黑烟时，牛老者一头栽倒，再也起不来。而那一天，在经历了文学与政治那么多年折损心力的纠缠，竟至于筋疲力尽地发出"后悔……搞文学"

的叹息的时候，那一把烧灭一切的冲天大火对于老舍来说又意味着什么呢？

老舍生于1899年，殁于1966年。生年固富象征色彩，卒年蕴蓄的悲凉意味和深彻教训更值得追索再三。老舍一生中数次为政治理想而弃置文学的经历都决不仅仅是个人行为，因之，对于老舍之死才更有必要一遍遍地沉思默想。关于文学，关于自由，关于理想，关于中国作家在强大的外在权力话语的罩摄下怎样坚持，怎样失守，怎样回归和怎样绝望，等等，唯有通过我们的认真沉思，才能真的给过去一个交代，也给未来一个希望。

1999年

人民的老舍

我一直在想，老舍是靠什么赢得那么多读者的。一部中国现代文学史，思想比他深刻的、学养比他丰厚的、文思比他敏捷的、技巧比他高超的，实在不乏其人；而老舍虽然很早就得到"人民艺术家"的美誉，其代表作中的"人民性"却是值得分析的。至少，它们中的大多数并不"喜闻乐见"。

然而"人民性"本身难道不更值得分析吗？真实的"人民"，既不是居庙堂之高的显贵认为的那么好揉捏，也不是处江湖之远的文人想象的那么无特操。在大多数文学作品里，有权威话语捏塑的纯净无染的"人民"世界的幻象，有精英话语构拟的丑态百出的"人民"王国的异景，也有经济杠杆打造的既热闹也胡闹的"人民"市场的喧嚣，但在这林林总总的"人民文学"里，有多少是真正在意人民的，又有多少是人民在意的呢？

中国现代文学史时间不长，灾患不断，作品很多，精品很少。时过境迁，青春期特有的冲动、鲁莽、狂热如潮汐般退去，人们最想知道的是，这一场风风火火的文学革命究竟留下来多少读之齿颊含香,诵之绕梁不绝的东西。或者,不必说得这么玄吧:这段兴也人民、废也人民、成也人民、败也人民的文学的历史,究竟给人民留下了些什么文学遗产呢?

想过了这些之后,再回到这个问题,老舍是靠什么赢得那么多读者的,就有些头绪了。老舍一生写过很多东西,既有失败之作,也有传世之作,两厢对照,前者多是先验的、借助于高蹈的命题的、以人民为工具的;后者则一定是生活的、性情的、和真实的人民同呼吸、共进退的。二十世纪三十年代,老舍蛰居山东,自觉地置身一切党派、学派、甚至文学流派之外,对于在小说里动辄高呼口号,或以"血与泪"为标识的"普罗文学"颇有微词。正是在这一时期,他为文学史奉献了一系列血肉丰满、个性鲜明的挣扎或彷徨在市井中的小人物形象。从这些人物的塑造体现出老舍作品强烈的亲民性,和当时的左翼宣教小说、市民通俗小说完全异趣,老舍对民众的基本态度既非怜悯,亦不迎合,决无鄙视。他始终在批判,又始终在同情。有学者考证出《我这一辈子》里的巡警是老舍以自己的哥哥为原型塑造的,这很好地证明了老舍在市民世界的自我定位——一种缘自亲情的水乳交融。老舍就是靠这个赢得了无数读者的热爱。

老舍的文字俗白而不俗鄙,这首先是因为他不怕俗鄙——对藏污纳垢的市井既不嫌恶亦无禁忌,这就获得了异常宝贵的生命底色和极其开阔的语言空间,在这基础上再用自己的学养和见识掌控和观照，在出和入之间求取上佳的平衡点和释放源。老舍曾经说：自己"越来越恨'迷惘而苍凉的沙漠般的故城哟'这种句子"，"有人批评我，说我的文字缺乏书生气，太俗，太贫，近于车夫走卒的俗鄙；我一点也不以此为耻！"（《我怎样写〈小坡的生日〉》，1935年）这样的话非真正扎根和立足于车夫走卒中的人所不能道，无从道。这就是老舍的文章百年传递、万人诵读、永垂不朽的奥秘所在。

岁月更迭，现在的人民能受用的文学遗产比老舍的时代要丰富得多，写作的自由度也要大得多。然而，在几乎可以无限量地充塞头脑排泄物的新的传媒空间里，我们却越来越少读到有根柢、有传承、血肉充盈、精减细裁的文字。"作家"越来越多，作品却越来越少，文学的式微似乎已成定局。在这样的时候，翻开其实并不十分成熟的中国现代文学史，翻到《野草》，翻到《从文自传》，翻到《干校六记》，翻到《正红旗下》，往往默然无语。

1938年，沈从文在《谈朗诵诗（一点历史的回溯）》中谈及昔年京派文人群落自组"读诗会"，品评文章，相与切磋的故实，说道："记得某一次由清华邀来一位唐宝鑫先生，读了几首诗，大家并不觉得如何特别动人。到后读老舍先生一篇短短散文时，环转如珠，流畅如水，真有不可形容的妙处。那次试验上，让我们得到另外一个有价值的结论，一个作者若不能处理文字和语言一致，所写的散文，看来即或顺眼，读来可不好听。""处理文字和语言一致",这是沈从文对老舍某篇散文的评价,也回应了五四以来关于白话散文写作的重要命题——用胡适《文学改良刍议》里的话说,就是"与其用三千年前之死字,不如用二十世纪之活字"。今天我们读老舍,不妨也来体会一下老舍是如何调遣这些"活字",让散文也活起来,以臻"环转如珠,流畅如水"之境的。

2005 年

那所破房与两株枣树
——老舍逝世五十年祭

1

前年暑假，我去北京玩，有一天跟朋友约了到国家京剧院转转。他在电话里说，你坐地铁到平安里下车，然后怎么怎么走。

车到平安里，离和朋友约了见面的时间还早，就想在附近转转。作为一个从来不辨东西南北的上海人，我出了地铁口一时间不知该往哪儿走。信马由缰走了几步，一个路牌照亮了一切——小杨家胡同。

上一次到这里还是1994年暑假，那是我第一次去北京。那年我大学毕业，跟着老师跑去长春参加了一个老舍研讨会，再到北京和我爸汇合，我带着我爸，我爸带着钱，在北京转了一个多礼拜，尽兴而回。

那年北京非常热——还是北京的夏天从来就是非常热？想起汪曾祺的《八月骄阳》——那天，我们先到护国寺大街看了梅兰芳故居,再沿着护国寺大街穿到新街口大街,往右拐,找小杨家胡同。这里是老舍的出生地,在老舍的诸多作品里,它有一个更好记更亲切的名字,小羊圈胡同。

在《四世同堂》里,老舍这么描绘小羊圈胡同——

祁家的房子坐落在西城护国寺附近的"小羊圈"。说不定,这个地方在当初或者真是个羊圈,因为它不像一般的北平的胡同那样直直的,或略微有一两个弯儿,而是颇像一个葫芦。通到西大街去的是葫芦的嘴和脖子,很细很长,而且很脏。葫芦的嘴是那么窄小,人们若不留心细找,或向邮差打听,便很容易忽略过去。

小羊圈胡同——小杨家胡同,从老舍还没出生前很久,到现在,一直就长这样。你要是沿着胡同西头的新街口大街一直走,不仔细看,很容易忽略了它的入口(葫芦嘴),但是大胆往里走,里面还挺宽敞的,《四世同堂》小说里的三教九流、五行八作就是在这条弯弯曲曲的胡同里你方唱罢我登场,演出了一场场歌哭歌笑的人间悲喜剧。

老舍童年的故家——8号院已经非常破旧了。它和北京所有的待拆的老房没有任何区别:纸痕斑驳的灰色砖墙、破损的红色大门、门框外砖墙上有半副春联,下联贴到上联的位子上了,所以也说不上来那究竟是上联还是下联。只有门梁左侧挂着的门牌号码"小杨家胡同8"默默宣示着这所破院子的身份。老舍小时候,院儿里栽了两棵枣树,后来不知什么时候被伐去一棵,剩下的那棵一直顽强地独自活着。院儿里是住家,不能随便进,枣树的老枝就善解人意地斜伸出墙头,等着和路人合影。我1994年去的时候就和它合过影。但是现在,这棵枣树已经没有了。

2

刨去大量以北京(/北平)为背景的作品,里面必然会写到的北京城的各种民居院落,老舍至少有三部作品是明确以这个小院儿和这条胡同为故事发生地的,它们分别是《小人物自述》《四世同堂》和《正红旗下》。仿佛是命运,这三个作品,《小人物自述》和《正红旗下》都是只开了个头,没有写下去;《四世同堂》倒是写完了,作者却在最后发表的时候遗弃了最后的一些章节。虽然《四世同堂》后来根据英译本强行补齐了结尾,它仍是不完整的。所以,这三部以老舍故家为背景的小说,终于都是残破的。就是这三个残破的作品,构成了老舍一生在不同的生活阶段回望故园的"三部曲"。

老舍生于1899年2月,次年,八国联军入侵。老舍的童年经验和中国近代的屈辱史相重合,加上他本人从二十多岁起一直在外漂泊,"故乡景物"是他生命中最大的挂念,所以,家传成为他的一个顺理成章的备选题材。1944年，老舍的"发小儿"罗常培先生写文章说："十年前他就想拿'拳匪'乱后的北平社会作背景写一部家传性质的历史小说。当时我极力鼓励他，并且替他请当地父老讲述，替他搜集义和团的材料。七年的流亡生活，遂不得不使这个计划停顿了。"这是一条相当有价值的回忆，它告诉我们，老舍在1934年前后就已经开始考虑写家传了。随后，如我们现在看到的，老舍1937年终于动笔写《小人物自述》，但是才发了个开头就被战争打断了。

不管怎么说，老舍童年的玩伴——那所破房和两棵枣树——终于在他自己的小说里出现了：

> 院里一共有三棵树：南屋外与北屋前是两株枣树，南墙根是一株杏树。两株枣树是非常值得称赞的，当夏初开花的时候，满院都是香的，甜酥酥的那么香，等到长满了叶，它们还会招来几个叫作"花布手巾"的飞虫，红亮的翅儿，上面印着匀妥的黑斑点。极其俊俏。一入秋，我们便有枣子吃了；一直到叶子落净，在枝头上还发着几个深红的圆珠，在那儿诱惑着老鸦与小姐姐。

写着写着，老舍有点激动地说：

> ……可是据我看，假若私产都是像我们的那所破房与两株

枣树，我倒甘心自居一个保守主义者，因为我们所占有的并不帮助我们脱离贫困，可是它给我们的那点安定确乎能使一草一木都活在我们心里，它至少使我自己像一棵宿根的小草，老固定的有个托身的一块儿土。

虽然长年在外漂泊，然而童年景物时刻在心底浮现，"它给我们的那点安定确乎能使一草一木都活在我们心里。"就是这么挥之不去，就是这么念念不忘。

《小人物自述》的写作被打断后，投身抗战文艺的老舍始终没有好好写过小说，直到《四世同堂》——

祁老人看着新房，满意的叹了口气。到他作过六十整寿，决定退休以后，他的劳作便都放在美化这所院子上。在南墙根，他逐渐的给种上秋海棠，玉簪花，绣球，和虎耳草。院中间，他养着四大盆石榴，两盆夹竹桃，和许多不须费力而能开花的小植物。在南房前面，他还种了两株枣树，一株结的是大白枣，一株结的是甜酸的"莲蓬子儿"。

整个二十世纪五十年代，老舍几乎完全是以一个戏剧作家的面貌出现的，转机出现在"广州会议"之后。要万分地感谢老舍的家人，历尽千辛万苦为我们保存了老舍只写了十一章的《正红旗下》残篇，在适当的时候向世界展示了二十世纪六十年代中国小说本可以达到的高度，也留下了老舍对故园和枣树的最后的念想：

我们是最喜爱花木的，可是我们买不起梅花与水仙。我们的院里只有两株歪歪拧拧的枣树，一株在影壁后，一株在南墙根。

就这样，老舍一生的牵挂，被他明白无误地还原为他自己在小羊圈胡同的旧居，甚至旧居的两棵枣树。这是一种深入骨髓的眷念，是老舍本人对于自己持有的文化保守主义的立场的最生动的脚注，它拒绝被拆毁，拒绝被迁徙，拒绝"旅行"的状态，拒绝一切变化，它就是老舍名篇《断魂枪》里神枪沙子龙抚摸着凉滑的枪身，喃喃自语的"不传"二字的本义。

3

残酷的事实是，《正红旗下》恰因了嗣后不久柯庆施提出"写十三年"的口号而夭折。1963 年 12 月 25 日，华东地区话剧观摩演出在上海举行。在观摩演出会上，当时的上海市委第一书记柯庆施说："在我们戏剧界，有些人虽然口头上也赞成文艺为工农兵服务的方向，但是实际上他们不去贯彻执行党的文艺方针，他们对于反映社会主义的现实生活和斗争，十五年来成绩寥寥,不知干了些什么事。他们热衷于资产阶级、封建阶级的戏剧,热衷于提倡洋的东西、古的东西,大演'死人''鬼戏',指责和非议社会主义的戏剧,企图使社会主义的现代剧不能迅速发展……所有这些,深刻地反映了我们戏剧界、文艺界存在着两条道路、两种方向的斗争。这种两条道路、两种方向的斗争,本质上就是戏剧、文艺为哪一个阶级服务的斗争。"老舍正是在这个时间节点上终止了《正红旗下》的写作,也终止了自己的写作生涯,以"不传"的方式。

虽然历史不容假设,但是有些事情我们还是要说说清楚。《正红旗下》如果写完,将是老舍的一个三部头的系列长篇小说的第一部。

1985年,赵家璧先生在长文《老舍和我》中,披露了老舍1949年归国时的写作计划:

……他向我详细讲到了他计划回国后准备以北京旧社会为背景的三部长篇历史小说:他的计划是第一部小说,从八国联军洗劫北京起,写他自己的历史;第二部小说,写旧社会的许多苏州、扬州女子被拐卖到北京来,堕入八大胡同,娼妓火坑的种种悲惨结局;第三部小说,写北京王公贵族、遗老遗少在玩蟋蟀斗蛐蛐中,勾心斗角,以及他们如何欺诈压迫下层平民的故事。他信中还说,这三部长篇,可以放在全集的最后部分陆续出版。那将是第二个十卷中的压轴之作,将和第一个十卷中的第一部分《四世同堂》成为《老舍全集》的首尾两套重点著作。

谢和赓回忆，1966年4月末，老舍又谈起当年的这个写作计划，并且说："这三部已有腹稿的书，恐怕永远不能动笔了！我可对您和谢先生说，这三部反映北京旧社会变迁、善恶、悲欢的小说，以后也永远无人能动笔了！……"谢和赓说："老舍先生说到这里，情绪激烈，热泪不禁夺眶而出。王莹也很动感情，两个人相对无言，久久不能开口。我亦默坐一角，感慨万分。"（《老舍最后的作品》）

1966年4月，老舍在《北京文艺》发表了他最后的作品，快板《陈各庄上养猪多》。虽然我一直认为《陈各庄上养猪多》从宣教曲艺的角度看还是有不少可取之处的，但是毕竟和《正红旗下》反差太大了。这个反差，是个人都能看得出来，何况是怀着对自己创作能力满满的自信、对文学本身无限的热爱，写作了一辈子的老舍。老舍说过："文艺决不是我的浮桥，而是我的生命。"（《自遣》）然而，他竟和他的王掌柜一样，在文学之旅上"改良"了大半辈子之后，终于无路可走。

4

光阴荏苒，老舍自沉太平湖已经整整五十年了。五十年间,已经出现了很多写老舍之死的作品,小说、散文、论文、戏剧、音乐……应有尽有。我独爱汪曾祺的《八月骄阳》。

张百顺把螺蛳送回家。回来,那个人还在长椅上坐着,望着湖水。

柳树上知了叫得非常欢势。天越热,它们叫得越欢。赛着叫。整个太平湖全归了它们了。

张百顺回家吃了中午饭。回来,那个人还在椅子上坐着,望着湖水。

粉蝶儿、黄蝴蝶乱飞。忽上,忽下。忽起,忽落。黄蝴蝶,白蝴蝶。白蝴蝶,黄蝴蝶……

天黑了。张百顺要回家了。那人还在椅子上坐着,望着湖水。

蛐蛐、油葫芦叫成一片。还有金铃子。野茉莉散发着一阵一阵的清香。一条大鱼跃出了水面,欻的一声,又没到水里。星星出来了。

1966年8月24日,老舍就这样在太平湖边坐了整整一天。

太平湖离小羊圈不远。我用网上的电子地图查了一下,大概步行半小时能到。

太平湖离老舍母亲的旧居更近。舒乙老师在《父亲最后的两天》里说："太平湖正好位在北京旧城墙外的西北角，和城内的西直门大街西北角的观音庵胡同很近很近，两者几乎是隔着一道城墙、一条护城河而遥遥相对，从地图上看，两者简直就是近在咫尺。观音庵是我祖母晚年的住地，她在这里住了近十年，房子是父亲为她买的，共有十间大北房。"

积水潭也在太平湖的不远处。老舍说过：

面向着积水潭，背后是城墙，坐在石上看水中的小蝌蚪或苇叶上的嫩蜻蜓，我可以快乐的坐一天，心中完全安适，无所求也无可怕，像小儿安睡在摇篮里。（《想北平》）

这么说吧。从小羊圈，到太平湖，老舍走过了67岁的人生，却兜兜转转，没有走出以他出生的那所破房为圆心、四五里地为半径的一个圆圈。老舍在这里出生，在这里读书，在这里当劝学员，从这里出发去面对八方风雨，回到这里给母亲购置了房产，曾经发愿在这里面对着湖水快乐地坐一天，也真的在生命的最后一天面对着这里的湖水沉默地坐了一整天。最后的最后，当喧嚣散尽、夜幕降临，他走入那片湖水，用生命里最后的力气重复《四世同堂》里老实巴交的祁天佑最后的遭遇："很快的，他想起一辈子的事情；很快的，他忘了一切。

漂，漂，漂，他将漂到大海里去，自由，清凉，干净，快乐，而且洗净了他胸前的红字。"

五十年就这么过去了，八月骄阳下的北京还是这么热，但是太平湖已经没有了。

小杨家胡同里，那所破房还在，两棵枣树也都没有了。

没有就没有了吧。只要你记得，曾经有个作家叫老舍，他说："我爱咱们的国啊，可是谁爱我呢？"

粉蝶儿、黄蝴蝶乱飞。忽上，忽下。忽起，忽落。黄蝴蝶，白蝴蝶。白蝴蝶，黄蝴蝶……河灯亮起来，一盏，两盏……漂，漂，漂，漂向远方，自由，清凉，干净，快乐。远方，在那无名之地，梦的前方，有一所破房、两株枣树、一片无边伸展的湖面。文艺界尽责的小卒，睡在那里，像小儿安睡在摇篮里。

2016 年

《四世同堂》的前世今生

一

　　《四世同堂》起笔于 1944 年，完成于 1949 年。全书分《惶惑》《偷生》《饥荒》三部分。需要强调一下，《惶惑》《偷生》和《饥荒》是前后贯穿的三个部分，类似于"上、中、下"，不是三部曲。老舍后来这样说明："本来无须分部，因为故事是紧紧相连的一串，而不是可以分成三个独立单位的'三部曲'。不过，为了发表与出书的便利，就不能不在适当的地方画上条红线儿，以清眉目。因此，也就勉强的加上三个副标题，曰《惶惑》，《偷生》，与《饥荒》。将来，全部写完，印成蓝带布套的绣像本的时候，这三个副标题，就会失踪了的。"（《四世同堂·序》）

　　然而这个"蓝带布套的绣像本"始终没有印出来，因为《惶惑》和《偷生》按计划出版之后，《饥荒》连载到一半中断了。

　　这事的来龙去脉，容我细细讲来。

　　《四世同堂》的写作缘起于 1943 年 11 月老舍夫人胡絜青

带着三个孩子,从北平辗转千里来到重庆北碚,和只身到大后方投身抗战已历六年的老舍团聚。听说老舍夫人来了,很多家在北方的朋友就跑来打听沦陷区的情况,胡先生就一遍遍给他们讲述,老舍则抽着烟在一边静静地听。听着听着,无边的故都图卷在心中伸展开来,老舍激动了。1944年1月,他开始创作长篇小说《四世同堂》。

1944年11月,重庆《扫荡报》的"扫荡"副刊开始连载《四世同堂》的第一部分《惶惑》,1945年9月连载终。1945年5月至12月,《偷生》连载于重庆《世界日报》的"明珠"副刊。《惶惑》和《偷生》1946年分别由良友公司和晨光公司出版了上下册的单行本。

1949年12月老舍回国后,1950年5月起,《饥荒》在《小说月刊》开始连载,翌年1月连载到第20段的时候突然中止,老舍生前未出版。20段以后的稿子亡佚。1981年,在美国人艾达·普鲁伊特(Ida Pruitt,中文名为浦爱德)翻译的《四世同堂》英译本《黄色风暴》(*The Yellow Storm*)中,发现了经过缩略处理的《四世同堂》最后13段,由马小弥回译为中文后,发表于1982年第2期《十月》杂志。

不久前,上海译文出版社的赵武平先生又在哈佛大学的浦爱德档案里,发现了《黄色风暴》之前的英文手稿本,这个手稿本比现在通常能见到的《四世同堂》的100段的版本又多出了整整3段。这一部分和马小弥转译本不同的内容,经由赵武平的回译,发表于 2017 年第 1 期《收获》杂志。

值得注意的是,浦爱德档案里这个没有经过出版社删节的英文手稿本,是在老舍本人的全程参与下完成的。1977 年 2 月 22 日,浦爱德在写给她的好友费正清夫人的信中这样描述这个合作翻译的过程:"《黄色风暴》并不是由《四世同堂》逐字翻译过来的,甚至于不是逐句的。老舍念给我听,我则用英文把它在打字机上打出来。他有时省略两三句,有时则省略相当大的段。最后一部的中文版当时还没有印刷,他给我念的是手稿。Harcourt Brace 出版社的编辑们作了某些删节,他们完整地删掉了一个角色,而他是我所特别喜欢的。"(胡絜青、舒乙在《破镜重圆——记〈四世同堂〉结尾的丢失和英文缩写本的复译》,《十月》1982 年第 2 期)

二

现在《收获》发表的《四世同堂》的末 16 章(赵武平 2017 年回译本)比现在通常能见到的末 13 章(马小弥 1982 年回译本)大致上多了些什么,也就是 1951 年 Harcourt Brace 公司出版的《黄色风暴》(*The Yellow Storm*)在老舍本人参与的《四世同堂》(*Four Genera-tions In One House*)英译本草稿的基础上究竟删除了些什么,是本文关注的问题。

根据赵武平《〈饥荒〉英译全稿的发现和回译》(《收获》

2017 年第 1 期）所述：

　　就《饥荒》而言，除去每章都有相当删节外，最主要的变动，是在后面的十六章。

　　首先，编辑将第二十三章"东阳病了"压缩后同第二十四章"冰化了"并为一章。其次，整章删去第二十七章。最后，整章删去第三十六章。此章名为"钱先生的悔过书"，实为一篇"檄文"。钱在其中对日本人发动战争进行了反思。

　　本文要讨论的内容也一目了然了，依次是：

　　1. 赵译《四世同堂·饥荒》第 23 章和第 24 章与马译《四世同堂》第 90 章（即前述两个章节删节合并后的新章节）的比较；

　　2. 赵译第 27 章分析；

　　3. 赵译第 36 章即老舍本人删定的《四世同堂》结尾分析；

　　4. 其他被删节内容举例分析。

三

　　马译《四世同堂》第 90 章，从"蓝东阳续了病假"句，到"样样东西都会烂，样样东西也都会转化"句，主要情节线索为：蓝东阳因害怕瑞全报复而得病——东洋大夫来瞧病——菊子逃走——瑞宣到铁路学校去上课——日本本土被炸的消息传来，瑞宣决定积极投身抗战宣传。

赵译《四世同堂·饥荒》第23章和第24章，被《黄色风暴》删节的主干情节有：瑞宣到铁路学校后的所作所为、所思所想（删节1）；菊子逃跑后蓝东阳出门去找菊子直至摔倒在雪地里（删节2）；美军轰炸日本本土后北平人的反应（删节3）。

以这个章节为样本，可以得出结论：《黄色风暴》对《四世同堂》英文手稿本的缩写，在技术上是没有问题的，就是说，虽然删去了大量的内容，但是故事情节还是相当完整的，节奏也保持得相当好，如果不知道这里面的一度、二度删节的过程，可以当作一部完整的小说来阅读。比方说上述这个章节，被删掉的带有人物具体行为的情节，只有"菊子逃跑后蓝东阳出门去找菊子直至摔倒在雪地里"这一段。

那么我们为什么又对老舍本人参与改定的英译定稿本有浓厚的兴趣呢？因为这个定稿本传递的才是老舍的本意啊。

说起文学史，一般的人马上联想到考纲、考点，就拿《四世同堂》来说吧，抓住几个关键词，"北平""抗战""市民"，几个主要人物，就完成了对文学史的《四世同堂》的勾勒。殊不知这样抽象的文学史往往是拿一个个框框去套具体的文学现象，套上了就万事大吉，套不上的就砍掉扔掉，或者视而不见。随着版本的挖掘、作品文本本身的拓展、周边史料的日益丰富，我们越来越倾向于认为，具体的文本、细微的史料，才是构成文学史研究和作家研究的基石。正如这个《四世同堂·饥荒》后16段的回译本，虽然它经过从中文到英文又到中文，从二十世纪四十年代到二十一世纪一〇年代这双重的跨越，但是，比起可能已经永远亡佚了的老舍原稿，它就是到目前为止我们能接近老舍写《四世同堂》最后部分内容的思想状态、文学状态的最佳途径了。

四

由是我们再来看赵译《四世同堂·饥荒》第23章和第24章，被《黄色风暴》本完整删去的三个大的节段，"删节1"和"删节3"指向的是主人公瑞宣的思想变化的情节线，"删节2"指向的是蓝东阳的行动线。

别的不论，单从"故事"的经营来看，把蓝东阳拖着摇摇晃晃的病体到冰天雪地里寻找菊子这个生动的段落删除，也是一桩很可惜的事情。这里有老舍最擅长描写的北平（/北京）的冬天的景色，低垂的灰云、冷寂的街道、不断飘落的雪花，当中一个六神无主的蓝东阳。作者老舍似乎乐见蓝东阳遭到这样的境遇，他嘲弄地说："他憎恶世界上的一切，但是最恨白雪，因为雪是白的，却不是银子。"

这个被删除了的段落也是蓝东阳在这个世界上的最后一场表演，为蓝东阳为什么再也不去铁路学校上班以及后来为什么又非去日本不可以至于被原子弹炸死埋下了伏笔。"金钱和财产是他的灵魂，为找回灵魂，他可以面对死亡。"这么说蓝东阳也谈不到是完全没有灵魂的人，从他的视角看，也算死得其所了。用老舍在《月牙儿》里的说法，则是："人是兽，钱是兽的胆子。"

指向瑞宣心理线的两段删节分别交代了瑞宣到铁路学校上课的完整经历和日本本土被轰炸的事件在北平引起的舆论波澜对瑞宣更加义无反顾地投身抗敌宣传起到的鼓舞作用。在这两个段落里，瑞宣经历的"感受学生——感受同事——感受北平"的过程使得此前"说不定，我会跟老三一样有用的！"自我鼓励得到了落实。虽然把"删节1"和"删节3"抽离后，故事本身不受影响，但是，显然，加上这两个段落之后，瑞宣之后无论是在学校、在小羊圈、在家里的活动都更有依据了。

顺便说说，赵译《四世同堂·饥荒》和马译《黄色风暴》的对应段落的对比显示，《黄色风暴》作出删节的人物心理波澜的部分是比较多的，其中最多的指向瑞宣、瑞全、金三爷一波三折的心理活动。下文"其他被删节内容"部分将举例详论。

在我们现在分析的第23章和第24章里，可以对比这两段话：

走进教室,只见一双双眼睛都闪着快活的光芒。他明白,日本挨炸的消息已经传开了。大家眼睛里的光亮,照得整个教室异常温暖。他一句话也没说,只用闪烁着同样光芒的眼睛看着大家。每个人的脸上全带着笑,许多双眼睛里闪烁着泪光。(马译《黄色风暴》)

进课堂的时候,瑞宣注意到,许多许多的眼睛,放出带着笑意的光芒。这些眼睛告诉他,这些年轻人听到了轰炸日本的消息。他们的喜悦的眼光,似乎带着热量,让课堂变得非常温暖。他没说什么话,但是用同样的眼光望着他们。就像课堂里打了一个快乐的闪电,一股电流在相互之间传递着。所有的脸都露出笑,然后许多眼睛里流出泪。(赵译《四世同堂·饥荒》)

很明显,"就像课堂里打了一个快乐的闪电,一股电流在相互之间传递着"这句话被《黄色风暴》删除了。删掉这句话,对于情节本身没有影响,但是对于老舍想表述的那种师生之间、同学之间默契的相知显然是打了折扣。我们现在看到的《黄色风暴》对《四世同堂》英译手稿的删节,大多类此。

五

赵译《四世同堂·饥荒》第27章,是被《黄色风暴》完整删节的一章。

这一章原来有个小标题叫"瑞宣找到自己和工作",这个标题可以概括这一章的故事内容。

瑞宣是《四世同堂》的第一主人公,他的身上有很深的老舍本人的影子。这一章对瑞宣的描写虽然没什么具体事件推动情节发展(所以就被删了嘛),但是,因为花费了大量笔墨在瑞宣对编写地下报纸这项全新的事业的认知上,所以对于进一步了解老舍本人对抗战文学的总体认识有着非常重要的意义。因为老舍写这些的时候,已经是1949年了,抗战胜利已经四年,老舍为了投身抗战曾经抛弃了家庭和已经取得了非常高成就的文体,对这一切的因果得失,在这个文本出现之前,我们还是很少读到值其时也他本人的说法。

老舍本人亲历了整个大后方的抗战文学史,是中华全国文艺界抗敌协会的负责人。这八年也是他的文学生涯的重要转折时期,舍弃小说转而从事通俗文艺和戏剧的写作,并且将这一新的写作习惯带到了同样对老舍提出超高的宣传要求的新中国时期。而《四世同堂》正是老舍在抗战文学经由几次严肃论争进入反思阶段之后回归小说写作的结果,我们看到的《四世同堂》总体节奏感略显拖沓、个别人物过度扁平化这些问题,都与老舍此前长时期脱离小说创作有关。

　　在以往的阅读和研究中，我总是倾向于认为，经历了抗战文学的反思阶段，老舍对1938—1942年的全身心投入是略有悔意的，不然便无法解释此后的重新开始写作小说，以《火葬》和若干短篇小说为过渡，随着夫人的到来，自然进入《四世同堂》的写作。

　　然而这个失而复得的章节让我觉得应该重新考虑老舍对抗战宣传、对通俗文艺的态度，也进而意识到，《四世同堂》虽然是多重回归之作——我以前分析过，《四世同堂》的写作是叠加了老舍回归小说、回归幽默和回归北平三层写作习惯的，这个结论当然还成立——但是，回归不等于抛弃，回归小说不等于抛弃戏剧，回归幽默不等于放弃宣传，回归北平不等于止步于北平。事实上，不论从哪个视角看，二十世纪三十年代黄金写作状态的老舍都不可能归来了。同样，二十世纪三十年代作为中国现代文学的黄金十年也不可能重现了。

　　因此，我们在这个第27章里看到了老舍想象中的身处沦陷区的自己（瑞宣）对已经在国统区经历了大半段抗战文学史的自己（新文学作家们）投来的好奇的眼光——"从为做宣传而写作开始，他就很想知道作家在战争中怎么生活，发表什么作品。"

　　这是一个特别有趣的视角，是老舍任何作品中都没有出现过的视角，也是第一次老舍在虚构作品中谈论自己投身于中的中国现代文学史。瑞宣探求的结论是:"新文学是代替中国说话的活的文学……他为中国作家感到骄傲,也为自己感到高兴。"这不但解答了为什么在多重"回归"之后,在已经完成了抗战宣传的使命的1946年之后,老舍还是在写《四世同堂》《鼓书艺人》《五虎断魂枪》这些带有强烈宣传色彩的作品,也顺便解答了老舍为什么在1949年12月回到北京后能这么快速地进入新中国的文艺工作者这个全新的身份——"瑞宣找到自己和工作",毋宁说是"老舍找到自己和工作"啊。

六

1982年,胡絜青和舒乙在《破镜重圆——记〈四世同堂〉结尾的丢失和英文缩写本的复译》一文中如释重负地确认了马译《黄色风暴》的结尾句是老舍本人改定的结尾,因为他们得到的浦爱德致费正清夫人的信里明确表示,出版《黄色风暴》,因篇幅要求,出版社对老舍的原著(现在看来就是在哈佛大学档案里发现的这个英文译稿)进行了删减,但是,"对结尾没有做变动"。

这个结尾是:

小羊圈里,槐树叶儿拂拂地在摇曳,起风了。

但是，我们在赵译《四世同堂·饥荒》的最后16段里没有找到这句话，取而代之的是一封钱默吟先生的长达六千字的檄文，就是现在我们看到的《四世同堂·饥荒》最新回译本第36章，也是全书的终章。目前基本可以肯定，《黄色风暴》的那个诗意的结尾句"起风了"是出版社的编辑自行添加的。

我非常理解 Harcourt Brace 出版社为什么要删除这六千字。故事已经结束，这么长的篇幅，什么情节也没有，对于追求故事的小说读者来说，完全是一段大而无用的冗笔；对于出版社来说，费纸费墨，开罪读者，得不偿失。

到和浦爱德合作译完《四世同堂》的1949年，距离老舍在《小说月报》发表《老张的哲学》已经23年，其间虽有中断，老舍怎么说也是写过《骆驼祥子》《离婚》《断魂枪》的资深小说家，以他对小说的理解和认识，不会看不出来这个长长的结尾严重偏离了一般的长篇小说写作的原则。而我们也知道，合作翻译《四世同堂》的过程，是老舍口述，浦氏打字，"他有时省略两三句，有时则省略相当大的段。"在这个过程中，老舍如果愿意删除此章节，让小说更紧凑，他完全能够办得到。那老舍为什么一定要保留这个结尾呢？这成为我们感兴趣的一个重要的点。

唯一的解释恐怕就是，老舍太想把这些话保留下来了。

这里被完整删掉的前情提要是：为了和日本人拖时间，尽可能拯救自己的孙子钱善，钱先生答应了日本人一件事——写一份悔过书。就在钱先生差不多写好悔过书的时候，祁家弟兄俩来接他出狱了。因为钱先生无过可悔，这其实不是一份悔过书，而是一篇对战争问题的深长思考。自然，与其说是钱默吟先生的思考，不如说是老舍本人的。这也就是这六千字虽然作为小说的一部分显得冗赘，但是作为老舍的一篇佚文，则顿显无比珍贵的原因所在。

很多研究者认为，老舍在抗战时期对通俗文艺的过度投入造成了他回归小说创作时个别人物的夸张和变形，钱默吟先生在小说后半段变身为一名侠士、地下工作者，和他诗人的身份不相匹配，也是被谈论较多的一个问题。老舍显然也意识到了这个问题，所以借助这篇"悔过书"对钱先生的心路历程进行了源源本本的交代。"感谢你们，给了我做一个完美的人的机会，教我能有斗争到死的机会。"这大无畏的表白指向老舍本人的一个英雄情结。贯穿地看，老舍热爱侠士的少年时代、书写李景纯、丁二爷这样的侠义之士的青年时代、自己义无反顾牺牲一切投身抗战的中年时代，如此种种和《四世同堂》具备理想人格的钱诗人正是无比契合的。这也是老舍在很小的年纪就给自己起了"舍予"这个名字，把它像一个终身的烙印一样镌刻在生命里的原因。剑气箫心、侠骨柔情，合成了一个既是诗人也是战士的钱默吟先生。这就是老舍浓墨重彩刻画钱默吟这个《四世同堂》的灵魂人物的用意。对于写作本身是否存在缺欠的问题自然可以继续讨论，但是老舍的良苦用心不可不察。

因此，以钱默吟的口吻写的这篇表白就有了非同小可的意义。比起"起风了"这样语义含混的小清新结尾，这则长长的不讲章法的剖白和倾诉无疑更能镇住《四世同堂》用一百万字铺陈的无边苦难和人间悲喜剧。

七

最后要谈的是这多出来的三章之外的删节问题。

比起前述动辄长达数千字的"大拆"来，这个部分涉及的问题属于"小卸"，七零八碎地删，情况更为复杂，大致不出以下四种情况。

一、不影响情节进展的细部描写和心理描写。

相比前述的大篇幅章节的被砍，我觉得这种无处不在的对细部描写的删节才是更可惜的。因为细节才是小说的生命所在，如果把细节都拿掉了，只剩下一条紧赶慢赶往前走的行动线，就成了小说的梗概，不是小说本身了。何况根据浦爱德女士的回忆，她和老舍一起把原稿翻译成英语的时候，老舍已经出于对出版社要求的回应和对美国读者阅读习惯的尊重作了让步，这份英文稿本身已经是一个删节本了。

有个流传很久远的笑话，我也搞不清楚来源，据说，有一次，老舍对编辑改动他的文章非常恼火，发了毒咒，曰，"改我一字，男盗女娼。"我一直觉得这不像为人厚道的老舍说的，又觉得非常像写文章字斟句酌，有"吟安一个字，撚断数茎须"风范的老舍被改了稿，发急了，会说的话。

说这个，并非要考证老舍说没说过这八个字，而是想说明，对于一个有强烈艺术自信和文字敏感的作家，在作品已经完成的情形下又遭遇这样大幅度的删节，断然是很难接受的。我们举个例子。

在马译《黄色风暴》结尾13章，金三爷是个彻头彻尾的王八蛋。他身上已经全然没有了练家子的豪气，八年的亡国奴生活把他变成了一个猥琐自私、善恶不分的可怜虫。看过赵译《四世同堂·饥荒》的结尾16章，我们才能体会，这个一无是处的金三爷是出版社为了迎合市场需要删出来的。在老舍原来的设计中，金三爷虽然又浑又蠢，却和老舍着力塑造的反面人物大赤包、冠晓荷、蓝东阳、李空山、招弟有着本质的区别。

在这个版本里，金三爷内心柔软的一面被细腻地展开，在"可恨"之外，他多了一层可怜，在"厌恶"之外，我们对他多了一份恨铁不成钢。在他爱的产业、外孙、良心、对亲家公的崇拜、对日本人的屈服这个无法逃脱的迷魂阵里，金三爷渐渐丢失了自我。他无意间出卖了钱先生，但是外孙的被捕使他万分后悔，"他既恨自己，又可怜自己。"到后来，"金三爷不像他自己了……他失去平时的自我满意的神情，变成一个焦躁的人。"而当钱先生终于和钱善一起出狱回到小羊圈，"金三爷似乎是裹着脚——向前走一步,退半步。他在后面远远的跟着他们。"真是可惜,《黄色风暴》成书把金三爷的内心戏几乎删光了,因而夏志清对《四世同堂》著名的差评——"这样一种幼稚的爱国心以及憎恨罪恶的表现,使小说读来毫无真实感"(《中国现代小说史》)又得到了一份印证。

二、和前述三章相关的内容。

这些删节比较好理解。因为需要前后一致,所以把出现在其他章节里的相关内容也屏蔽了。如第 28 章日本人"开始翻译中国的新文学。他们想看看,一个真正的中国人是什么样子",因此急切地想抓住钱先生,这段内容是和前述第 27 章整章的删除有因果关系的。第 35 章钱先生写"悔过书"的"前因"又将导致被整章删除的第 36 章整篇"悔过书"的"后果",这些内容都被删掉了。

三、刘棚匠太太结局的交代。

听说 2009 年版的电视连续剧《四世同堂》让刘棚匠的太太最后做了妓女,这个糟改完全击穿了我对现在的名著改编剧容忍的底线,当然这也和《黄色风暴》的最后刘太太不知所终有关。现在我们知道,不是老舍没有写刘太太的结局,而是这个结局被出版社删掉了。

在现在的这个老舍本人改定的版本里,刘太太回来了——

这个时候,棚匠刘师傅的太太,跑进来,拿着一个小口袋,里面也许装满白面。她刚做生意回来。她的脸色焦黄,汗湿透了她的衣服。她没工夫洗一把,抹去脸上的汗,就直接的来看祁家的人。

她拐过影壁,就大声的嚷着:"妞子!我给你带白面来了!妞子!"

这真是无比催泪的一个场景,刘太太风尘仆仆地带来一口袋白面,见到的是祁老太爷抱着死去的妞子。

刘太太结局的强行删除,受损失的不仅是这个意料之外的"泪点",更是令这个自尊自强的北平女人的完整性受到了严重的损失:

七八年来,她没有给丈夫丢脸。她受苦受累,在许多地方遇到危险,可她还是她,没有变成一个恶的女人。战争让她受罪,但也提高她的能力。她感到的确应当自傲。

可以设想,如果《黄色风暴》保留了这个小人物的结局,新版电视剧恐怕也不会如此乱来吧?

四、不利于美国的评论。

因为《黄色风暴》是在美国出版的,这里也相对应地存在出版社需要考虑美国的利益和价值观的问题,所以对老舍原来留下的少量不利于美国标准的评价删除了。这个主要体现在对原子弹的评价上。

蓝东阳跑到日本,巧不巧碰到原子弹袭击,一命呜呼了。以往很多论者从因果报应的问题上论述蓝东阳之死,都对,蓝东阳之死也好,冠晓荷之死也好,大赤包之死也好,都是老舍强烈的通俗文学的叙事思路的投影,确实和现代小说的先锋性有悖,但是谁告诉你老舍是想写一个先锋的《四世同堂》的呢?好吧这个话题我们按下不表,这里需要略微展开的是老舍为什么一定要在小说里让蓝东阳死于原子弹轰炸。

这里有三层原因,首先,原子弹轰炸是第二次世界大战的关键转折点,《四世同堂》写到这个时间节点,必须讲到这个事件;其次,蓝东阳需要有一个合理的结局,他死在原子弹上也算"死得其所";最后,因为老舍有这个心结,他需要对原子弹的问题在他自己认为非常重要的小说的非常关键的节点上发表意见。

去年,史承钧老师在上海图书馆的缩微胶卷《和平日报》上海版创刊号(1946年1月1日)上,查到老舍的散文《和平是人类永久的契约》,这既是一篇佚文,也是一篇重复发表的文章,此前,它曾经以《和平》为题发表于1945年11月12日《和平日报》。这篇文章指出,原子弹,"假如它只是为杀人用的",那人类就可能"用自己的聪明毁灭自己"。这就是美国用原子弹轰炸广岛和长崎之后老舍的第一反应。在《四世同堂》被删节的段落里,老舍留下了同样的思考:"从不思索世界应当是什么样子的制造原子弹的人,同样是既粗鲁又愚蠢的。""没人知道,新时代——以用原子弹杀人开始的——会变成什么样子,而且在这个新时代,是否还会出现蓝东阳这样的人。"

老舍在反对核武器的问题上一贯立场鲜明,在他理想主义与和平主义的思维空间里,原子弹的发明是人类的耻辱,因此任何国家都不应把它当作武器来应用,这甚至引发了老舍"原子谈话"的疑案,即老舍关于原子弹的秘密不应告诉苏联的表态传回国内后,引起以郭沫若为代表的左翼人士对他的口诛笔伐的一段文坛公案。

这里我们看到,引起国内左翼文坛震怒的是老舍关于原子弹秘密不应告诉苏联的表态,但事实上,老舍说这个话是有一个前提的,就是不但苏联,连美国制造原子弹本身也是一个错误,是人类的耻辱。老舍反对的是核武器本身,并非哪一国拥有核武器。"从不思索世界应当是什么样子的制造原子弹的人,同样是既粗鲁又愚蠢的……没人知道,新时代——以用原子弹杀人开始的——会变成什么样子。"在《黄色风暴》里,这个显示了老舍对人类未来的深长忧虑的思考被抹去了,老舍对原子弹问题的真实想法,在呈现的时候,便打了大大的折扣。

八

最后要说明的是,在缺乏英文文本对照的情况下,以上的分析和结论只能是挂一漏万的，甚至有可能是带有错误的。因此，在为找到浦氏档案里珍藏了将近70年的更能彰显老舍本意的《四世同堂》英译稿，并为此稿被精心翻译成汉语而庆幸的同时，我还是要呼吁这个英译打字稿也能在不久的将来发表和出版。（《黄色风暴》最后13章的英文文本已经可以在人民文学出版社2013年出版的《老舍全集》修订版读到了。）

在不久的将来，我们或许真的可以借助两种英文本、两种回译本，加上老舍本人生前已经出版和发表的《四世同堂》的所有章节，展现一部最接近于本来面目的《四世同堂》。至于在时代的压力之下被抛弃了的《四世同堂》结尾章节的手稿，会不会出现，我是不抱期望的——据说它已经毁于"文革"，但是理论上，还存于世间的可能也并非没有。与其守株待兔，不如"怜取眼前文"，让我们善待这部经由老舍和三位翻译家的持久接力逐步补缀出来的《四世同堂》，这历经70个春秋竟然会逐渐趋近完整的文坛奇迹。

2017年

《世纪彷徨：老舍论》 序

陈鸣树

孙洁女士的博士论文《世纪彷徨：老舍论》是老舍研究中写他的思想发展脉络演变的一篇极为投入和深入细致的文章。这也许是作者从中学时代起就热爱老舍，近十年来又广泛阅读了老舍及其研究的著作，朝夕寝馈于斯的结果。则堪称是"十年磨一剑"的不可多得之作。

既然是梳理老舍的思想发展脉络，当然不得不以时间的推移为序列。在《绪论》中，作者解释了她的题旨，有一段以理性为旨归的深情文字：

彷徨是一种"不定"的状态。我以为，老舍一生就是在这样一种状态中度过的。这并不是说老舍时时刻刻都没有主见，凡事犹豫。非也。恰恰相反，老舍的个性是非常强硬的。这从他的断然投水即可以见出。老舍的彷徨，主要是一种文学理念上的冲突和某种必须抉择的压力造成的。这文学理念的冲突，指的是自由主义文学观和功利主义文学观的矛盾；压力，则同时来自外界和内心：从外界看，二十世纪动荡不居的中国历史，尤其是老舍走过的那三分之二，不能容许自由主义文学因素健康发展；从老舍内心看，他的士大夫气质、国家至上主义、使命感、宗教情绪也都阻碍了他毫无牵挂地安心做一个游离于时代命题、大意识形态之外的自由作家。

这里，将老舍与一般的民主自由作家作了比较，从而得出了老舍之所以为老舍概括，这样的结论无疑是正确的。我曾认为，任何对个别作家的研究，基于研究对象无不处于无边无际的时代潮流的网络之中，要深入下去，必然走向超本体的比较意义。时间和空间中的无形和有形无意和有意的比较方略确定了它的定位。作者还认为，她所指的"彷徨"，乃是具有"寻找"意义的彷徨。作者说："老舍生命历程和文学历程的起伏，紧紧地系联于二十世纪中国历史的起伏、中国文学史的起伏、老舍自己文学理念的摇摆，也正是这种包含了'寻找'的彷徨的过程。"起始于历史唯物主义的动因成了本文的奠基。

本文随着历史的演进分为三篇，即《抬头见喜：山东时期论》《国家至上：抗战时期论》《西望长安：新中国时期论》。山东时期是老舍创作的黄金时期。作者概括幽默为其总特色。老舍曾认为"矛盾与对照为招笑之源""幽默的人只会悲观""幽默中是有同情的"，作者结合其时的作品，概括了老舍的幽默是以"悲郁为内核"的。他从粉饰的太平中看到了人生的

"缝子"与"笑料"。作者复从老舍的身世论证了他当时的自由主义的文学观,"山东时期独立不倚的个性品格显示于文字,成就了老舍的独特性。"在对老舍幽默的论证中,作者总结出了"必须在三个关节上掌握适度的原则",即:"适度机智,防止油滑";"适度同情,疏离讽刺";"适度优越,以免解体幽默"。这也是作者自己的创获。

老舍的幽默虽然为他赢得了文学史上独特的地位,"在某种意义上可以说,失去了幽默,就没有了老舍"(樊骏:《认识老舍》),但是,老舍的幽默也受到了包括鲁迅在内的微词,原因在于——正如作者分析的:"二十世纪前半时的中国文学,因承受了更多的内忧外患,而主要显示出入世的与实用的形态。"因而幽默在一定程度上显得难以认同或格格不入,当时需要的是直率的抗争或讽刺家式的冷嘲热讽;因而老舍的宝贵的幽默品位未免在某种程度上有"明珠暗投"之慨,问题是"生不逢时",这就可以理解,为什么新时期出现了"老舍热",对他的幽默就有了特别的倾心。作者的结论是,当时老舍的幽默"到底是不合时宜"。可谓是切中肯綮之言。

接着便来到了"国家至上"的抗战时期。老舍以空前未有的热忱,以参与中华全国文艺界抗敌协会的实际行动和国家至上为驱动力的功利主义写作方向重塑了自己的文学品格,其间也经历了"制作通俗文艺的苦痛",作者以诗意的语言恰当地谓之"雾失楼台"。在这里,作者从创作和文艺思想的角度总结了老舍在这一时期的得失。

可贵的是,作者并不是平面地总结这段历史,而是把抗战时期作为老舍一生的一个重要纽结点。作者认为:"通过这个纽结,我们得以更为清明地理解老舍的最后十七年的文学道路,也更为理性地读解老舍之死。"

《西望长安:新中国时期论》是本文的重点,以老舍的剧本《西望长安》作为本时期的题名,是作者含义多重的一个巧思。"西望长安不见家",原为李白《与史郎中钦听黄鹤楼上吹笛》诗中的一句,隐含着"报国无路,壮志难酬,西望帝都,不见归途"之意;老舍以此为一个肃反剧本的题名,而且正如作者自白,这个剧本"不佳",这样一来,便变成了"西望长安不见'佳'"。联系到老舍之死,作为一种隐喻,这题名便显示了多重的含意。

发轫于抗战时期的功利主义,到了新中国时期,便激发了"狂喜中的改造"。老舍终于成了"写家"中的劳动模范,赢得了"人民艺术家"的称号。他"感情老走在理智前面",于是便产生了可悲的艺术上的大面积的"滑坡"。老舍,作为伟大的作家,正如一位评论家所说:"单凭一部《骆驼祥子》,一出《茶馆》,一篇《月牙儿》,或是《我这一辈子》,写得够多棒,足可以比美萧伯纳,追步契诃夫,北京人说话那叫'盖了帽儿'。"(王行之:《我论老舍》)我们万万料不到老舍生前发表的最后一篇作品竟是快板《陈各庄上养猪多》。为了表示对一位大作家的痛惜,我们不妨引录这样的文字,以示历史的鉴戒："热爱猪，不辞劳，/喂食、饮水、冷热饥饱，时刻仔细瞧。/粪便干，或是不爱动，/立刻去找防疫员来快治病。/……/有成绩，戒自满，/一定要站得高来看得远。/看得远，站得高，/时刻不忘比学赶帮超。"如果不署名，谁也不会想到这会出自大作家老舍的笔下。某种权力话语竟可以如此扼杀一个作家的灵魂，扭曲他的才情，使他在创作上无路可走。

当然，这里还有论文作者从老舍的"月迷津渡"到短暂的"柳暗花明"的非常细致的论述。然而经过"横扫一切"的惨酷浩劫，老舍终于走向他的宿命——死亡。作者认为，老舍之死在于他性格上的脆弱和过于豪情万丈，于是在外来的打击下，缺乏理性的支柱，一下子坠于无地。老舍失去了生命价值的依托，只得以死来维护自己的尊严。它既是殉难，也是身谏。这段分析，诚如作者所说，是折磨人的文字。不堪回首。

在《后记》中，作者经过了思维长途的跋涉终于发出这样的浩叹："老舍把生命交付给了文学，又曾经为了国家至上主义的信仰把文学交付给了政治"，终于在无奈的困顿和迫压中倒下了。

这是一本讲述老舍思想发展过程的书，又是总结一个作家如何从生到死从昂扬到迷惘到消亡的书。它折射出一个时代的曲折及其悲剧性；它也反映了作者严谨的治学精神，正义感，才情和睿智。

1999 年 10 月

图书在版编目（CIP）数据

老舍和他的世纪/孙洁著.-上海：上海文艺出版社.2019.1
ISBN 978-7-5321-6963-4
Ⅰ.①老… Ⅱ.①孙… Ⅲ.①老舍（1899-1966）－人物研究
②老舍（1899-1966）－文学研究 Ⅳ.①K825.6②I206.6
中国版本图书馆CIP数据核字(2018)第297232号

本书由上海文化发展基金会上海市重大文艺创作资助项目资助出版

发 行 人：陈　征
责任编辑：方　铁
装帧设计：DarkSlayer

书　　名：老舍和他的世纪
作　　者：孙　洁
出　　版：上海世纪出版集团　上海文艺出版社
地　　址：上海绍兴路7号　200020
发　　行：上海文艺出版社发行中心发行
　　　　　上海市绍兴路50号　200020　www.ewen.co
印　　刷：常熟市华顺印刷有限公司
开　　本：890×1240　1/32
印　　张：12.5
插　　页：2
字　　数：238,000
印　　次：2019年1月第1版　2019年1月第1次印刷
ISBN：978-7-5321-6963-4/K·0383
定　　价：58.00元
告 读 者：如发现本书有质量问题请与印刷厂质量科联系　T:0512-52605406